学前教育专业“互联网+”
新形态一体化系列规划教材

学前儿童艺术教育与活动指导

主　编◎王永琳　马晨晨　马　鹰
副主编◎高　攀　张美玲　泮依晨　胡　娜

厦门大学出版社
XIAMEN UNIVERSITY PRESS
国家一级出版社
全国百佳图书出版单位

图书在版编目（CIP）数据

学前儿童艺术教育与活动指导 / 王永琳，马晨晨，马鹰主编. -- 厦门 ：厦门大学出版社，2024.3

学前教育专业“互联网＋”新形态一体化系列规划教材

ISBN 978-7-5615-9229-8

Ⅰ. ①学… Ⅱ. ①王… ②马… ③马… Ⅲ. ①学前教育-艺术教育-幼儿师范学校-教材 Ⅳ. ①G613

中国国家版本馆CIP数据核字(2023)第251950号

责任编辑 林 鸣
美术编辑 李夏凌
技术编辑 许克华

出版发行 厦门大学出版社
社 址 厦门市软件园二期望海路 39 号
邮政编码 361008
总 机 0592-2181111 0592-2181406(传真)
营销中心 0592-2184458 0592-2181365
网 址 http://www.xmupress.com
邮 箱 xmup@xmupress.com
印 刷 湖南省众鑫印务有限公司

开本 787 mm×1 092 mm 1/16
印张 17.5
字数 430 千字
版次 2024 年 3 月第 1 版
印次 2024 年 3 月第 1 次印刷
定价 58.00 元

本书如有印装质量问题请直接寄承印厂调换

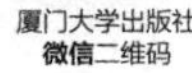

厦门大学出版社
微信二维码

厦门大学出版社
微博二维码

前　言

“爱美之心，人皆有之”，每个儿童心里都有一颗美的种子。审美活动是人类对自由本性的守望，是人类对精神家园的守望。儿童的艺术活动是一种审美活动，也是儿童的精神生命活动。2001 年，教育部颁布的《幼儿园教育指导纲要（试行）》提出了审美感受与创造表现并重的艺术教育观，强调艺术教育对幼儿健全人格的促进作用，以及幼儿在艺术活动过程中的情感体验和态度倾向。2012年，教育部颁布的《3～6岁儿童学习与发展指南》明确指出，幼儿艺术学习的关键在于为其充分创造条件与机会，在大自然和社会文化生活中萌发幼儿对美的感受与体验，丰富幼儿想象力与创造力，引导幼儿学会用心灵去感受美和发现美，用自己的方式去表现美和创造美。2020年，中共中央办公厅、国务院办公厅印发的《关于全面加强和改进新时代学校美育工作的意见》提出，美育是审美教育、情操教育、心灵教育，也是丰富想象力和培养创新意识的教育，能提升审美素养、陶冶情操、温润心灵、激发创新创造活力。2022年，教育部发布《义务教育艺术课程标准（2022年版）》，提出艺术教育要进一步聚焦核心素养，凸显美育功能。习近平总书记强调：“做好美育工作，要坚持立德树人，扎根时代生活，遵循美育特点，弘扬中华美育精神，让祖国青年一代身心都健康成长。”学前教育师范生作为我国学前教育事业的储备师资，必须立大志、明大德、成大才、担大任，必须锤炼教师专业能力，将来与幼儿共同书写美育故事，为人民提供高质量的学前教育服务。

本教材在习近平新时代中国特色社会主义思想指导下，基于上述政策文本的精神，遵循《教师教育课程标准（试行）》《学前教育专业认证标准》《学前教育专业师范生教师职业能力标准（试行）》《国家职业教育改革实施方案》《高等学校课程思政建设指导纲要》等要求，由宁波幼儿师范高等专科学校与宁波市市级机关第二幼儿园合作撰写。本教材充分体现国内外幼儿园艺术教育发展最新动态，广泛借鉴学前艺术教育前辈、同行的研究成果，注重理念与实践有机融合，以学生为本，以工作过程为导向，以对接“岗课赛证”的真实项目任务为驱动，情境性、可操作性与应用性强。本教材包含5个项目、15个学习任务，创新之处体现在以下几个方面。

1. 理念先进，内容系统

本教材在系统理论的指导下，把握内容的详略，紧跟国内外艺术教育探索的步伐，把握新时代学前教育发展趋势，把宁波市幼儿园艺术教育的实践经验贯穿其中，保证了内容的系统性和先进性。

2. 项目驱动，理实一体

本教材贯穿项目化教学的教改理念，将“岗课赛证”有机融入项目任务，让学生在学习共同体中完成岗位实践、课堂巩固、赛场直通、教资真题等工作任务，提高理论水平，锤炼实践能力。

3. 形式新颖，资源丰富

本教材依托现代科技手段，以二维码的形式拓展融媒体资源，具体包含活动视频、音频资源、案例分析、拓展资源等。

本教材凝聚了学前儿童艺术教育教学领域丰富的团队智慧，由宁波大学马鹰教授全程指导。全书由马鹰和王永琳设计架构，王永琳与马晨晨统稿，高校教师与幼儿园教师合作撰写。项目一，项目三的任务4、任务5，项目五由王永琳撰写；项目二的任务1，项目四由马晨晨撰写；项目三的任务1、任务3由高攀撰写；项目二的任务3、任务4由张美玲撰写；项目二的任务2由泮依晨撰写；项目三的任务2由胡娜撰写。团队成员在编写教材过程中参阅了大量同行的文献，书中的丰富资源来自宁波市市级机关第二幼儿园、宁波高新区第二幼儿园、杭州湾新区白鹭园幼儿园、慈溪市早期教育中心、余姚机关幼儿园的一线教师和小朋友。除此之外，宁波幼儿师范高等专科学校鹤琴学前教育学院学前教育专业2019级、2020级、2021级学生也奉献了他们在实习期间拍摄的执教视频。感谢可敬的老师、可爱的小朋友和同学们！由于版面有限，为本书编写提供帮助的单位和个人不能尽数列出，在此一并表示感谢，未尽事宜敬请谅解！

编写团队尽力为读者呈现多年来的教学研究成果，但鉴于水平有限，不足之处在所难免，敬请各位老师和同学检验、斧正！

编　者

2023年8月

目录

项目一　学前儿童艺术教育的解读

项目情境

当前，学前教育正按照《“十四五”学前教育发展提升行动计划》①稳步向前推进，学前儿童艺术教育也在美育政策的引导下不断优化。随着“双减”政策的深入实施，学前儿童艺术教育迎来了新的发展机遇。追求美是生命的重要组成部分，然而在当前的学校和社会艺术教育中，学前儿童的艺术活动还存在被动重复练习的现象，成年人对学前儿童的“塑造”往往引发学前儿童的“反抗”。这种艺术实践压抑甚至摧残了学前儿童生命运动中本真的审美追求。在此背景下，职前幼儿教师的培养显得尤为重要，他们应具备前瞻性和领导性。艺术教育是对幼儿的综合启蒙，要求教师对艺术教育与幼儿艺术学习有更加专业的认识。②

项目描述

本项目主要通过对学前儿童艺术教育理论中关键问题的思辨和实践中基本要点的解读，带领职前幼儿教师全面认识学前儿童艺术教育，帮助职前幼儿教师初步掌握学前儿童艺术教育的观点和方法。在此项目中，你需要运用所学，以多种方式回应与学前儿童艺术教育相关的理论或实践问题。

---

① 教育部等九部门关于印发《“十四五”学前教育发展提升行动计划》和《“十四五”县域普通高中发展提升行动计划》的通知[EB/OL].(2021-12-14)[2023-12-10]. http://www.moe.gov.cn/srcsite/A06/s7053/202112/t20211216_587718.html.

② 蒋烨，陈繁.幼儿艺术教育中多元实施主体的责任[J].学前教育研究，2021(11)：79-82.

知识引入：走进艺术与儿童艺术

一、走进艺术

艺术是人类精神文明的重要组成部分，是运用特定的媒介、语言、形式和技艺等塑造艺术形象，反映自然、社会及人的创造性活动。①从精神层面来看，艺术与哲学、宗教、道德、科学等共同组成人类精神文化的丰富样态；从活动层面来看，艺术既是人类感受美、表现美和创造美的重要形式，也是人们表达自己对周围世界的认识和情绪态度的独特方式，还是艺术活动的结果，即艺术品。

（一）艺术的起源与发展②

1. 艺术的起源

古今中外的哲学家、美学家和文艺理论家对艺术的起源有许多不同的解释，其中影响较大的有四种。

（1）模仿说

模仿说认为，艺术来源于对客观的自然界和社会现实的模仿，这或许可以算作最古老的一种说法。早在两千多年前，古希腊哲学家德谟克里特就认为艺术是对自然的“模仿”。亚里士多德更是认为模仿是人的本能：“艺术模仿的对象是实实在在的现实世界，艺术不仅反映事物的外观形态，而且反映事物的内在规律和本质。艺术创造靠模仿能力，而模仿能力是人从孩提时就有的天性和本能。”继古希腊哲学家后，达·芬奇、狄德罗、车尔尼雪夫斯基等都不同程度地继承和发展了这一学说。直到19世纪末，模仿说仍具有极大的影响力。

在模仿说看来，所有艺术都是模仿，差别只在于模仿使用的媒介不同，虽然如今在艺术起源方面仍坚持模仿说的美学家已经不多了，但模仿说还是有一定的价值，因为它揭示了人类一种比较原始的心理倾向，而这种心理倾向与艺术是相通的。

（2）游戏说

游戏说是由18世纪德国哲学家席勒和19世纪英国哲学家斯宾塞提出来的，人们也因此把游戏说称为“席勒-斯宾塞理论”。他们认为，艺术活动和审美活动起源于人类具有的游戏本能，人的这种游戏本能和冲动，就是艺术创作的动机。在这种无功利、无目的、自由的艺术活动中，人的过剩精力得到了宣泄，同时获得了快乐，即美的、愉快的享受。

（3）巫术说

巫术说在19世纪末20世纪初逐渐兴起，后来影响越来越大。巫术说的代表人物有泰勒、弗雷泽、雷纳克等。巫术说认为，艺术起源于人类早期原始文化的图腾歌舞、巫

① 中华人民共和国教育部.义务教育艺术课程标准：2022年版［M］.北京：北京师范大学出版社，2022：1.
② 黄瑾，林琳.幼儿艺术教育与活动指导［M］.2版.上海：华东师范大学出版社，2020：3.

术礼仪等。按照这种理论，原始人在洞穴中创作的壁画虽然有许多在我们今天看来是美丽的动物形象，但他们当时是出于一种与审美无关的动机，即巫术的动机。例如，这些壁画所处的位置之所以在洞穴最黑暗和难以接近的地方，是因为这些壁画不是为了欣赏制作的，而是史前人类企图以巫术为手段促使动物繁殖或者保证狩猎成功。

（4）表现说

表现说认为，艺术起源于艺术家的主观想象和情感表现，情感表达是艺术最主要的功能，也是艺术发生的主要动因。这种理论在东西方都有着悠久的历史，持此理论的代表人物有英国诗人雪莱、俄国文学家托尔斯泰，还有欧美的一些现当代美学家。在他们看来，原始人所有的艺术活动只有一个最主要的推动力——通过各种艺术表达情感，从而促成了艺术的产生和发展。

应当承认，以上提到的理论和说法都从某个角度、某个侧面探讨了艺术的产生。它们有一定的合理性，有助于揭示艺术起源的奥秘。但是，它们忽略了艺术产生的最根本原因——艺术的产生归根结底离不开人类社会的实践活动。艺术是人类文化发展的必然产物，其起源是一个多元多因的、漫长的历史过程。

2. 艺术的发展

一般认为，艺术的产生和发展与人类历史的产生和发展同源共生。

早在人类社会处在原始社会时就产生了原始艺术。当原始社会的人们在强大的自然力面前感到自己软弱无力时，便转向对外部力量的依赖和祈求，从而产生了原始的宗教。于是，艺术品成为崇拜对象的替代物。这在新石器时期的艺术和近代原始民族的艺术中是有很多例证的。现已发现的人类最早的美术遗产中，最重要的是旧石器时代晚期人类的一些装饰品，如我国现已发现的山顶洞人佩戴过的石珠、穿孔砾石、鹿牙、鱼骨等。原始人还用赤铁矿做颜料，把装饰品染成红色。这些都足见原始人对美的追求和创造才能。同样，原始社会的音乐也是从人类社会生活的各个非审美领域中萌发并逐步分化再综合起来的，它是一种集音乐、诗歌、舞蹈于一体的艺术形式，叫作“乐舞”。

当人类社会由原始社会进入奴隶社会以后，艺术也随之发展。埃及的金字塔、雕刻和绘画，古希腊、古罗马的古典艺术（如举世闻名的维纳斯雕像、克里特早期的彩陶、古罗马附近的庞贝古城遗迹等）都已达到较高的艺术水平。进入封建社会后，拜占庭艺术、基督教艺术（罗马式艺术、哥特式艺术）逐渐兴起。欧洲文艺复兴时期，又出现了达·芬奇、米开朗琪罗、拉斐尔等艺术巨匠。17世纪，欧洲巴洛克艺术盛行。18世纪，欧洲洛可可艺术备受欢迎。

从发展轨迹来看，中国古代音乐艺术大致经历了雅乐音乐时期、清乐音乐时期、燕乐音乐时期和俗乐音乐时期。早在先秦时期就出现了由朝廷制定的“雅乐”和流行于民间的俗乐“郑卫之音”，并且乐器也较原始社会有了很大的进步和发展，出现了堪称我国古代最庞大的乐器——编钟；汉魏时期，音乐进一步得到发展，北方的相和歌及南方的清商乐都达到了很高的艺术水准；隋唐时期，在大量吸收西域音乐的基础上，出现了新俗乐——“燕乐”，各类音乐艺术形式获得了更充分、自由的发展；宋元明清时期，音乐的一个重要发展特征就是音乐中心的转移，从以宫廷音乐活动为中心转向世俗的民间音乐，尤其是元杂剧及南北曲、昆曲的诞生……

到了19世纪，人类社会进入资产阶级革命时期后，在艺术形式方面得到了更具高度、细致的分化和发展，诞生了歌剧、芭蕾舞剧、音乐剧等综合音乐、戏剧、美术、舞蹈等新的艺术形式，同时也出现了新古典主义艺术、浪漫主义艺术、现实主义艺术等各种不同的艺术流派，呈现出精彩纷呈、繁荣发展的局面。以西方近代音乐的发展为例，这个时期不但涌现了许多著名的音乐家，创作了一系列优秀的音乐作品，还产生了各具特色的音乐艺术流派：以海顿、莫扎特和贝多芬为代表的古典乐派，推崇理性和情感的统一，追求艺术形式的完美和严谨，注重创作手法上的对比、冲突和发展；以舒伯特、李斯特、肖邦、勃拉姆斯等为代表的浪漫乐派，强调激情，抒发主观情感、表现个性；以格里格、德沃夏克等为代表的民族乐派，主张音乐鲜明的民族风格和民族特色，以及将传统音乐成果与本民族音乐密切结合起来；等等。

进入20世纪，艺术更是发展到一个新的顶峰，现代艺术的发展遵循着不断分化、不断融合的规律，而艺术形式本身也在不断地吸取外部新的生命动力，成为相对独立的艺术形式，展现出更广阔的发展天地，也诞生了更为缤纷缭乱的现代艺术流派，呈现出繁荣的发展态势。

（二）艺术的特征

1. 审美性

审美性是艺术最主要、最基本的特性。马克思主义的艺术理论认为，无论怎样特殊的艺术现象，归根结底都可以从现实中找到根源。但艺术之美要比现实之美更高、更强烈、更理想，集中体现人的审美意识。创作者传达自己的审美情感，欣赏者满足自己的审美需要。艺术的美学特性主要表现在形式美与内涵美两个方面：①形式美，无论是来自线条、构图、色彩等绘画要素，还是体现在音乐上的音高、力度、节奏、音色、曲式等音乐要素，都体现了艺术作品的整体艺术结构和独特的艺术审美特征；②内涵美，是由创作主体按照一定的审美目标、审美实践要求和审美认识指引，根据美的规则创造的一种艺术美，这种艺术美包含美的内容形象和美的思想意蕴两个方面。意蕴是比直接显现的形象更深远的一种东西。[①]

2. 形象性

形象性可以说是各艺术门类共同的特征，不同艺术形式的形象性有其自身显著的特点。美术作品的形象性往往表现得更突出、更直接，体现为形象的直观性、确定性和可视性。文学作品中的形象是不能凭感官直接把握的，需要通过语言这一中介，经过读者的联想与想象才能实现。对于歌曲或是标题性音乐，人们可以借助歌词和标题文字说明确定音乐作品反映的内容；而对于无标题的纯器乐，往往更多地需要借助个人的生活经验、音乐经验、艺术修养、认识能力等，通过联想再造形象。因而，这种音乐形象往往

① 黑格尔.美学：第1卷[M].朱光潜，译.北京：商务印书馆，1979：25.

能体现出个人的、个性化的水平和特点，表现出人在听觉感受能力上的明显差异。不同艺术形式的形象性既可以表现为直接可感知到的形象，也可以表现为通过其他媒介间接展现的形象，从而通过作品传达出形神兼备、情景交融的意境。

3. 主体性

艺术是一种特殊的社会意识形态，艺术生产作为一种特殊的精神生产，决定了艺术必然具有主体性的特征。首先，艺术创作具有主体性。没有创作主体，艺术作品就无法产生。《礼记·乐记》曾对音乐作出精妙阐释：“凡音者，生人心者也。情动于中，故形于声，声成文，谓之音。”也就是说，音乐是用声音表达创作者情感的艺术。同样，美术也是一种借助视觉表现手段展现和抒发画家对自然及社会中美好事物的态度和情感的艺术形式。其次，艺术作品具有主体性。中外艺术宝库中，之所以涌现出如此千姿百态的众多艺术作品，正是由于它们凝聚着艺术家对生活的独到发现和深刻理解，渗透着艺术家独特的审美体验和审美情感，体现出艺术家鲜明的艺术风格和美学追求。最后，艺术欣赏具有主体性。美感既有共通性，又有差异性，既有社会功利性，又有个人直觉性，呈现出千差万别的个性特征。由于欣赏者的生活经验与性格气质各异，审美能力和艺术素养参差不齐，故而在审美体验过程中就形成了鲜明的个性差异，使艺术欣赏打上欣赏主体的独特烙印。

二、走进儿童艺术

艺术对各个年龄段的人来说都具有无穷的吸引力，对儿童更是如此。儿童艺术是其展示个人体验、表达情绪感受与观念的方式，反映了儿童对周围世界的认识、情感和思想。

（一）儿童艺术发端于生命经验

儿童的生命体验中不仅有色彩斑斓的图案和景象，还有不绝于耳、丰富多变的美妙声音，虽然没有谁统一要求他们如何去做，但他们的艺术行动体现出令人惊讶的跨文化普遍性：儿童都愿意，甚至是无意识地用“涂鸦”表达自己的所见、所想、所感；对于一些形象生动、富于变化的音乐旋律与节奏，结构工整短小、旋律优美朴素的童谣，他们不需要借助任何外部工具，张嘴就能模仿。儿童艺术是儿童对其生命经验的自发行为，是儿童自由天性的展现。

（二）儿童艺术发展于表达需求

儿童艺术是儿童自我表达的一种语言，儿童尚不能自如地运用语言文字这种成年人约定俗成的符号系统，他们会运用其他一些符号系统表现自己、满足自己。美术就是这些符号系统中的一种，儿童创作的画、泥塑、雕塑及其他表征物都可看作儿童的一种语言。这种语言表现了儿童对外部世界的感知、理解、建构，以及内心的情绪波动。虽然混沌，不合乎逻辑，但代表了儿童对周围世界的初步认识和把握，是成长中的儿童自我表达的需要。

（三）儿童艺术融入于生活场域

儿童在生活中观察、模仿，感知生活中丰富的艺术材料，为艺术感受与表达奠定基础。儿童艺术审美活动来自生活又归于生活，只有融入于生活场域的儿童艺术才是本真的、具有活力与灵性的。色彩淡雅，造型可爱，内容富有情趣的室内环境的装饰与布置，符合幼儿的审美趣味；早晨火红的朝霞，中午白亮的太阳和蔚蓝的天空，傍晚金灿灿的晚霞，丰富儿童的审美体验；在儿童节日文化活动、展览参观实践中让儿童享受艺术之美。

（四）儿童艺术统一于儿童游戏

康德认为，美感产生于想象力的自由游戏。席勒认为："人同美只应是游戏，人只应同美游戏。"[①]艺术与游戏，在儿童生命的初期具有同一性，换句话说，儿童艺术的本质就是儿童游戏。艺术游戏活动中的幼儿追求的不是任何外在的功利性，而是活动过程本身带来的满足感。这种满足感指向人固有本性的不断自我实现，指向人内心世界的不断统一、整合，以及趋向和谐的运动。儿童在充满生机和趣味的游戏形式中体验到审美愉悦。

① 席勒.席勒经典美学文论：注释本[M].范大灿，等译.北京：生活·读书·新知三联书店，2014：288.

任务1　学前儿童艺术教育关键问题的思辨

任务说明

艺术最本质的特征是其审美性。美是纯洁道德、丰富精神的重要源泉。美育是审美教育、情操教育、心灵教育，也是丰富想象力和培养创新意识的教育。美育能提升审美素养、陶冶情操、温润心灵、激发创新创造活力。从细处说，美育可以引导青少年发现美、理解美、追求美，让美的精神融入日常生活；从大处说，美育关乎青少年人格的养成、灵魂的塑造，关乎人民群众坚定文化自信。在本任务中，我们将讨论学前儿童艺术教育与美育的关系、学前儿童艺术教育对儿童发展的价值、学前儿童艺术教育的本土嬗变与未来趋势。在本任务中，你需要运用所学，以多种方式回应与学前儿童艺术教育相关的理论问题。

1. 课堂巩固

请理解以下三句话中蕴含的中华美育精神，并用生动活泼、图文并茂的艺术方式表达你的理解和对你的启示，完成工作表单1。

工作表单1

《论语·八佾》："子谓《韶》：'尽美矣，又尽善也。'谓《武》：'尽美矣，未尽善也。'"	
我的理解：	对我的启示：
辛弃疾《贺新郎·甚矣吾衰矣》："我见青山多妩媚，料青山见我应如是。"	
我的理解：	对我的启示：
费孝通先生："各美其美，美人之美，美美与共，天下大同。"	
我的理解：	对我的启示：

2. 教资真题

链接幼儿教师资格笔试真题，完成工作表单2。

工作表单2

幼儿教师资格考试（保教知识与能力）答题卡
简答题：简述幼儿园美育的意义。（2018年）

学习支持

一、学前儿童艺术教育的价值取向

艺术教育与美育关系密切，二者的内涵与外延并不完全相同，不能把艺术教育等同于美育。对艺术教育与美育关系的思考有利于明晰学前儿童艺术教育的价值取向。

（一）艺术教育

艺术教育作为日常经验可以看作艺术技巧和艺术知识的传授过程，可以理解为有一定天赋的学习者，在教师的指导下，经过训练逐渐掌握音乐、舞蹈、绘画等艺术特长的一种活动。艺术教育作为学术研究的对象关涉的内容更加多元和深入，艺术技能应该如何培养，如何激发学艺者的艺术创造力，如何提升艺术鉴赏力等都应是艺术教育的研究内容。艺术教育作为一种特殊类型的教育，源自艺术本身的丰富和特殊，它既要求艺术理论的积淀，也要求教育理论的渗透，并且从人类的文化系统来看，哲学、宗教、道德、科学、经济、政治等也和艺术有千丝万缕的联系。所以，艺术教育的过程不仅仅是艺术本身的培养和训练，还要有对人类文化的综合审视和思考。[①]总的来说，一般意义上的艺术教育首先是一种专业教育，一种比较注重实践的技能教育，或者说是以技能/技艺教育为主，注重个人才情的发挥，注重具体艺术种类专业知识的学习和掌握，注重艺术才能的发掘，以培养出真正的艺术家。

（二）美育

美育的思想和实践在中国源远流长。从新石器时代人面鱼纹彩陶盆到商代的后母戊鼎，从《周易》的“大人”到孔子的“六艺”，从汉末徐干的“美育群才”到北宋张载的

① 刘三平.一条道路的两端：论审美教育与艺术教育的关系[J].美与时代（下），2022，958（9）：65-69.

“天人合一”，中华民族在五千年未曾间断的文明进程中，创造了灿若星斗的文化艺术和丰富充实的精神生活。先贤思想体系闪耀的美育之光贯穿中华文明的悠久历史。在对“天人合一”的追求中，人们获得敬畏天地、道法自然的生命完善的方向引领；在“礼乐教化”的熏陶中，人们获得“从心所欲不逾矩”的“尽善尽美”的蓬勃情感与高尚修为；在“耕读传家”的传承中，人们获得日常生活中礼俗之美的滋养和天伦之乐的化育。①

18世纪，德国思想家席勒首先提出美育。席勒认为，资本主义大工业社会造成了人性的分裂，使得现代人不再像古希腊社会中的人，天性是完整和谐的，而是“理性冲动”与“感性冲动”被割裂开来了，需要有第三种冲动即“游戏冲动”作为桥梁。因此，席勒在《审美教育书简》中第一次明确提到了美育，提出审美教育的目标在于培育人的感性和精神力量的整体达到尽可能和谐状态，即达到人与自我、人与他人、人与社会、人与环境的尽可能和谐状态。席勒认为，人们只有通过美才可以走向自由，主张通过美育培养理想的人、完美的人、全面和谐发展的人。②

现代美育的概念在20世纪初引入中国。蔡元培根据对社会状况的观察和判断，倡导“以美育代宗教”，以求净化人们的生命情趣，提升人生境界，拯救社会的弊病。他提出：“美育之目的，在陶冶活泼敏锐之心灵，养成高尚纯洁之人格。”朱光潜“谈美”，他认为，“情感比理智重要，要洗刷人心，并非几句道德家言所可了事，一定要从‘怡情养性’做起，一定要于饱食暖衣、高官厚禄等之外，别有较高尚、较纯洁的企求。要求人心净化，先要求人生美化”。③曾繁仁认为：“美育的根本目的是按照美的规律塑造广大人民，特别是青年一代的美好心灵，培养一代又一代的社会主义新人。”④朱立元认为：“美育途径是每个人成就、提升、发展自我的必然途径，美育可以使人摆脱外在个人功利和内在低俗欲望的束缚，体味到真正的自由对自然限制的超越。”⑤作为一种致力于实现人的精神发展的现实目标、体现人在当下生存活动中的内在恢复性要求的功能实践，美育对于具体生活现实中的人而言，落脚点就在于能够通过各种现实的审美或“泛审美”形态及其活动，在具体而丰富的审美意义发生中，从心灵意识内部不断唤起人在现实中的生命自觉，引领人不断走向自我生命意义的深度体验与现实提升，进而作用于人生发展的实际规划。总的来说，美育从始至终都是一种以人为核心、以人的全面发展为追求，不断实现“成人”发展需要的人的现实活动。⑥

拓展资源

① 高洪.让中华美育精神滋养青年学生在新征程上健康成长[J].艺术教育，2022，388（12）：11-14.

② 席勒.审美教育书简[M].冯至，范大灿，译.北京：北京大学出版社，1985：5.

③ 朱光潜.谈美书简二种[M].上海：上海文艺出版社，1999：92.

④ 曾繁仁.试论美育的本质[J].文史哲，1985（1）：53-60.

⑤ 朱立元.美育与人生[J].美育学刊，2012，3（1）：1-4.

⑥ 王德胜.作为美育的艺术、艺术史如何可能？[J].中国文艺评论，2022，87（12）：4-13.

超级链接

坚持立德树人，不断加强美育

自1999年美育正式进入国家教育方针以来，党中央、国务院始终重视在高等院校和中小学加强和改进美育。党的十八大，特别是党的十九大以来，习近平总书记多次在各种场合强调美育的重要性。2018年8月，习近平总书记在给中央美术学院8位老教授的回信中又强调指出："做好美育工作，要坚持立德树人，扎根时代生活，遵循美育特点，弘扬中华美育精神，让祖国青年一代身心都健康成长。"①2018年9月10日，习近平总书记在全国教育大会上强调，坚持中国特色社会主义教育发展道路，培养德智体美劳全面发展的社会主义建设者和接班人，并在讲话中对学校美育工作提出了明确要求："要全面加强和改进学校美育，坚持以美育人、以文化人，提高学生审美和人文素养。"② 2020年10月，中共中央办公厅、国务院办公厅联合印发了《关于全面加强和改进新时代学校美育工作的意见》(以下简称"两办文件")，充分表明了党和国家对美育工作的重视。两办文件明确指出："以习近平新时代中国特色社会主义思想为指导，全面贯彻党的教育方针，坚持社会主义办学方向，以立德树人为根本，以社会主义核心价值观为引领，以提高学生审美和人文素养为目标，弘扬中华美育精神，以美育人、以美化人、以美培元，把美育纳入各级各类学校人才培养全过程，贯穿学校教育各学段，培养德智体美劳全面发展的社会主义建设者和接班人。"③两办文件还提出了具体目标，就是到2035年，基本形成全覆盖、多样化、高质量的具有中国特色的现代化学校美育体系。

(资料来源：孙刚成,徐艺心.历史制度主义视域下的新中国美育政策演进及启示[J].教育科学研究，2022(6)：5-12)

(三)美育与艺术教育的关系

艺术教育与美育既有一定的共通点，又有一定的差异。艺术教育与美育的共通点在于，它们都依赖审美与艺术手段对受教育者实施教育。艺术教育与美育的差异在于，艺术教育更多地属于艺术门类的技能及知识传授，美育更多地属于信仰及人格涵养引导下的艺术门类技能及知识传授。这就是说，艺术教育要加上信仰及人格涵养的引导，才能与美育相提并论。④

---

① 习近平给中央美术学院老教授回信[EB/OL].(2018-08-30)[2022-06-30]. http://www.gov.cn/xinwen/2018-08 /30 /content_5317813.htm?cid = 303.

② 习近平出席全国教育大会并发表重要讲话[EB/OL].(2018-09-10)[2022-06-30]. http://www.gov.cn/xinwen/2018-09/10/content_5320835.htm.

③ 中共中央办公厅　国务院办公厅印发《关于全面加强和改进新时代学校体育工作的意见》和《关于全面加强和改进新时代学校美育工作的意见》[EB/OL].(2020-10-15)[2022-06-30]. http://www. gov.cn/zhengce/2020-10/15 /content_5551609.htm.

④ 王一川.以人生艺术感涵濡为中心：作为应用理论艺术学分支的艺术教育[J].美育学刊，2020，11(1)：1-6.

艺术教育是美育的重要组成部分，是实施美育的主要载体。“美育为近代教育之骨干，美育之实施，直以艺术为教育，培养美的创造及鉴赏的知识；而普及于社会。”①一方面，要按照艺术教育的规律，了解艺术知识，掌握艺术技能，努力达到一定的艺术水平；另一方面，不要忘记美育目标，要通过艺术教育提高审美素养，陶冶高尚情操，塑造美好心灵，激发创新活力。

美育是艺术教育的根本价值追求，是艺术教育的终极目标。艺术课程以立德树人为根本任务，培育和践行社会主义核心价值观，着力加强社会主义先进文化、革命文化、中华优秀传统文化的教育；坚持以美育人、以美化人、以美润心、以美培元，引领学生在健康向上的审美实践中感知、体验与理解艺术，逐步提高感受美、欣赏美、表现美、创造美的能力，抵制低俗、庸俗、媚俗倾向；引导学生树立正确的历史观、民族观、国家观、文化观，激发爱党、爱国、爱社会主义的情感，增强文化自信，提升人文素养，树立人类命运共同体意识，为实现中华民族伟大复兴而不懈奋斗。②

（四）作为美育重要组成部分的学前儿童艺术教育

拓展资源

学前儿童艺术教育是新时代学校美育的重要组成部分，核心在于弘扬真善美，塑造美好心灵。学前儿童艺术教育的主要目的是以美育人、以美化人、以美润心、以美培元，立德树人。学前儿童艺术教育的本质是素质教育，面向每个幼儿，实现教育公平。

对学前儿童艺术教育价值取向的理论研究十分丰富，在“以艺术为本位”还是“以教育为本位”的讨论中，作为美育重要组成部分的学前儿童艺术教育给出了答案。学前儿童艺术教育负有培养儿童的审美兴趣，丰富儿童的审美情感，发展儿童的审美感知、理解和创造能力的重要使命。正如苏联早期教育家卢那卡尔斯基所言：“进行美育教育，不是只简单地教会儿童一种艺术技能，而是系统地发展感受能力及创作能力，使孩子们热爱世界上的一切真、善、美的东西，并且能动手美化这个世界。”③

二、学前儿童艺术教育的作用效能

2018年8月30日，习近平总书记在给中央美术学院8位老教授的回信中指出，如果青少年的精神世界没有童话、歌谣和大自然的云彩、花朵、鸟叫虫鸣，如果青少年的心灵世界没有动人的音符和丰富的色彩，如果青少年没有艺术爱好和艺术修养，不可能全面发展。④学前儿童艺术教育作为幼儿园“德智体美劳”全面发展教育中不可缺少的一个部分，是促进儿童在认知、情感、个性及社会性等方面协调发展的重要途径之一。

① 蔡元培.蔡元培美学文选[M].北京：北京大学出版社，1983：169.

② 中华人民共和国教育部.义务教育艺术课程标准：2022年版[M].北京：北京师范大学出版社，2022：1.

③ 魏煌，侯锦虹.苏联音乐教育：卡巴列夫斯基音乐教育体系·儿童音乐学校[M].上海：上海教育出版社，2010：76.

④ 习近平给中央美术学院老教授回信[EB/OL].（2018-08-30）[2022-06-30]. http://www.gov.cn/xinwen/2018-08 /30 /content_5317813.htm?cid = 303.

（一）艺术教育促进儿童的认知发展

1. 艺术教育与儿童感知能力的发展

感知能力是人类存在和发展的基本能力，每个人情感的生成、智慧的发展，都是建立在基本的感知能力基础上的。作为视觉艺术的美术活动能有效地训练儿童的视知觉，使儿童通过亲身体验、多通道协同感知现实世界，利用审美直觉表现、表达，培养感知觉的灵敏度、活跃性。作为听觉艺术的音乐活动能有效地发展幼儿的听觉、动觉。在音乐环境的影响下，儿童从最初的听声音发展到对音乐的听辨、理解和身体表达。艺术教育能有效引导幼儿注意对象的形的特点、色的特点、声的特点和运动变化的特点等事物具有的审美特征，激活儿童对生命特有形式的感受能力，从而强化对事物的感知能力，培养敏锐的审美感知能力。

2. 艺术教育与儿童记忆能力的发展

美术教育中的记忆能力是指记忆表象、提取重组表象以形成新形象的能力。没有储存在头脑中的丰富视觉表象，就没有美术表达的原材料。音乐教育中的记忆能力是指记忆音乐、再现音乐的能力。音乐是在时间的流动中展开音乐形象、深化音乐表达内容的，因此，任何音乐的欣赏、表演或创作活动，都不能脱离对音乐表象的记忆、再认和再现。伟大的作曲家贝多芬凭借着储存在头脑中的听觉表象，在失聪后仍创作出《第九交响曲》。这些听觉表象为音乐家的创作提供了充分的准备资料。

3. 艺术教育与儿童想象、思维能力的发展

想象是由表象深入发展形成的一种较高级心理现象，有再造想象和创造想象的层次之分，它与感知、记忆、思维等认识过程共同构成了一个人完整的审美心理过程。一个6岁左右的儿童在进行绘画时，常常在符号意义上进行自由自在的想象，勾勒出荒诞而又理性的画面。当儿童在欣赏富有感染力、表现力的音乐时，往往会情不自禁地陶醉于充满乐趣的联想、想象中，与音乐产生一定的共鸣。

儿童的艺术思维方式以外化的、直觉的、整体的、形象的把握方式为主。儿童能在不断的艺术活动体验中逐渐积累初步的概括能力、判断能力，如分辨音乐作品的情绪（快乐或忧伤）和风格（摇篮曲或进行曲），比较美术作品的体裁（水墨或素描、风景或人物），进行大致的分类。这些思维活动中包含的判断、分类、概括、推理等能力，都能在艺术教育活动中得到发展和提高。

4. 艺术教育与儿童创造能力的发展

儿童创造能力是通过具体的创造活动和创造结果表现出来的。通过渗透着音乐艺术美的、潜移默化的音乐教育活动激发、培养儿童的创造性思维；通过天马行空的美术作品寻找儿童创造能力发展的证据。美术教育家罗恩菲德指出："创造性是人类所具有的本能，是一项天生的直觉，它是我们解决和表现生活困难的主要直觉，儿童尚未学习如何去使用它以前，就懂得使用。"①

① 罗恩菲德.创造与心智的成长[M].王德育，译.长沙：湖南美术出版社，1993：59.

（二）艺术教育促进儿童的情感、意志发展

1. 艺术教育与儿童的情感发展

随着儿童情感体验的日趋丰富及逐渐分化，其个人情感也由低级向高级逐步发展。美术是儿童抒发情绪情感的一个重要途径，是外化儿童情感最直接和最有效的方式之一。儿童可借助线条、形象和色彩，直接地表达自己的喜怒哀乐。音乐既能帮助儿童体验他人的情感，也能帮助儿童建构自己的感情。一个好的音乐活动，能使儿童产生对音乐的情感共鸣，丰富儿童自身的情感体验，如欣赏柴可夫斯基的《洋娃娃的葬礼进行曲》，能使儿童感受到哀伤的情绪性质，使儿童对悲伤、无奈的情感体验得到丰富和深化。

2. 艺术教育与儿童的意志发展

意志是人根据一定目的对自己的行为进行激发、维持、抑制和调节的一种心理过程。艺术教育在某种程度上也具有一定的促进学前儿童意志品质得到发展的潜力，这是因为儿童艺术的学习和技能的养成也需要一定的意志品质，如日本小提琴家铃木镇一创建的儿童音乐教育体系强调坚持不懈地大量练习，其看重的教育价值不仅在于技能的习得和娴熟，而且在于锻炼坚韧不拔的意志品质。

（三）艺术教育促进儿童的个性发展

个性，是指区别于他人的、稳定的、独特的、整体的特性。个性化作为儿童人格发展过程的一个侧面，是个体在生理、心理上获得独立的过程，即自我确立、自我形成的过程。它强调的是个体的需要、特征、独特的权力、个人发展、自我实现、个体在世界上的唯一性等。

1. 艺术教育能促进儿童积极的个性意识倾向性的发展

个性意识倾向性是人进行活动的基本动力，包括需要、动机、兴趣、理想、信念、世界观等。在教师提供和创设的自由、宽松、信息量大且充满创造氛围的环境中，儿童参与活动的态度主动而积极，兴趣也由直接指向材料本身的短暂兴趣逐渐发展演变为稳定而持久的浓厚兴趣。在这类学习活动中，儿童不仅能获得认知、情感和操作技能等方面的有效发展，享受并获得快乐的体验，而且能初步养成对人和事物的积极态度，而积极态度、探究精神、创造精神及自信心等，在适当的条件下是培养积极人生态度的重要基础。

2. 艺术教育能促进儿童自我意识的发展

自我意识，是指个体对自己存在的感觉，即自己认识自己的一切，包括生理状况、心理特征及与他人的关系等。儿童在艺术教育中的感受和表现需要他们有意识地认识到自己的活动状况并调控自己。集体的艺术活动形式能使儿童获得来自同伴、教师的各种评价，会对儿童自信心、自尊心和自我评价、自我态度的形成产生重要影响。

（四）艺术教育促进儿童的社会性发展

儿童的社会性是在与周围人群的交往中逐渐发展起来的，其发展是一个渐进的、日

益丰富和完善的过程。学前儿童的艺术教育活动能够为儿童提供大量人际交往和合作交流的机会，有助于培养他们的交往观念和交往技能。通过幼儿园组织的集体形式艺术活动，儿童能够体会到集体协作的快乐，逐渐学会理解、尊重、接纳和欣赏他人。艺术教育能让儿童形成自律习惯，培养其责任感和自我激励的意识，而这些正是儿童将来进入有秩序的社会交往活动必须具备的。

三、学前儿童艺术教育的沿革趋势

（一）学前儿童艺术教育的本土嬗变

我们要用历史思维看待我国学前儿童艺术教育的发展。特定时期的教育政策可以反映当时的教育发展状况。通过对19世纪以来中国艺术教育相关政策的梳理，可以了解我国学前儿童艺术教育的本土嬗变。

1. 艺术教育的萌芽

鸦片战争以后，中国的社会形态发生了巨大变化。西方列强在中国开办工厂，中国民族资本主义逐步发展。一些妇女由于生活所迫不得不走进工厂，家庭式的学前教育模式已无法满足社会需要。此时，外国传教士纷纷在中国开办幼稚园，这些幼稚园虽然在客观上给封闭的中国带来了先进的教育思想，但是由于其主要目的在于思想钳制，而不是儿童发展，因此，教育内容、教育方式等存在极大的弊端。为缓和社会矛盾，清政府在19世纪末20世纪初推行“新政”，教育上体现在颁布新学制。1904年，清政府颁布《奏定学堂章程》，其中，还专门制定了《奏定蒙养院章程及家庭教育法章程》，这是我国近代史上第一个学前教育法规。该章程明确将幼儿教育机构命名为“蒙养院”，并将蒙养院的课程规定为游戏、歌谣、谈话和手技四个方面。其中，歌谣、手技为艺术教育内容。歌谣教幼儿学习古人短歌谣或五言绝句，使其耳目口舌灵活并培养德行。手技让幼儿学习木工、竹工、纸工、泥工及栽种花卉，使之手眼协调并发展其操作能力。可见，我国学前儿童艺术教育在萌芽时期，主要是被当作促进幼儿发展的工具与手段。[①]

1911年，辛亥革命推翻了清朝政府。1912年，中华民国成立。民国政府任命蔡元培为教育总长，对教育进行全面改革。蔡元培提出，教育要促进儿童德、智、体、美全面发展，并突出强调体育与美育的重要性。同年，教育部颁布壬子癸丑学制，将蒙养院改为蒙养园。1916年，教育部颁布《国民学校实施细则》[②]，将蒙养园的保育项目规定为游戏、唱歌、谈话、手艺，目标在于促进儿童身心和谐发展。1922年，教育部颁布壬戌学制（新学制），将蒙养园更名为“幼稚园”。新学制的颁布虽在一定程度上促进了中国学前教育的发展，但仍存在诸多问题，如无统一课程标准、无统一课程内容等。在对国内外学前教育理论与实践研究的基础上，陈鹤琴等着手拟定幼稚园标准。1932年，

① 索丽珍，林晖，高妍苑.学前儿童艺术教育[M].重庆：重庆大学出版社，2020：3.

② 唐淑.学前教育史[M].北京：人民教育出版社，2013：55.

教育部颁布《幼稚园课程标准》，将幼稚园课程规定为音乐、故事和儿歌、游戏、社会和自然、工作、静息、餐点七个方面。其中，音乐旨在“满足唱歌的欲望；启发并增进欣赏音乐的机能（包括口唱和乐器两种）；发达发声的官能，节奏的感觉，并训练节奏的动作；发展亲爱、协同等的情感；引起对事物（如猫、狗、耕田之类）的兴趣”。[①]

2. 艺术教育的探索

20世纪50年代，我国处于国民经济恢复时期。在吸取各方学前教育经验的基础上，1951年，政务院颁布了中华人民共和国第一个学制——《关于改革学制的决定》，将幼稚园更名为“幼儿园”。同年，教育部制定了《幼儿园暂行规程（草案）》和《幼儿园暂行教学纲要（草案）》。《幼儿园暂行规程（草案）》将幼儿园课程内容规定为体育、语言、认识环境、图画手工、音乐、计算。艺术教育内容包括音乐（歌唱、听音乐、乐器表演等）与图画手工（图画、纸工、泥工、其他材料作业），目标在于“培养幼儿爱美的观念和兴趣，增进其想象力和创造力”。《幼儿园暂行教学纲要（草案）》进一步提出图画手工、音乐的总目标、年龄段目标及指导要点等。其中，图画手工的培养目标为“培养幼儿初步的艺术兴趣和爱美观念；培养幼儿学习描绘日常生活事物的简单轮廓，以发展其想象力和创造力；培养幼儿运用双手的能力，使其懂得劳动是最崇高的道德，以养成爱劳动、爱护公共财产的习惯”[②]。音乐的培养目标为“培养幼儿爱好音乐的兴趣，发展幼儿的音乐听觉和韵律的感觉；培养幼儿正确的发音、唱歌、表演、舞蹈并陶冶其活泼、愉快、热情、勇敢、康乐的精神；培养幼儿爱祖国、爱人民、爱劳动等的国民公德，以及团结、友爱的集体主义精神”[③]。

3. 艺术教育的恢复发展

改革开放后，学前教育进入迅速发展时期。1981年，教育部颁布《幼儿园教育纲要（试行草案）》，将幼儿园课程规定为体育、语言、常识、计算、音乐、美术等科。其中，音乐、美术属于艺术教育内容，其具体任务是“教给幼儿音乐、舞蹈、美术、文学等的粗浅知识和技能，培养幼儿对它们的兴趣，初步发展他们对周围生活、大自然、文学艺术中美的感受力、表现力、创造力等”[④]。

4. 艺术教育的发展繁荣

2001年，教育部颁布《幼儿园教育指导纲要（试行）》，明确将幼儿园课程内容划分为健康、语言、社会、科学、艺术五大领域，不再采用分科方式设置课程。其中，艺术已不仅仅特指音乐、美术，自然环境和社会生活中的美也是幼儿园艺术教育的重要内容。自此，艺术教育从分科走向综合。2012年，教育部颁布《3～6岁儿童学习与发展指南》，在《幼儿园教育指导纲要（试行）》基础上，进一步明确艺术领域各年龄段目标，并提出相应教育建议。2020年10月，中共中央办公厅、国务院办公厅联合印发了《关

① 《中国学前教育史》编写组.中国学前教育史资料选[M].北京：人民教育出版社，2002：211.

② 中国学前教育研究会.中华人民共和国幼儿教育重要文献汇编[M].北京：北京师范大学出版社，1999：604.

③ 同①608.

④ 同①172.

于全面加强和改进新时代学校美育工作的意见》，充分表明了党和国家对学校美育工作的重视，进一步明确了幼儿园艺术教育的价值取向。2022年4月，教育部发布《义务教育艺术课程标准（2022年版）》，将音乐、美术两门课程全部纳入统一的艺术课程，增加了“新三门”，即舞蹈、戏剧（含戏曲）、影视（含数字媒体艺术）；指出艺术课程具有审美性、情感性、实践性、创造性、人文性等特点；强调在教材和教学中对“三大文化”（社会主义先进文化、革命文化、中华优秀传统文化）重要性的认识、理解、运用。《义务教育艺术课程标准（2022年版）》对幼儿园艺术课程的实施具有重要的指导意义。

超级链接

学习和领会“三大文化”，自觉坚定文化自信

2022年5月，习近平总书记在中共中央政治局集体学习时再次强调，中华文明源远流长、博大精深，是中华民族独特的精神标识，是当代中国文化的根基，是维系全世界华人的精神纽带，也是中国文化创新的宝藏。在漫长的历史进程中，中华民族以自强不息的决心和意志，筚路蓝缕、跋山涉水，走过了不同于世界其他文明体的发展历程。中华优秀传统文化是中华文明的智慧结晶和精华所在，是中华民族的根和魂，是我们在世界文化激荡中站稳脚跟的根基。①

青年学生要认真学习和领会“三大文化”（社会主义先进文化、革命文化、中华优秀传统文化），借助优秀的文学艺术作品，自觉坚定文化自信。例如：展现社会主义先进文化的艺术作品，如根据梁晓声的同名小说改编，反映改革开放前后50年间国家发展中人生经历的电视剧《人世间》；展现革命文化的艺术作品，如庆祝中国共产党成立100周年的重大革命历史题材史诗型电视剧《觉醒年代》、展示红军女战士战斗生活与成长历程的芭蕾舞剧《红色娘子军》；展现中华优秀传统文化的艺术作品，如以北宋王希孟传世名画《千里江山图》为灵感创作的舞蹈作品《只此青绿》等。

（二）学前儿童艺术教育的未来趋势②

世界各国的艺术教育呈现出不同的特点，但总体发展趋势较为一致，即艺术教育必须面向全体学生，必须关注人文内涵；强调艺术教育的综合性，更注重艺术与文化及社会的联系；强调以情境学习取代机械式的艺术学习等。这些发展趋势主要体现在以下几个方面。

① 习近平在中共中央政治局第三十九次集体学习时强调　把中国文明历史研究引向深入　推动增强历史自觉坚定文化自信[N/OL].（2022-05-29）[2022-06-30]. http://paper.people.com.cn/rmrb/html/2022-05 /29 /nw.D110000renmrb_20220529_1-01.htm.

② 程英. 学前儿童艺术教育与活动指导[M].2版. 上海：华东师范大学出版社，2021：6.

1. 关注教育公平，关注人文内涵

艺术教育必须面向全体学生，要为每个学生的成长发展提供平等的学习机会，包括边远农村儿童、残障儿童在内的所有学生都有接受艺术教育的权利。现代艺术教育更加关注人文内涵，已经不再把重点放在技能目标及其实现上，而是转向关注在动态的过程中个体获得的身心发展。艺术教育更重视以学生发展为本，体现对学生发展的关怀，即理想的文化心理素质的关怀与理想的“人”的教育，不仅要使人的精神高尚，而且要全面发展人的身体、心理或知觉、情感、潜能等。在《关于全面加强和改进新时代学校美育工作的意见》中，我国明确提出了各级各类学校美育课程目标，如学前教育阶段重在培养幼儿拥有美好、善良心灵和懂得珍惜美好事物；义务教育阶段注重激发学生艺术兴趣和创新意识，培养学生健康向上的审美趣味、审美格调；高中阶段重在丰富学生的审美体验，开阔人文视野，引导学生树立正确的审美观、文化观；高等教育阶段重在培养具有崇高审美追求、高尚人格修养的高素质人才。

2. 构建综合课程

现代艺术教育更加强调各种艺术学科之间，以及艺术与其他学科之间的联系。随着艺术教育的发展，各国艺术教育都在努力克服儿童早期艺术教育的单一性，丰富和扩展艺术教育的内容，使艺术教育的内容具有一种多样性的组合特征，并且在考虑教育内容时还注意艺术与其他学科的横向联系，以便完美地实现艺术教育内容与艺术教育目标的互动关系。

人类知识是统一的整体，文理之间、学科之间都有一定的联系。因此，不同学科间的交叉和融合是当代教育科学发展的主要趋势。为了与之相适应，艺术学科与其他学科之间的交叉和融合成为当代世界艺术教育发展的重要趋势。这一趋势将各种学科在知识背景、思维方式、学习能力、技能操作等方面的教育相互补充、配合和贯通，不断消除学科知识相互隔绝的现象，以促进学生思维方式多元化、掌握知识综合化，培养学生的创新意识、创造精神和实践能力。

3. 视艺术教育为文化教育

在不同教育阶段的音乐与美术教学过程中，艺术教育努力营造出多样性的生态优势：一方面，创设多样性的文化情境，增加文化含量，使学生通过艺术活动加深对文化和历史的认识及对艺术社会作用的认识；另一方面，树立正确的文化价值观，进一步引导学生积极探索艺术与其他学科、艺术与社会生活相结合的方法，进行跨学科的学习活动。

世界上很多国家认为，艺术文化的学习已是21世纪艺术教育的一大特点。通过艺术文化的学习，学生可以较全面地了解艺术与人类、艺术与生活、艺术与情感、艺术与政治、艺术与历史等方面的关系。

4. 体现以学生发展为本的思想

以学生发展为本的艺术教育，体现了对人的素质要求的全方位观念，体现出对人的知识与能力、身体与心理、学业与品格等全方位的要求，即现代社会迫切要求艺术教育能够培养和造就健全发展的人。

艺术教育以学生发展为本的思想具体体现在：一是全民艺术教育，确立全民教育目标在于满足全体儿童、青年和成年人的基本学习需要；二是艺术教育是素质教育，不是专业教育，艺术素质教育以关注“学生的可持续发展”为中心。那些片面强调学科教育、重视学科技能、忽视人文精神的教育，都是偏离“以人为本”的体现。改变这种偏离“以人为本”方向的状况，是实现艺术教育的可持续发展、培养可持续发展人才的重要方面，也是艺术教育改革和发展的重要趋势。

目前，各国的艺术教育改革都在摒弃以往对艺术教育狭隘偏颇的、功利性的理解，并且认识到艺术教育不仅能建构人健全的审美心理结构，而且能培养人的艺术欣赏和创造能力。艺术教育的最终目的是造就个性健全的人，以及由此产生的整个社会的稳定、协调和进步。

5. 艺术教育重在开启人的心灵

在艺术教育领域进行了成功探索的中外教育工作者一致认为，学校作为儿童接受教育的最主要场所，主要职责不仅仅是传授知识，更重在是开启人的心灵，从而使儿童拥有健全的人格、健康的心理和身体，为他们充实地、快乐地拥有自己的人生打下良好的基础。艺术教育具有培养儿童审美感受力、形象思维能力、创造表现能力，启迪儿童智慧，陶冶儿童情操，发展儿童个性和提高儿童修养的独特功能，是任何学科教育不能取代的。

6. 注重教育过程的生成性与教育形式的开放性

现代艺术教育应该是教师与学生双主体协同活动的过程，教师和学生都是教育的有机组成部分。艺术教育应该是在教学实践中，通过师生合作、体会、体验、共同探寻进行的。艺术教育的教学过程是生成性的，不是预设的知识与技艺的传授。

现代艺术教育是开放的、动态的、过程性的，其目标是一般性的、形成性的、创造性的、转变性的。现代艺术教育重视学生体验，是精神、经验、观念、能力的生成过程，是动态的、发展变化的。

现代艺术教育主动把社会艺术教育和家庭艺术教育纳入视野，把艺术教育与学生的日常生活有机联系在一起，使学校、社会与家庭三者形成合力；同时，加强艺术教育的横向联系，使之密切配合、相互渗透、共同发展。现代艺术教育改变了传统的教师单向讲授和定时间、定地点分科教学的封闭式教学模式，采用学生的探究式、交互式学习方式和多种艺术形式交叉融合的开放式教学模式。

7. 防止“功利化”和“技能化”

艺术教育在保存、发展本土优秀文化的同时，还把文化多元化作为财富的源泉。一方面，尊重和赞赏其他文化，以开放的态度对待外来文化，倡导各种文化都应作为教育关注的对象；另一方面，注重文化与价值的多元性，养成对文化的积极态度，消除性别歧视与种族歧视等，从而了解他人、尊重他人，最后了解世界、尊重世界。因此，加强多元文化的跨文化教育，是致力于民族间的相互理解、避免狭隘的民族主义倾向、促进世界和平的重要途径。

任务2　学前儿童艺术教育基本要点的解读

任务说明

在实践层面上，学前儿童艺术教育的实施需要遵循国家教育目的、学前儿童心理发展规律，以及美学、教育学规律，只有把握了这些基本要点，学前儿童艺术教育的实践才能发挥最大的育人效能。在本任务中，你需要结合所学，完成以下工作任务。

1. 课堂巩固

以小组为单位研讨以下问题，完成工作表单1。

工作表单1

问题材料：

《3～6岁儿童学习与发展指南》中指出，艺术教育应"不做过多干预或把自己的意愿强加给幼儿"。教师不能对幼儿过多干预，那么，教师在艺术活动中的组织指导该如何体现呢？

发言人	具体看法
主持人总结	

2. 教资真题

链接幼儿教师资格考试笔试真题，完成工作表单2。

工作表单2

幼儿教师资格考试（保教知识与能力）答题卡
选择题： 1. 按照布鲁姆等人关于教育目标分类的观点，“了解青蛙的生长发育过程”属于（　　）。（2021年） A. 情感目标　B. 认知目标　C. 动作技能目标　D. 行为目标 2. 在幼儿绘画活动中，教师最应该强调的是（　　）。（2021年） A. 画面干净、美　B. 画得和教师的一样　C. 按照自己的意愿大胆表达　D. 画得越像越好 3. 下列关于幼儿美术教育的做法中，不正确的是（　　）。（2019年） A. 支持幼儿表达自己对美术作品的独特感受　B. 出示范画让幼儿模仿 C. 鼓励幼儿用自己的方式表现美　D. 为幼儿的美术创作提供丰富的材料 4. 教师在组织中班幼儿歌唱活动时，合理的做法是（　　）。（2018年） A. 要求幼儿用胸腹式联合呼吸法唱歌　B. 鼓励幼儿用最响亮的声音唱歌 C. 鼓励幼儿唱八度以上音域的歌曲　D. 要求幼儿用自然声音唱歌 5. 幼儿园艺术教育的主要目标是（　　）。（2018年） A. 发展幼儿的艺术技能　B. 培养幼儿的艺术感受和表达能力 C. 丰富幼儿的艺术知识　D. 拓展幼儿的逻辑思维能力 6. 教师在区角中投放了多种发声玩具，小班幼儿在摆弄这些玩具时（　　）。（2018年） A. 能概括不同声音产生的条件　B. 对声音产生兴趣，感受不同的声音 C. 能描述出玩具是怎么发声的　D. 能描述出不同玩具发声特点 7. 小彤画了一个长了翅膀的妈妈，教师合理的应对方式是（　　）。（2017年） A. 让小彤重新画，以使其作品更符合实际　B. 画一个妈妈的形象，让小彤照着画 C. 询问小彤画长翅膀的妈妈的原因，接纳他的想法　D. 对小彤的作品不予评论 8. 一名幼儿画小朋友放风筝，将小朋友的手画得很长，几乎比身体长了3倍，这说明了幼儿绘画特点具有（　　）。（2016年） A. 形象性　B. 抽象性　C. 象征性　D. 夸张性 9.《幼儿园教育指导纲要（试行）》中的教育目标较多使用“体验”“感受”“喜欢”“乐意”等词汇，这表明幼儿园教育强调（　　）。（2015年） A. 知识取向　B. 情感态度取向　C. 能力取向　D. 技能取向 10. 小班幼儿玩橡皮泥时，往往没有计划性。橡皮泥搓成团就说是包子，搓成条就说是油条，长条橡皮泥卷起来就说是麻花。这反映了小班幼儿（　　）。（2015年） A. 具体形象思维的特点　B. 直觉行动思维的特点　C. 象征性思维的特点　D. 抽象逻辑思维的特点

学习支持

一、学前儿童艺术教育的目标

教育是人类一种自觉的、有目的的、有计划的社会实践活动。它的自觉性、目的性和计划性首先表现在教育实施之前就对其结果有了一种期望，这种预先期望就是教育目标。教育目标是伴随着教育实践同步产生的。学前儿童艺术教育的目标就是对学前儿童艺术教育预期达到标准的一种期望，它不仅制约着艺术教育的整个实施过程，也是一切艺术教育行为的出发点和最终归宿。

（一）学前儿童艺术教育目标的制定依据

1. 学前儿童艺术心理发展的特点和规律

学前儿童艺术教育的对象是儿童，艺术教育的效果如何，必须通过它培养的儿童的发展状况来检验。当然，艺术教育的目标作为对艺术教育结果的一种预期，也必须落实到儿童的身心发展和变化上。儿童艺术心理、艺术能力的发展有其自身的特点和规律，它能从艺术表现的角度反映儿童的认知、情感和社会化技能发展的水平。同时，每个儿童作为独立的个体，有着与众不同的个性、兴趣和需要。因此，学前儿童艺术教育目标的制定必须依据儿童艺术心理发展的实际水平、需要和可能性，将这些暗示着儿童艺术学习的准备性和隐藏着艺术教育发展指向的有用信息进行科学、合理的分析、把握和整理，从而构建起真正适合儿童发展的艺术教育目标。

2. 社会对学前儿童艺术教育的要求

人总是生活在一个特定的社会环境中的，而教育作为一种社会实践活动必然受制于一定的社会文化历史背景。因此，任何教育目标都必然会直接或间接地反映社会对教育理想角色培养的要求，并或多或少地被打上时代的烙印，艺术教育当然也不例外。社会政治、经济、科学、文化发展的现状、趋势，以及社会对未来人才培养的需要等，都被自然地纳入学前儿童艺术教育目标制定的范围，成为影响目标制定的客观依据之一。

3. 学前儿童艺术教育学科本身的特性

学科是对人类世代积累下来的知识进行分类、选择、组织、排列形成的相对独立的教学内容体系，因而对以传道、授业为基本任务的教育来说，不能不影响其目标的确定。①以音乐教育为例，学前儿童音乐教育具有与其他学科不同的基本概念、结构、潜力、教育价值、学习规律和发展趋势，这些都成为具体、微观的影响教育目标制定的依据。学前儿童音乐是儿童通过自身发展和教育习得的“音乐语言”（如旋律、节奏、节拍等），体验并创造性地表达自身对周围事物认识和感受的一种听觉艺术活动。在学前儿童音乐教育中，如何既充分地让儿童享受、体验音乐活动过程的快乐，又顾及音乐技能、技巧的学习和训练；如何既尊重儿童对音乐的自发探索和创造，又把儿童的音乐表现活动逐渐引到符合音乐审美创作原理和规律的轨道上；如何做到既不淡化、忽视音乐的意识和特点，突出以音乐感受、理解、表现和初步鉴赏为基本任务，又以音乐审美教育为切入点，促进儿童整体素质和完善人格的发展……对于此类问题的把握和思考，都与学前儿童音乐教育目标的制定有着密切的联系。

超级链接

学前儿童艺术教育目标的结构层次

事物是普遍联系的，事物及事物各要素相互影响、相互制约，整个世界是相互联系的整体，也是相互作用的系统。我国学前儿童艺术教育是学校艺术教育的重要组成部分，学前儿童艺术教育的目标以国家教育目的为终极遵循。在实践层面上，

① 陈帼眉，刘焱.学前教育新论[M].北京：北京师范大学出版社，1996：85.

学前儿童艺术教育有清晰而具体的结构层次。学前儿童艺术教育目标的纵向结构层次，从上到下依次是学前儿童艺术教育的总目标、年龄段目标、教学单元目标、具体活动目标。学前儿童艺术教育目标的横向结构结合了布鲁姆的教育目标分类学理论和我国学前儿童艺术教育的实践，从心理活动的不同领域出发，分为认知目标、情感与态度目标、操作技能目标三个方面。其中，认知目标表述的是学前儿童艺术教育中各种有关的艺术知识，以及认识能力方面的发展要求；情感与态度目标表述的是学前儿童艺术教育中儿童情感的体验和表达能力，以及对艺术活动的兴趣和爱好的发展要求；操作技能目标表述的是学前儿童艺术教育中儿童运用身体动作进行艺术体验和表达的技能发展要求。

（二）学前儿童艺术教育目标的内容指向

1. 学前儿童艺术教育的总目标

2001年，教育部制定并颁布了《幼儿园教育指导纲要（试行）》，将艺术教育的总目标确定为：

①能初步感受并喜爱环境、生活和艺术中的美；

②喜欢参加艺术活动，并能大胆地表现自己的情感和体验；

③能用自己喜欢的方式进行艺术表现活动。

2. 学前儿童艺术教育的各年龄段发展期望

2012年，教育部颁布了《3～6岁儿童学习与发展指南》，明确艺术领域各年龄段的学习与发展期望，并提出教育建议（见表1–1）。

表1–1 《3～6岁儿童学习与发展指南》艺术领域各年龄段的学习与发展期望及教育建议

子领域	目标	各年龄段学习与发展期望	教育建议
感受与欣赏	喜欢自然界与生活中美的事物	3～4岁： 1. 喜欢观看花草树木、日月星空等大自然中美的事物 2. 容易被自然界中的鸟鸣、风声、雨声等好听的声音所吸引 4～5岁： 1. 在欣赏自然界和生活环境中美的事物时，关注其色彩、形态等特征 2. 喜欢倾听各种好听的声音，感知声音的高低、长短、强弱等变化 5～6岁： 1. 乐于收集美的物品或向别人介绍所发现的美的事物 2. 乐于模仿自然界和生活环境中有特点的声音，并产生相应的联想	1. 和幼儿一起感受、发现、欣赏自然环境和人文景观中美的事物 2. 和幼儿一起发现美的事物的特征，感受和欣赏美
	喜欢欣赏多种多样的艺术形式和作品	3～4岁： 1. 喜欢听音乐或观看舞蹈、戏剧等表演 2. 乐于观看绘画、泥塑或其他艺术形式的作品 4～5岁： 1. 能够专心地观看自己喜欢的文艺演出或艺术品，有模仿和参与的愿望 2. 欣赏艺术作品时产生相应的联想和情绪反应 5～6岁： 1. 艺术欣赏时常常用表情、动作、语言等表达自己的理解 2. 愿意和别人分享、交流自己喜爱的艺术作品和美感体验	1. 创造条件让幼儿接触多种艺术形式和作品 2. 尊重幼儿的兴趣和独特感受，理解他们欣赏时的行为

续表

子领域	目标	各年龄段学习与发展期望	教育建议
表现与创造	喜欢进行艺术活动并大胆表现	3～4岁： 1. 经常自哼自唱或模仿有趣的动作、表情和声调 2. 经常涂涂画画、粘粘贴贴并乐在其中 4～5岁： 1. 经常唱唱跳跳，愿意参加歌唱、律动、舞蹈、表演等活动 2. 经常用绘画、捏泥、手工制作等多种方式表现自己的所见 5～6岁： 1. 积极参与艺术活动，有自己比较喜欢的活动形式 2. 能用多种工具、材料或不同的表现手法表达自己的感受和想象 3. 艺术活动中能与他人相互配合，也能独立表现	1. 创造机会和条件，支持幼儿自发的艺术表现和创造 2. 营造安全的心理氛围，让幼儿敢于并乐于表达表现
	具有初步的艺术表现与创造能力	3～4岁： 1. 能模仿学唱短小歌曲 2. 能跟随熟悉的音乐做身体动作 3. 能用声音、动作、姿态模拟自然界的事物和生活情境 4. 能用简单的线条和色彩大体画出自己想画的人或事物 4～5岁： 1. 能用自然的、音量适中的声音基本准确地唱歌 2. 能通过即兴哼唱、即兴表演或给熟悉的歌曲编词来表达自己的心情 3. 能用拍手、踏脚等身体动作或可敲击的物品敲打节拍和基本节奏 4. 能运用绘画、手工制作等表现自己观察到或想象的事物 5～6岁： 1. 能用基本准确的节奏和音调唱歌 2. 能用律动或简单的舞蹈动作表现自己的情绪或自然界的情境 3. 能自编自演故事，并为表演选择和搭配简单的服饰、道具或布景 4. 能用自己制作的美术作品布置环境、美化生活	尊重幼儿自发的表现和创造，并给予适当的指导

3. 学前儿童艺术教育目标的表述方式

拓展资源

（1）行为目标

行为目标，即以可观察的行为化方式表述目标，关注和强调的是目标的可理解性、可把握性和可操作性。泰勒认为，应该运用一种最有助于指导教学过程的方式陈述目标，它应能直截了当地明示行为发出的主体在活动中期望达到的结果，能清楚地表明在活动过程中儿童将要做什么和应做到何种程度，同时还能暗示教育者在活动中应怎样要求儿童并帮助儿童达到要求。

（2）过程目标

过程目标关注的不是以预先规定的目标为中心，而是强调教师在活动中以过程为中心，以儿童获得的艺术体验为出发点构建目标。以过程目标的方式表述学前儿童艺术教育的目标，旨在使教学的价值观念、教学环境及材料等方面都从儿童自身的经验出发，从而使儿童有机会充分展露艺术创造的力量和欲望，获得知识、技能、情感及审美的积极体验。教师若要准确把握儿童艺术学习的过程，则不仅要熟悉学前儿童音乐、美术发展的规律和艺术表现的特点，熟悉艺术相关学科的体系，具备较高的艺术素养，还必须具备一定的教科研综合能力。因此，在现行幼托机构中，要完全在艺术教育实践中实行和推广过程目标尚有一定的困难。

（3）表现目标

表现目标关注的是儿童在艺术活动中表现的某种程度上的首创性反应形式，而不是预期的结果。它只为儿童提供活动的范围，活动的结果是开放性的。教师更多关注的是儿童对艺术的追求，对自我的探索、创造，以及开放性的理解和表现，表现目标是行为目标的过程性补充。例如，"利用所提供的多种材料，画一幅你最喜欢的画"，这种目标可以让儿童摆脱行为目标对结果的追求，鼓励儿童在过程中表现自我，探索自己感兴趣的问题。因此，表现目标在儿童艺术教育活动中是有一定价值的，但表现目标比较模糊，并非所有教师都能驾驭。

综上所述，学前儿童艺术教育活动的三种目标取向既各有长处，也各有短处。一般而言，行为目标的形式更有利于艺术教育活动的具体化、可操作化，更有利于儿童获取基础知识和基本技能；过程目标的形式更有利于帮助儿童从经验出发，逐步确立价值观念，有益于培养儿童解决问题的能力；表现目标的形式更有助于鼓励儿童的主动性、创造性。在制定学前儿童艺术教育活动目标时，应特别注意各种取向目标的互补性，综合考虑三种取向目标合理且有价值的方面，扬长避短，从而更有效地推进学前儿童艺术教育实践。

二、学前儿童艺术教育的内容

（一）《幼儿园教育指导纲要（试行）》中艺术领域的内容与要求

《幼儿园教育指导纲要（试行）》指出，学前儿童艺术学习的内容包括艺术兴趣的养成，艺术感受与欣赏，表达与表现，想象与创造及材料器具运用能力的提升等。《幼儿园教育指导纲要（试行）》还概括性地阐明了在艺术教育实践中，教师应该做什么和怎么做：教师应充分关注学前儿童的审美情感，教师需支持与尊重学前儿童个性化的表达与创造，教师需引导学前儿童在体验艺术乐趣的同时获得艺术表现技能。具体内容如下：

①引导学前儿童接触周围环境和生活中美好的人、事、物，丰富他们的感性经验和审美情趣，激发他们表现美、创造美的情趣。

②在艺术活动中，面向全体学前儿童，要针对他们的不同特点和需要，让每个学前儿童都得到美的熏陶，对有艺术天赋的学前儿童要注意开发他们的艺术潜能。

③提供自由表现的机会，鼓励学前儿童用不同艺术形式大胆表达自己的情感、理解和想象，尊重每个学前儿童的想法和创造，肯定和接纳他们独特的审美感受和表现方式，分享他们创造的快乐。

④在支持、鼓励学前儿童积极参加各种艺术活动并大胆表现的同时，帮助他们提高表现的技能水平。

⑤指导学前儿童利用身边的物品或废旧材料制作玩具、手工艺品等，美化自己的生活或开展其他活动。

⑥为学前儿童创设展示自己作品的条件，引导学前儿童相互交流、相互欣赏、共同提高。

（二）学前儿童艺术教育的基本活动类型

活动视频

当前，在具体的幼儿园艺术课程实践中，艺术教育从美术与音乐两个维度展开。美术教育内容有绘画活动、手工活动、美术欣赏活动等活动类型；音乐教育内容有歌唱活动、韵律活动、打击乐演奏活动、音乐欣赏活动、音乐游戏等活动类型。另外，艺术区域活动也是艺术教育的重要活动形式。

1. 绘画活动

绘画活动是教师引导学前儿童用各种笔、纸等工具和材料，运用线条、造型、色彩、构图等艺术语言创造出视觉形象，从而表达创作者的思想、情感的一种活动。其内容主要包括命题画（物体画、情节画）、意愿画、装饰画。

2. 手工活动

手工活动是教师引导学前儿童使用各种手工工具和材料，运用剪、撕、贴、折、团球、压、插、缠绕、粘连等手段做出平面或立体物体形象，从而发展学前儿童动作的灵活性和协调性，培养学前儿童的实际操作能力，以及工作计划性和条理性的一种教育活动。其内容包括泥工、纸工、废旧材料制作等。

3. 美术欣赏活动

美术欣赏活动是教师引导学前儿童欣赏和感受美术作品、自然景物和社会环境中的美好事物，了解对称、均衡、变化等形式美的原理，感受造型、色彩、构图等艺术手法及其情感表现，从而丰富学前儿童的美感经验，培养其审美情感、审美评价能力和审美创造能力的一种教育活动。

4. 歌唱活动

歌唱活动泛指所有运用嗓音进行的音乐表现活动。歌唱是学前儿童表达思想、情感最自然的形式之一，内容包括歌曲、歌唱的表演形式、歌唱的简单知识技能等。

5. 韵律活动

韵律活动是指在音乐的伴奏下以协调的身体动作表现音乐的活动。其内容包括韵律动作及其组合、韵律活动的知识技能、韵律活动的常规等。

6. 打击乐演奏活动

打击乐演奏活动是指以身体大肌肉动作参与为主，运用一定的节奏和音色，通过打击乐操作来表现音乐的一种活动。其内容包括乐器种类及操作方法、基本演奏技能、演奏方式等。

7. 音乐欣赏活动

音乐欣赏活动一般指通过聆听音乐作品获得审美享受的音乐活动。其内容包括倾听周围环境中的音响、欣赏音乐作品、了解音乐欣赏的简单知识和技能等。

8. 音乐游戏

音乐游戏是以发展学前儿童音乐能力（音乐的感受力与表现力）为目标的游戏。其内容包括嗓音游戏、动作游戏、演奏游戏、听辨反应游戏等。

9. 艺术区域活动

艺术区域包括美工区、表演区等。艺术区域活动支持学前儿童与多样化的材料互动，满足学前儿童的审美兴趣和表现需要，帮助学前儿童积累艺术经验，提高表现的技能。

三、学前儿童艺术教育的策略

《3～6岁儿童学习与发展指南》在艺术领域的前言部分明确指出，艺术是人类感受美、表现美和创造美的重要形式，儿童艺术教育的关键在于充分创造条件和机会，在大自然和社会文化生活中萌发儿童对美的感受和体验，丰富其想象力和创造力，引导他们学会用心灵去感受和发现美，用自己的方式去表现和创造美。

（一）引导学前儿童感受美的策略

感受美是指学前儿童被周围环境和生活中美的事物或艺术作品所吸引，从感知出发，以想象为主要方式，以情感的激发为主要特征的一种艺术能力。引导学前儿童感受美，可以从以下几个方面出发。

1. 提供更多感受自然与生活中美的条件与机会

感受的能力学前儿童生而有之，感受的敏锐性则更多取决于儿童能获得的机会。教育者可以为学前儿童创设一种能够吸引他们的审美环境，用视觉美和听觉美包围学前儿童，让学前儿童感受到宽松、自由、尊重、悦纳，让学前儿童在耳濡目染中获得美感。同时，教育者还可以组织多种多样的艺术实践活动和艺术游戏，让学前儿童在直接参与和亲身体验中感受美。另外，教育者可以提升自身对美的敏感性和自身的艺术素养，习惯性地将自己的感受与体验通过对话与学前儿童分享。教育者自己的审美视域有多大，能够提供给学前儿童的审美视域就有多大；教育者自己对美的包容心和感受力有多强，与学前儿童共同建构的审美世界就有多宽广。

2. 组织更多艺术作品审美活动

与感受自然和生活美相同，学前儿童对艺术美的感受也是多渠道、多场域的。在幼儿园中，教师组织的、不同结构程度的艺术欣赏活动，目标明确、内容精选、方法渐进，适宜学前儿童的发展。在公共空间中，参观博物馆、画廊，观看艺术表演等，都可以拓展学前儿童的审美视野，使学前儿童养成审美的文明习惯和终身的审美情趣。在民族传统节庆活动中，可以让学前儿童接触、了解民间美术、音乐、舞蹈、服饰、建筑等，使其感受到美的民族性、时代性和文化内涵。

3. 发展一套感受美的交流语言

学前儿童习惯在感受美的过程中谈论美，教育者应当不断学习并时常总结有关艺术交流的语言。[①] 如："在这幅描绘池塘的画中，你能分辨出多少不同的颜色？"（莫奈的《睡

---

① 爱泼斯坦，特里米斯.我是儿童艺术家：儿童视觉艺术的发展[M].冯婉桢，等译.北京：教育科学出版社，2012：88.

莲》，色彩——色相）；“房子很大，因为它离我们很近，山看上去很小，因为它离我们远”（空间——近大远小）；“《粉刷匠》听起来欢快，《泥娃娃》听起来悲伤”（音乐情绪性质）；“你听到哪些小动物的叫声？”（音色）。只有教师成为热爱美、追求美、善于发现美的艺术敏感之人，才会真正有热忱将美的体验分享给身边的每个学前儿童。

（二）鼓励学前儿童表现美的策略

表现美是指儿童通过歌唱、演奏、绘画、综合艺术表演等活动，表达艺术美感和情感内涵的实践能力。儿童在艺术表现中接受熏陶、把握规律、感受乐趣，并在特定的艺术表现情境中丰富情感、充实心灵、培养自信心、获得成就感。教师在鼓励学前儿童表现美的过程中，应该遵循以下程序。

首先，要选择适宜的艺术内容，帮助学前儿童理解选择的作品或自然生活中有美感的事物，为后面的制作或表演做好准备。在美术表现中，学前儿童通过观察获得视觉表象，通过视觉、味觉、听觉、触觉、嗅觉等各种感觉的共同作用，把握物体/作品的主要特征和基本结构；在音乐表现中，学前儿童通过倾听获得听觉表象，通过语言、动作、图像等材料的辅助理解音乐的形式要素与情感特质。

其次，要传授给学前儿童一些基础的、必要的艺术形式语言方法。美术表现的基本形式语言包括色彩、造型、构图、肌理等要素，以及对称、均衡、渐变等原理；美术表现的方法包括工具材料的运用和多种手眼协调的技能。音乐表现的基本形式语言包括音高、节奏、旋律、风格等要素，音乐表现的方法包括嗓音和动作。这里需要强调的是，掌握和提高必要的艺术形式语言运用水平会使学习者基于艺术的探讨更具挑战性，但学前儿童艺术学习不是按部就班的技术养成，而是通过制作和表演等艺术实践活动，体验美术和音乐的美感的过程。

最后，营造宽松的心理环境，鼓励学前儿童通过表演（图1–1）、绘画（图1–2）和手工制作艺术作品来传达个性化的意义理解。艺术是学前儿童最容易接受和表达自己情绪情感的重要途径，教师可以鼓励学前儿童在集体教学活动、区域活动、游戏活动、生活活动、节日活动中进行艺术表现。

图1–1　学前儿童模仿小动物跳舞

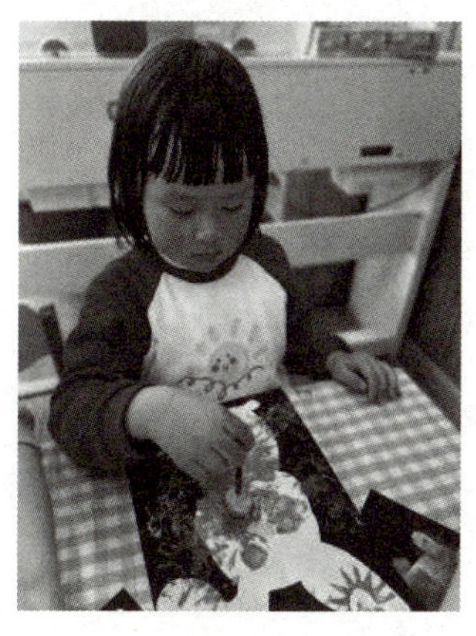

图1–2　学前儿童绘画

（三）支持学前儿童创造美的策略

创造美是指儿童在头脑中形成审美心理意象，利用艺术的形式语言、艺术的工具和材料将它们重新组合，创作出对个人来说新颖独特的艺术作品的过程与能力。支持学前儿童创造美可以从以下几点入手。

1. 帮助学前儿童形成审美心理意象

帮助学前儿童形成审美心理意象是其创作出可视可听的艺术形象（或作品）的前提与基础。教师可以通过激发已有经验、增加新经验、例举示范、互动讨论等方式帮助学前儿童在创作前进行构思预设。如果艺术教育活动不能真正让学前儿童在头脑中形成一种审美意象，那么这种教育可能只是一种由外向内的灌输式教育。

2. 尊重学前儿童对艺术形式语言的运用

学前儿童在运用艺术形式语言进行创作时有着各自不同的特点，成年人不应该以自己理解的标准去要求学前儿童。要尊重学前儿童学习的规律，让学前儿童用自己的方式表现和创造。学前儿童在探索世界过程中的自发性艺术行为就是艺术创造的经验积累，而艺术形式语言的学习与运用是艺术创造得以持续的必要手段。最终，学前儿童将创造出富有生命力的个性化艺术作品。

3. 支持学前儿童对工具和材料的探索

在为学前儿童营造的环境中，材料越丰富，越可以让学前儿童拥有更大的创造空间。美术工具和材料是学前儿童表现与创造的载体，学前儿童在与美术工具和材料的互动中，不断了解和发现材料的性质和使用方法，不断对工具和材料进行创造性运用。音乐的材料不仅是乐器和乐曲，还有多样化的道具和服装，以及自然材料（如沙子、豆子、虫鸣鸟叫声）和生活材料（如塑料瓶、锅碗瓢盆声）等。这些材料可以为探索音响和声音的创造活动、音乐即兴创造活动、音乐创编中的创造活动提供物质支持。

项目二　学前儿童美术教育的实施

项目情境

学前儿童艺术教育是学前儿童艺术审美的启蒙教育，而美术作为艺术的一个重要分支，是学前儿童艺术教育的重要组成部分。学前儿童美术教育，是指教育者遵循学前教育的总体要求，根据学前儿童身心发展的规律，有目的、有计划地通过美术欣赏和美术创作活动，培养学前儿童审美能力和创作能力，最终促进其人格和谐发展的一种审美教育。[①] 学前儿童美术教育内容包括绘画活动、手工活动、美术欣赏活动。了解学前儿童美术教育理念、认识学前儿童美术能力的发展规律，设计和组织幼儿园美术活动，是幼儿园教师重要的专业能力。

项目描述

本项目以提升幼儿园美术活动设计和组织的实践应用能力为导向，以工作表单为支架，从美术教育理论的认知，到美术活动内容的选择、目标的制定、活动的设计、活动的组织等方面层层推进，学习美术活动的设计思路，明晰设计和组织中的重点，解决活动设计和组织中的难点，并在实践中进行运用，提升美术活动的设计和组织能力。

① 索丽珍，林晖，高妍苑．学前儿童艺术教育［M］．重庆：重庆大学出版社，2020：117.

知识引入

一、美术与学前儿童美术

（一）美术

美术是艺术的一个分支。“美术”一词源于拉丁文art，与“艺术”同源。在英语中，art既指艺术，也指美术。在中国，“美术”这一概念从五四新文化运动开始被大家普遍使用，逐渐与“艺术”分离。于是，“艺术”成为一个艺术门类的总称，而“美术”专指艺术的一个分支，即视觉艺术部分。[①]

美术，又称为“造型艺术”、“空间艺术”或“视觉艺术”，是人类利用一定的物质材料（如纸张、颜料、布、石、泥等），借助一定的造型手段（绘画、雕塑等），通过独特的艺术语言（线条、形体、构图、色彩等）创造出的静态的、占据一定空间且具有审美价值的视觉形象，以反映客观世界和表达作者思想感情的一种艺术形式。[②]

作为独立的艺术门类，美术有如下特征。[③]

1. 直观性与空间性

造型是美术的创作目标和表现手段，任何美术作品都是被视觉感知的、占据一定空间的实体。

2. 瞬间性与永固性

美术作品都是静态的，它无法像摄像那样记录一个完整的动态过程，只能截取其中的某个瞬间。因为，物质材料和语言的永固性，美术作品一旦完成就成为永远固定下来的形象了。

3. 审美性和表现性

美术作品虽是可视的、外在的，但它表现的是内在的意蕴和情感，机械地模仿和空洞地描绘都不能称为真正的美术。同时，美术作品要符合审美的原则，带给人美的体验，而这种独特的审美效果正是其永恒魅力所在。

（二）学前儿童美术

1. 学前儿童美术的内涵

与成年人相比，学前儿童的美术创作过程具有其独特之处。学前儿童在进行美术创作时，往往依据自己的直觉经验和生活经验。虽然学前儿童对美术的感受和表现在内容

① 封蕊，郭杰.学前儿童美术教育与活动指导[M].南京：南京大学出版社，2019：1.

② 吕耀坚，魏婷.学前儿童美术教育与活动指导[M].2版.长沙：湖南大学出版社，2020：1.

③ 同②4-5.

上不如成年人那么丰富，在手法上不如成年人那么娴熟，但是学前儿童有着成年人不具备的优势。学前儿童对美的感受是与生俱来的，可以运用直接的、单纯的、不受世俗影响的思维方式感受美、欣赏美、创造美。因此，学前儿童天真稚拙的作品恰恰是成年人美术作品所无法比拟的。

学前儿童美术是学前儿童用多种感官感知审美对象，在用大脑思考、理解、再现、加工、想象审美对象的基础上，用双手操作美术工具和材料，表现和创造出自己对审美对象认识和情感的过程。

2. 学前儿童美术的本质

（1）学前儿童美术是儿童生命需求的直接显现

学前儿童有从事美术活动的内在需要。很多研究表明，儿童最初的审美快感来自生理的快感，是一种本能的反应。1岁多的孩子已经有了涂鸦的需求，随着年龄的增长，伴随着认知和动作的发展，只要条件允许，几乎每个儿童都会乐于进行绘画等美术活动，聚精会神，乐此不疲。美术活动对学前儿童来说是游戏，是快乐的探索和尝试，是没有功利性的创作。儿童天生就喜欢美术，儿童身上具有从事美术活动的潜在倾向和能力，这是他们生命需求的直接显现。此外，艺术表现出来的，既有生物学方面的本能需求，也有高级的精神需求。因此，人对审美和艺术方面的需求，还是一种精神需求。从人类发展的历程中，我们不难发现，从古至今，不论人类遇到什么样的艰难险阻，对美和艺术创造的追求都没有停止过。同样地，儿童作为幼小的人类一员，从来到这个世界开始，就与生俱来地承载了这种天性，他们对艺术和美的需求几乎成了一种精神上的本能。

（2）学前儿童美术是儿童认识和把握世界的一种方式

人类把握世界有理性和感性两种方式。理性方式和感性方式互相补充，缺一不可。儿童与成年人把握世界的方式及对这个世界的理解是有差异的。相比较而言，大多数时候，成年人更倾向于通过逻辑的、抽象的、客观的理性方式判断和评价世界，而儿童更擅长通过直觉的、形象的、主观的感性方式把握世界，这也是由他们的年龄特点决定的。学前儿童在美术活动中显示的是他们对世界的一种整体认识和把握，表现出他们思维的直觉性、具体形象性和情感性的特点。学前儿童认识和把握世界的这种直觉性、具体形象性和生动性，使他们的美术充满了独特的艺术魅力。

（3）学前儿童美术是儿童表现认知、情感和需要的一种手段

学前儿童美术在儿童的生活中有着重要的地位和作用，是他们记录、再现自己生活和经验，表达和交流自己思想、观念、情感、需要的重要手段。由于认知能力有限，相较于语言文字，儿童更擅长用视觉符号记录他们的生活、表达他们的情感和需要。而美术，恰恰是儿童最喜爱、擅长的一种记录和表达方式。学前儿童美术来源于儿童的生活和经验，是儿童生活、经验、想法、情感、幻想与期望的反映。

此外，美术活动还是承载儿童交往需求的重要载体，是儿童同伴之间互相沟通、交往的一个重要媒介和手段。儿童在参与美术活动的过程中，往往是边画边做边交流，形

成和补充画面内容，绘画、表达、沟通、交往甚至宣泄自然地融为一体，成为儿童完整生活世界中重要而且必要的组成部分。

二、学前儿童美术教育的基本定位

拓展资源

（一）学前儿童美术教育是一种审美教育

审美教育是一种以美感教育为主的教育，审美教育的目的在于通过种种审美活动的熏陶健全个体的审美心理结构，提高个体的审美能力，最终达到人格的完善。审美教育的特点在于始终把对受教育者个性、情感的尊重放在首位，鼓励他们积极、主动创造，强调受教育者在获得精神满足和愉悦的同时，培养对美的感受、鉴赏、创造能力与高尚的审美情操。学前儿童美术教育的审美性体现在教师以对学前儿童审美感知的培养、审美情感的激发为出发点，将审美的特殊性贯穿学前儿童感知、欣赏、创作和表现等活动形式中，从而达成真正的审美教育。

（二）学前儿童美术教育是一种情感教育

学前儿童喜欢涂涂画画，对美术有一种天然的喜好，他们喜欢用美术感性地把握世界、表达自己的情感，并与他人进行情感交流。可以说，学前儿童美术教育是一种情感教育，是满足学前儿童审美情感需要的教育。

（三）学前儿童美术教育是一种创造教育

每个儿童都有创造的潜能。在学前儿童美术作品中，我们经常可以看到一些有趣、可爱的形象，如夸张、大胆的构思，不合比例的造型，随意安排的空间构图等。这些都是学前儿童从自身经验出发，经过大胆想象创造出来的，所以，学前儿童的美术活动过程本身就是一个创造过程。在美术活动中，学前儿童利用各种美术工具，将头脑中的表象进行加工、组合，创造出新的艺术形象。学前儿童自身在美术活动中的创造性也要求学前儿童美术教育是一种创造教育，而非刻板、教条式的教育。

（四）学前儿童美术教育是一种美术素养教育

美术素养是学前儿童艺术素养的一部分，也是学前儿童未来作为一个完整的人的整体素养的重要组成部分。美术素养超越了“美术技能”的概念，是指学前儿童在美术的兴趣与态度、感知与欣赏、创作与表现等方面应具有的基本素质和修养。

学前儿童美术教育不是为传授美术知识、技能、技巧进行的教育，不是为培养艺术精英进行的专业美术教育，而是把所有学前儿童都纳入教育对象的范围，旨在培养每个学前儿童的整体美术素养，进而促进其想象力、创造力、沟通能力、合作意识与能力、积极的情感态度、健全人格形成的教育，其最终目标指向是学前儿童的全面、协调、均衡、可持续发展，为学前儿童未来能够过一种精神富足、修养全面的生活奠定良好的基础。

任务1　学前儿童绘画活动的实施

任务说明

绘画是一种视觉艺术、材料艺术、造型艺术，是通过造型、色彩、构图塑造艺术形象的一种艺术形式。学前儿童绘画教育是教师引导学前儿童用各种笔、纸等工具和材料，运用线条、造型、色彩、构图等艺术语言创作出视觉形象，从而表达创作者思想、情感的一种活动。绘画活动能直观地将学前儿童对周边生活的认识和理解描画于平面的材料上，具有强烈的感染力，是学前儿童在幼儿园美术活动中最主要的活动形式，很容易被他们接受和喜爱。

在“学前儿童绘画活动的实施”这一任务中，你需要结合所学，完成以下工作任务。

1. 课堂巩固

结合所学内容，对材料或案例进行分析，完成工作表单1、工作表单2、工作表单3。

工作表单1

材料分析：观察表中的学前儿童绘画作品，结合学前儿童绘画能力发展阶段的特点，分析作品特点，进而判断其绘画能力发展所处阶段，并说明理由。

学前儿童绘画作品	作品特点	所处阶段及理由

工作表单2

案例分析：分析“大班美术活动：安全标志我设计”这一目标是否适宜，并对不适宜之处进行优化。

活动目标	目标分析	目标优化
1. 认识各种安全标志，感知禁止标志和警告标志的特征 2. 尝试设计标志，体验创作的快乐 3. 进一步培养学前儿童的安全意识		

工作表单3

案例分析：幼儿园教师A和B在设计美术活动时，选择以下内容设计了一个绘画集体教学活动。请结合所学知识分析该绘画活动在内容的选择上是否适宜，并对不适宜之处进行优化。

活动内容	内容分析	优化建议
教师A从“主题”的角度，为大班儿童选择了“美丽的春天”作为绘画活动的内容，让学前儿童自由表现春天的场景		
教师B从“绘画的工具材料”的角度，为小班儿童选了“吸管吹画”作为绘画活动的内容，并结合开展的主题，将活动名称定为“美丽的桃花”		

2. 岗位实践

设计一个绘画活动教案，完成工作表单4，并进行模拟试教。

工作表单4

案例分析：春天到了，幼儿园开展了关于春天的主题活动，请自选年龄段，设计一个绘画活动，并进行模拟试教。

绘画活动内容说明		
活动设计	设计意图	
	活动名称	
	活动目标	
	活动准备	
	活动过程	
反思与评价		
小组成员		

学习支持

一、学前儿童绘画能力的发展

绘画是儿童表达的重要方式，把握儿童绘画能力发展的特点，可以为引导儿童进行绘画活动提供科学的理论支持和理念指引。此外，绘画能力与儿童其他能力的发展是密不可分的，了解儿童绘画能力的发展过程，也是加深了解儿童发展能力的过程。

关于儿童绘画能力的发展，国内外学者进行过诸多研究。如国内学者陈鹤琴、屠美如、孔起英、黄翼，国外学者柯思修泰纳（G. Kerschensteiner）、鲁奎（Luquet）、维克多·罗恩菲德（Victor Lowenfeld）、霍华德·加德纳（Howard Gardner）、赫伯特·里德（Herbert Read）、长坂光彦等，都在各自的研究中阐述了关于儿童绘画能力发展的相关理论。尽管每位学者关于儿童绘画能力发展阶段的划分在阶段名称、阶段数量等方面存在差异，描述的特征也略有不同，但是其呈现的儿童绘画能力的发展特点，具有大体相当的趋势，且各个阶段的核心特征相似。

根据各国学者关于儿童绘画能力的研究，我们一般将儿童绘画能力的发展分为四个阶段：涂鸦期、象征期、图式期、写实期。其中，涂鸦期、象征期、图式期三个阶段存在于学前儿童美术能力发展的过程中。写实期虽然不属于学前儿童绘画能力发展的阶段，却是前三个阶段的发展，对于全面和整体把握儿童绘画能力的发展具有重要意义。

（一）涂鸦期（1.5～3.5岁）

1.5岁左右的儿童，由于能够独立行走，用手进行的探索变得更为自由。他们喜欢到处涂抹，于是用笔在纸上、书上、墙上等地方画点、画线的涂鸦行为就出现了。这些最初在纸上留下的点、线痕迹就是涂鸦画。这些涂鸦画不讲究造型、色彩和构图。因此，儿童的涂鸦实际上是他们的感知觉和动作有了一定的发展与协调之后，对周围环境做出的一种新的探索，是一种新的动作练习。这种练习基本上是一种手臂动作。

儿童涂鸦的根本特点是没有明确的表现意图。也就是说，儿童在涂画之前没有预想、没有构思。在动笔画的时候，既没有想到要反映现实的什么东西，也不去表现任何想象的事物，而是把涂鸦作为一种游戏活动，享受涂鸦动作带来的那种有节奏的、主动“动”的运动快感，以及对纸上、墙上出现的各种各样的线条的视觉感官满足。[①]

儿童涂鸦期绘画能力的发展与其动作和认知能力发展存在紧密联系。一般将儿童从开始涂鸦到脱离涂鸦划分为四个时期。

1. 未分化的涂鸦期（1.5～2岁）

儿童在刚开始进行“绘画”时，更多的是依靠自己的肌肉和感觉应付外界事物，尚未内化到头脑中，[②]满足动觉是其最基本的动机因素。因此，在这一阶段，儿童的绘画活动更多是对画笔等工具的随意挥动，手臂的来回摆动决定线条的方向和长短，不需要经由眼的控制，也无须手腕做太多的动作。由于动作协调不够，画在纸上的是一些随机的点和杂乱无章的线条，包括横线、竖线、弧线等。这些线条长短不一，相互掺杂在一起，缺少方向感，常常被涂到纸外（见图2-1）。[③]

图2-1　未分化的涂鸦期作品

2. 控制涂鸦期（2～2.5岁）

在儿童进行涂鸦活动的过程中，随着练习次数的增加、手腕等部位关节灵活性的增强及手眼协调能力的发展，儿童动作逐渐能够受视觉控制。在此阶段，儿童尚没有明确的创作意图，但是已经意识到自己的肌肉运动和笔迹之间的关联，手眼之间能够进行配合，画

① 孔起英.幼儿园美术教育[M].北京：人民教育出版社，2004：34-35.

② 严虎.儿童心理画：孩子的另一种语言[M].北京：电子工业出版社，2015：60.

③ 吕耀坚，魏婷.学前儿童美术教育与活动指导[M].2版.长沙：湖南大学出版社，2020：53.

出重复的或具有上下左右方向性的直线、斜线、锯齿线、螺旋线等。这些线条虽然仍然长短不一，但是儿童已经能够将涂鸦控制在画纸内，涂鸦线的周边开始出现轮廓（见图2–2）。

3. 圆形涂鸦期（2.5～3岁）

2.5岁左右的儿童，肌肉力量、关节灵活性进一步发展，手眼协调能力也随之提升，能够完成更加复杂的动作，开始注视涂鸦时笔运行的方向，对线条的控制能力进一步提高，可以画出圆圈线条，如涡形线、不闭合或闭合的圆圈等。圆形是一种闭合图形，闭合图形的出现显示儿童具有了比较好的手眼控制和协调能力，即能够画出从一个点出发、经过一定区域又返回到起点的线（见图2–3），对儿童绘画的发展具有积极意义，说明儿童的绘画已经具有了某种目的性。这为儿童将周围世界与所画图形进行联系埋下了伏笔，为其绘画能力的进一步发展进行了铺垫。①

图2–2　控制涂鸦期作品

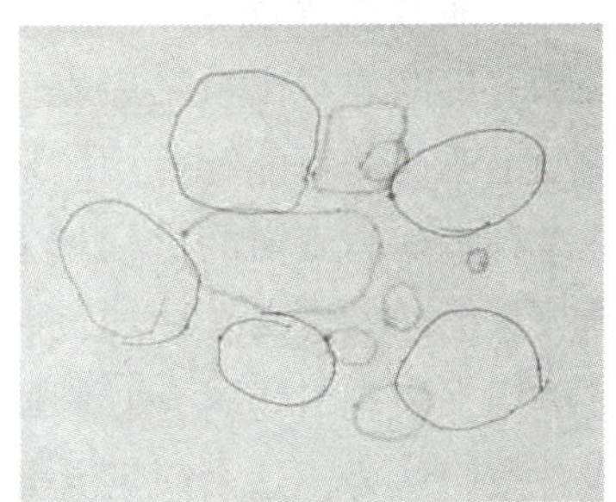

图2–3　圆形涂鸦期作品

4. 命名涂鸦期（3～3.5岁）

儿童在涂鸦的过程中，逐渐将图形和线条结合起来，意识到涂鸦与周围事物的关系。他们会从中认出某些形状与自己经验中的某些事物相似，并给线条或图形命名，具有明显的表达意图。在这一时期，儿童对自己涂鸦的命名往往发生在作品完成后，命名过程容易受到多种因素的影响，且对于作品的命名具有不稳定性，有时会重新命名。当成年人观看儿童的画面时，离开儿童的解释，一般无法辨认其代表什么。这一时期，无论是绘画意图、绘画过程，还是绘画结果的呈现，都与成熟的绘画造型有本质的区别。到命名涂鸦晚期，儿童作品中的视觉样式逐渐分化，出现简单的象形图样，预示着下一阶段的来临。图2–4中，儿童的绘画内容虽然仍没有明确的形象，但是儿童在绘画时会给图中的形状或线条命名。例如，画面左上方的乱线部分是彩虹，中间堆叠在一起的弧形长线条是天空，右下方几条平行的竖线条为小草，右下角的圆圈和线条组成的图案是小花等。

图2–4　命名涂鸦期作品

涂鸦期是儿童绘画的起始阶段和准备阶段，伴随着儿童动作、手眼协调能力、认知能力的发展而发展，对儿童绘画能力的发展有着积极的意义。当儿童处于涂鸦期时，成

① 边霞.幼儿园美术教育与活动设计[M].2版.北京：高等教育出版社，2016：45.

年人应当用正确的教育理念和适宜的行动支持儿童绘画能力的发展。首先，在态度上重视儿童涂鸦。将儿童涂鸦看作儿童绘画能力发展中的重要阶段，而不是儿童的胡闹和破坏行为。其次，尊重个体差异。儿童从未分化的涂鸦期到命名涂鸦期一般要两年左右，但儿童的个体发展是存在差异的，部分儿童涂鸦期所需的时间可能短于或长于这个时间，这都是儿童发展中的正常现象，成年人需要理解儿童当下的发展水平并予以适当支持。最后，在实践中发挥好成年人的支持作用。在涂鸦阶段，成年人应鼓励儿童的涂鸦，并且为儿童的涂鸦创造良好的条件，如合适的涂鸦空间，必要的涂鸦工具等。

（二）象征期（3.5～5岁）

3岁以后的儿童，由于涂鸦的练习，已经能用手腕和手指画画。随着心理能力的发展，他们已经能够进行有目的、有意识的绘画活动。象征期是一个过渡时期，在这一时期，儿童能够逐渐表现出自己想表现的事物。

从造型上看，儿童能够使用的形状有限，都是通过简单的图形和线条表现事物的特征，但是这种表现与真实的事物相去甚远，图像缺乏完整性或合理性，只有物体的基本部分，具有象征性的意义。比如，一个椭圆形表现身体，线条表示人的四肢等。当抽象的几何形被用来表现事物时，它们便是象征符号，而一旦脱离整体，其象征意义就消失了。因此，我们认为，这一时期儿童所画的图像是一种象征的图式。其典型表现就是儿童笔下的“蝌蚪人”，即儿童用一个大圆圈代表人的头部，在大圆圈内画上两个黑点或小圆圈代表眼睛，再在大圆圈下面画上单线条表示手、脚，这就是儿童眼里的人。[①]在这一时期，相似的形状可能代表不同的事物，但是随着儿童认知水平的提高，图形能够代表的范围会逐渐缩小。

从色彩上看，这一时期儿童辨色能力大大提高，对色彩有了自己的喜好，喜欢纯度高、鲜艳明快的原色，以及色彩强烈的搭配。象征期前期，儿童在色彩的运用上不受物体固有色的限制，他们会选择喜欢的颜色表现喜欢的物体，将不喜欢的颜色涂在不喜欢或不重要的事物上，涂色方式杂乱、不均匀。象征期后期，儿童渐渐用物体的固有色进行表现，并且可以用方向一致的线均匀地涂色。

图2–5　象征期作品

从构图上看，在象征期，儿童表现的都是独立的事物，事物与事物之间缺少联系，物体在纸上呈现随机排列的状态；画面不太注意物体之间的关系及大小比例。此时，儿童不能较好地表现物体间的遮挡关系，“透明画”是这一时期常见的表现方式之一，儿童会将自己认为客观存在的事物都画出来。有时，儿童还会画一些自己喜欢但是跟主题无关的事物。

图2–5中的形象为象征期典型的蝌蚪人形象。该

① 孔起英.幼儿园美术教育[M].北京：人民教育出版社，2004：40–41.

儿童用三角形表现身体，线条表示人的四肢，人物形象缺少细节。在颜色的运用上，儿童选择了自己喜欢的粉红色表现衣服的颜色。

总体来说，在象征期，儿童虽然能够有意识地表现自己想表现的事物，但是在表现过程中容易受他人影响，创作的目的不够明确，画面中的事物形象简单，且代表的含义仍然是不稳定的。这一时期与涂鸦期相比已经有了明显的进步，处在不断发展探索的阶段。儿童思维活跃，并愿意用语言补充自己的表达。因此，在这一时期，成年人应鼓励儿童大胆按照自己意愿作画，并通过与儿童多交流，理解儿童的表达，为进一步引导儿童进行绘画表达、提升儿童绘画发展水平提供支持；在促进儿童绘画能力的发展上，不给儿童灌输过多技能、技巧，可以引导儿童学会初步观察，强化其视觉能力，提升儿童对物体的表现能力。

（三）图式期（5～7岁）

处于图式期的儿童创造了许多自己独特的绘画方法，在造型、色彩、构图方面与象征期相比有了明显的发展，画法也逐渐稳定下来。儿童开始真正运用绘画的方法有目的、有意识地再现周围事物和表现自己的经验。[①]此时的儿童画成为一种“概念画”。因此，图式期也被称为“概念画期”。

从造型上看，在图式期，儿童能够表现出事物的主要部分和基本特征，不用借助语言也能看出所画内容。这一时期的儿童常常以程式化的图形表现物象，缺乏写实性，形象不完整，喜欢用固定样式和画法表现不同的对象，画得比较概念化，呈现出符号化、图式化的特征。[②]比如，儿童会用长方形表现房子的墙体、窗户、烟囱等部分，用三角形表现房子的房顶。尽管对于事物的表现呈现出图式化的特征，但是其表现的事物有了更多细节。对于细节的描绘是图式期儿童画的重要特点。比如，儿童对人物的描绘有了五官、手指、服饰等细节。此外，强调对称、垂直是图式期儿童画的另一个特征。比如，儿童会将拱桥上的人画得与桥面垂直，而不是与地平面垂直。

从色彩上看，在图式期，儿童对色彩的感受和运用能力进一步提升，儿童能够按照物体的固有色进行涂色，选择与表现对象相似的颜色进行表现，同时，出现运用颜色进行情绪表现的萌芽。

从构图上看，在图式期，儿童能够关注事物的大小比例及位置关系等，但是由于受到认知发展水平的限制，儿童对物体大小比例的表现得较差，对空间关系的表现存在困难。因此，这一时期的绘画表现呈现出展开式构图、多视点透视等构图形式。在图式期前期，儿童绘画仍有透明画的形式，但是随着绘画能力的发展，儿童已有更深入表现空间关系的趋势；在图式期后期，出现了遮挡式构图。

图2-6中，儿童作品能够表现出事物的主要部分和基本特征，不借助语言也能看出所画内容。画面中的形象具有了较多细节。儿童作品中的形象以程式化的图形表现物象，

---

① 许卓娅，孔起英.艺术：大班：汉[M].3版.南京：南京师范大学出版社，2000：199.

② 林琳，朱家雄.学前儿童美术教育与活动指导[M].4版.上海：华东师范大学出版社，2022：61-62.

如线状的小草、波浪边缘的花朵、圆形的太阳等，具有明显的符号化、图式化特征。画面整体构图，能够注意到物体之间的大小、位置关系等。

图2-6　图式期作品

处于图式期的儿童表达更加丰富，有明显的写实倾向。成年人应在鼓励儿童大胆表达的基础上，提供多样的工具和材料，满足儿童不断发展的绘画需求。在这个过程中，成年人要关注儿童创造力的培养，不要让儿童一味地模仿成年人的作画步骤和作品内容；同时，基于儿童绘画给予具体的反馈，不要泛泛而谈，在帮助儿童保持绘画热情的同时，切实帮助儿童提升绘画能力。

（四）写实期（7～12岁）

随着儿童思维形式从具象思维走向抽象逻辑思维，儿童绘画也从记忆画、想象画转向自然描绘阶段。

处于写实期初期（7～9岁），儿童绘画还延续部分图式期的特点，如关注对称、避免重叠等；写实中期（9～11岁），儿童写实意愿会更加强烈，试图真实地描绘客观世界，注意到透视的存在，构图能力提升，多视点构图及透明画构图逐渐消失。写实后期（11岁以后），儿童能够有序观察，比较准确地把握物体的结构特征，细节也更丰富。

处于写实期的儿童，在绘画中表现得更为传统。他们认为，描画事物越准确说明画得越好。这一阶段，儿童面临主观审美要求与客观技能不足之间的矛盾，如果缺乏合适的支持，就会使儿童失去绘画的兴趣。因此，在写实期，成年人应在绘画技能上给予儿童适当的指导，帮助儿童在绘画活动中肯定自己，保持对绘画活动的兴趣。

总的来说，儿童绘画能力发展虽然存在个体差异，但是大致都会经过以上几个阶段。儿童绘画发展的阶段间不是割裂的，而是一个连续的过程，在每个发展阶段既能够看到上一个阶段的特点，又有新的特点出现。

（五）学前教育阶段儿童绘画的特殊表现

虽然儿童绘画能力发展存在差异，部分儿童在进入幼儿园时还处于涂鸦期，部分儿童已经进入象征期，但是总体来说学前教育阶段（3～6岁）儿童的绘画能力大部分处于象征期和图式期，因此其绘画呈现出一些这个阶段的典型特点。

1. 拟人

学前教育阶段的儿童绘画中常常会出现拟人化的表现手法，如将动物、植物等生命体，太阳、云朵等非生命物质，以拟人化的形象进行表现。这与其自我中心的认知方式有着直接关系，将自己的意识和情感赋予周围的事物，是儿童心理发展中泛灵论的反映。如图2–6中有眼睛和嘴巴的太阳、图2–7中奔跑的茶壶等。

2. 夸张

学前教育阶段的儿童在绘画中常常会将自己喜欢、特别关注或认为重要的事物画得突出而仔细，或者占据画面中大部分的空间，呈现出夸张的特点。夸张是儿童绘画中的一种主观表现，跟儿童认知能力的发展水平及经验的有限等有关。图2–8中，儿童将其认为重要的花朵放在画面最突出的位置，且花朵比画面中其他事物都要大。

图2–7　儿童绘画《植树节》

图2–8　儿童绘画《爱心花》

3. 透明画

学前教育阶段的儿童在表现形象时，常从自己的想象出发，把视觉上看不到的部分像X光透视一样表现出来，现实中重叠的物体在儿童的绘画中互不遮挡。比如，能够看到内部摆设的房子、坐在桌子后面却能看到全身的人物等。在图2–9中，儿童将原本被墙壁遮挡看不见的人物等都呈现在画面中。

图2–9　儿童绘画《过家家》

4. 独特构图

学前教育阶段的儿童在绘画时常常会出现展开式构图或鸟瞰式构图。展开式构图，是指将不同视角观察到的事物在同一个画面展现出来；鸟瞰式构图，是指呈现出俯视的视角，画面中的事物都是“躺”在纸上，或平铺罗列，或呈放射状排列等。这两种构图形式有时会出现在同一个画面中。比如，在描绘就餐场景时，儿童的画面中会呈现出所有人围在桌子一旁，以桌子为中心头朝外呈放射状排列，所有人物都是面朝上的正面视角。儿童在进行这种构图时，往往是从已有经验出发，想把自己知道的事物全部画出来，而不考虑观察的角度，是画其所知而不是画其所见。在图2-10中，儿童将所有人物平铺罗列于画面中空白处。

图2-10　儿童绘画《春游》

二、学前儿童绘画活动的内容与选择

学前儿童绘画教育活动是教师引导儿童使用各种笔、纸等工具和材料，运用线条、形状、色彩、构图等艺术语言创造出可视的、有空间感的艺术形象，培养儿童审美创造能力的一种活动。①

（一）学前儿童绘画活动的内容

学前儿童绘画教育的内容主要有绘画工具与材料、绘画的形式语言、绘画的题材三个方面。

1. 按绘画工具与材料划分的绘画活动内容

绘画工具与材料是学前儿童在绘画过程中进行艺术表达的媒介和手段。认识、了解绘画工具的性质和特点，并且能够使用多样化的绘画工具材料，是绘画教育的重要内容。对于绘画工具材料的认识和了解，包含两个方面：一方面是认识、了解绘画工具材料的特点、性质，另一方面是掌握绘画工具材料的使用方法。

（1）绘画工具材料的特点、性质

认识、了解绘画工具材料的特点、性质是学前儿童进行绘画活动的基础。对不同绘画工具材料特点和性质的了解，不仅能让学前儿童在单一材料的绘画中逐渐深入感受绘画的乐趣，也为学前儿童进行多种材料的综合运用和创造性表达提供了重要支持。当前，幼儿园常见的绘画活动工具、材料包括彩色画笔、颜料和画纸等。

①水彩笔。水彩笔是幼儿园常见的绘画工具，具有水分充足、色彩鲜艳的特性，但是在使用时具有色彩难以调和、过渡不自然的缺点。

②油画棒。油画棒是一种油性绘画工具，不溶于水，与水粉颜料配合使用时可以产

① 孔起英.幼儿园美术领域教育精要：关键经验与活动指导[M].北京：教育科学出版社，2015：41.

生油水分离的效果；质地柔软，涂色面积大，色彩鲜艳丰富，可以进行重叠遮盖。

③记号笔。记号笔可以分为油性记号笔和水性记号笔，常见的记号笔有不同粗细可供选择。水性记号笔在白板等光滑物体表面绘画时可以用水擦除，油性记号则不能用水擦除。

④毛笔。毛笔是中国的传统书写工具和绘画工具，是用兽毛扎成笔头，再黏结在管状的笔杆上制成的，有不同的材质和大小可供选择，具有吸水性强的特点。

⑤水粉颜料。水粉颜料是不透明的水溶性颜料，具有色彩鲜艳厚重、覆盖性强的特点，大面积上色也不会出现不均匀的现象，不仅可以配合不同大小的排笔使用，还可以配合尖嘴瓶等工具使用。

⑥丙烯颜料。丙烯颜料是一种色彩鲜艳的绘画颜料，可以根据稀释程度的不同画出或浓或淡的不同效果。丙烯颜料干燥较快，且干燥以后耐水性强，在使用中需注意及时清洗绘画工具。

⑦宣纸。宣纸是中国传统的书画用纸，分为生宣纸和熟宣纸两大类，熟宣纸具有吸水性较弱的特点，能够经得住画笔的层层皴染，经常用来绘工笔画；生宣纸吸水性较强，容易产生丰富的墨韵变化，常用来画水墨画。

⑧素描纸。画纸类中，白色素描纸最常见，纸质洁白厚实，具有较好的耐水性能，可以结合铅笔、水彩笔、油画棒等多种工具使用。

⑨彩色卡纸。彩色卡纸为具有不同颜色的卡纸，为绘画提供了除白纸以外的选择，可以在不同色彩背景上选择各种色彩直接作画，感受不同颜色背景上的色彩效果。

⑩水粉纸。水粉纸是一种专门画水粉画的纸，纸质较厚，吸水性强，纸面粗糙，有点状纹路。

⑪刮画纸：刮画纸有底和面两层，面上的覆盖层以黑色较为常见，底色则有单色、迷彩色等。使用时，用牙签、竹笔、刮画笔等物体，将覆盖层刮掉，露出底色，创作出想要的作品。

（2）绘画工具材料的使用方法

从了解绘画工具材料的特点、性质，到能进行绘画活动进行自我表达之间，需要以对绘画工具材料的使用为基础，而对于绘画材料工具性质进一步的深入了解和感知也以绘画工具材料的使用为依托。知道这些绘画工具材料的使用方法并且能够进行运用，对学前儿童进行绘画活动至关重要。在实际的绘画过程中，不仅有对单一绘画工具的使用，还常常涉及对多种工具材料的综合运用。

①彩笔画。彩笔画是指学前儿童使用各种彩色笔完成的绘画。彩笔画中常用的绘画工具有水彩笔、油画棒、彩色铅笔、彩色墨水笔、彩色粉笔等。彩笔因材质不同，绘画效果也不相同。在彩笔画中，主要让学前儿童掌握各种笔的握笔方法、涂色方法。

②线描画。线描画是单纯用线画成的画。用线画物体不受光线、色彩的限制，不同工具也可以产生不同的艺术效果。签字笔、记号笔、彩色铅笔、水彩笔等都可以作为线描画的工具。

③水粉画。水粉画是用水粉笔蘸取、调和水粉颜料，在水粉纸上完成的绘画。水粉颜料的薄厚不同会产生不同的效果。对刚学画水粉画的学前儿童，要引导其学习调色、涂色、洗笔的方法，以及用笔蘸色去涂、抹、勾、点大胆进行艺术创作的能力。

④水墨画。水墨画是中国画的一种，是用毛笔蘸墨水在宣纸上完成的绘画。在水墨画学习中，学前儿童要掌握水墨画最基本的执笔、蘸墨、用笔等方法。通过不同的用笔，体会中锋、侧锋及不同粗细、曲直、正侧、逆顺等线的画法，通过控制水、墨的比例，创作出大小、形状、浓淡不同的画面效果。

⑤印画。印画是学前儿童非常喜欢的一种创作方式，常见的印画形式有印章画、拓印画、合印画等形式。印章画是一种用印章印制的图画，可以用橡皮、肥皂、萝卜等材料刻成各种图像，再蘸上不同的颜色印在纸上成画，是一种刻、印、画结合的活动。拓印画是指将一张薄纸平铺在硬币、钥匙等有明显凹凸纹理的物体上，然后用铅笔在纸上反复涂画，或用布团、纸团等拓印工具蘸颜料后在纸上拍印，直至拓印出原物体清晰纹路的活动。合印画是指将对折后的纸打开，用画笔蘸颜料在紧靠折痕的一个面上画出物体形象（也可画对称图形的一半），然后趁颜料未干时，将另一半纸张覆盖在上面，压平后打开，一幅完整的作品就做好了。

⑥吹画。吹画是用嘴或吸管等其他工具把滴在纸上的颜料吹散开来，也可以任颜料自由流动、组合成新的形象，进而呈现出千姿百态的图案，形成一幅美术作品的作画方式。

⑦喷洒画。喷洒画既可以直接用各种喷洒工具作画，也可以在纸上用各种物品摆图案，再将颜料喷洒在上面，形成图案。创作喷洒画，可以直接使用喷壶等能形成喷雾的喷洒工具，也可以通过对蘸取颜料笔刷的笔杆进行敲击，或者刮刷蘸了颜料的牙刷毛等方式，形成喷洒的效果，是一种能够灵活、创造性开展的绘画活动。

以上为幼儿园常见的绘画材料工具及其使用方法，随着对学前儿童自我表达能力和创造力关注度的提升，幼儿园使用的绘画材料及工具也越来越多样化，甚至一些本身并不是绘画材料的物品也可以创造性地作为绘画材料使用。在学前儿童绘画过程中，我们需要不断思考和探索绘画材料工具的多样化、创造性运用方法，帮助学前儿童提升绘画活动丰富性，感受绘画活动的乐趣。

2. 按绘画形式语言划分的绘画活动内容

绘画的形式语言主要是指线条、形状、明暗、色彩、构图等美术要素，是绘画表现的手段和方式。学前儿童美术教育中，学前儿童要学习的绘画形式语言主要有线条、形状、色彩、构图。

（1）线条

线条是造型的基本要素之一，也是学前儿童最简单和最直接表现自我的一种绘画语言。学前儿童对线条的学习主要包括线条的形态和线条的变化两个方面的内容。线条有直线、曲线、折线三种形态，线条的变化则涉及线条的方向、长度、质感、力度等的变化。学前儿童需要在了解线条形态和变化的基础上，对线条进行组合运用，利用变化的线条进行美术创作。

（2）形状

形状是由线条构成的轮廓和结构，也是造型的基本要素之一。学前儿童对形状的学习主要包括：基本几何形状、基本几何形状的组合及自然形体等。具体来说就是，学前儿童需要了解基本几何形状，如圆形、方形、三角形、梯形、椭圆形等，并将这些形状与已有经验进行关联，进行形状的组合运用。除此以外，学前儿童还应了解自然形体，即由方向、弯曲度不同的弧线、曲线和波浪线等组成的各种自由形状或某个自然体，如河流、花草等。学前儿童绘画就是用简单的形状组成事物形象的过程，当学前儿童能够用越来越复杂的形状组成形象时，也就说明学前儿童的绘画水平在不断提高。

（3）色彩

色彩是绘画作品里最富有情感表现作用的艺术语言。学前儿童对色彩的学习主要包括色彩的色相、明度的辨认和色彩的运用。色相，是指色彩的相貌、名称。以色相为基础，学前儿童还可以学习感受冷色与暖色。明度，是指色彩的明暗程度。色彩运用的内容主要包括：按物择色、色彩的变化（如色彩的对比、渐变、重复等变化）、色彩的情感表现等。这类学习主要通过具体的操作活动进行。

（4）构图

构图是指在一定的空间安排和处理人、物的关系与位置，把个别或局部的形象组成艺术的整体，以表达作品的主题思想和美感效果。构图是绘画语言要素之一，学前儿童对构图的学习主要包括单独式构图、并列式构图、均衡式构图。

单独式构图即学前儿童在画面中只创作一个形象。教师要引导学前儿童学会将一个绘画形象放置在画面的显著位置。

并列式构图即学前儿童的画面中并列排放着几个形象。并列构图是学前儿童主要的构图方式，教师要引导学前儿童学会按照形象的空间关系、主次关系排列这些形象。

均衡式构图即在构图时能使画面保持均衡、稳定，也就是画面中心点两边的视觉形象的重量感要保持一致。教师可以引导学前儿童学习不同形式的均衡构图方式。[①]

3. 按绘画题材和形式划分的绘画活动内容

绘画的题材是作品内容的基础。学前教育阶段的儿童在认知能力和学习方式上都有其当下阶段的特殊性，因此，学前儿童的绘画活动不是以单纯的绘画技能练习的方式进行，而是围绕不同的主题开展的，绘画的题材就渗透在不同的主题中。学前儿童绘画的题材往往来源于生活，常见的绘画题材有自然景物、日常用品、人物、植物、动物、交通工具、生产工具、建筑物、生活事件、想象中的事物与事件、装饰画等。这些题材按照形式又分为命题画、意愿画、装饰画三大类，学前儿童绘画活动也由此分为三种。

（1）命题画活动[②]

命题画活动是由教师确定集体绘画的主题与要求，学前儿童按照绘画的主题与要求作画。命题画活动是学前儿童绘画活动的一种重要绘画活动形式。

---

① 边霞.幼儿园美术教育与活动设计［M］.2版.北京：高等教育出版社，2016：82-83.

② 王麒，李飞飞.学前儿童艺术教育活动指导［M］.4版.上海：复旦大学出版社，2021：40-43.

命题画的主要作用在于，帮助学前儿童感受、尝试、摸索绘画基本造型、设色（选色、涂色、配色等）与构图等艺术形式语言，并在体验基础上发展学前儿童对周围事物与现象的观察力，描绘表达事物的表现力和培养创造性想象。

在学前儿童命题画活动中，根据内容的不同，习惯将命题画活动分为物体画活动和情节画活动。

①物体画活动。物体画活动是教师帮助学前儿童在充分了解、体会某一物体形象、色彩、结构、性质等的基础上，以绘画方式对该物体进行表达、表现的一种绘画活动形式。

②情节画活动。情节画活动是在物体画活动的基础上进行的，是教师让学前儿童以个别物体与其他物体相配合表达一定情节的绘画活动形式。

（2）意愿画活动①

意愿画活动是学前儿童根据自己的生活经验，由自己独立确定绘画主题和内容，运用掌握的美术知识和技能，自由地表达自己情感、愿望的一种绘画活动形式。意愿画活动强调学前儿童要通过自己的想象和思维来作画，对学前儿童没有任何约束，只要求学前儿童对自己看到的、听到的、想到的内容大胆地进行加工组合，组成一张新的、有一定情节的画面。因此，意愿画活动，对发展学前儿童的想象力、创造力，培养学前儿童大胆、主动的表现能力，有着特殊的意义和作用。

（3）装饰画活动

装饰画活动是指学前儿童运用各种花纹、色彩在各种不同的生活用品纸型上对称地、和谐地、有规则地进行美化、装饰的一种绘画活动形式。装饰画活动属于工艺美术的一种，它的突出特点是花纹优美、色彩鲜明、构图对称均衡。所以，装饰画活动有助于发展学前儿童手部动作的准确性、灵活性，有助于提高学前儿童的审美能力和对装饰工艺的兴趣，还有助于发展学前儿童创造性地美化生活的能力，以及认真、细致、有耐心、有条理的良好习惯和心理品质。

（二）学前儿童绘画活动内容的选择

1. 小班绘画活动内容的选择

小班幼儿生活经验较少，手部肌肉发展不够完善、精细动作较弱，因此，在进行绘画活动内容的选择时，在题材上可以选择幼儿生活中常见的、熟悉的、感兴趣的事物；在绘画工具材料上，应为小班提供一些操作简单、便于表现的工具材料；在绘画语言上，可以让幼儿使用点、线、图形进行简单的形体表现，提升其基本绘画能力。

对点案例2-1

小班美术活动：吹泡泡

在“小班美术活动：吹泡泡”中，教师从绘画形式语言的角度，选择了“运用

① 王麒，李飞飞.学前儿童艺术教育活动指导[M].4版.上海：复旦大学出版社，2021：50.

线条进行简单的形体表现”作为幼儿绘画活动的内容，借助吹泡泡这一幼儿感兴趣的题材开展绘制泡泡形态的美术活动。

2. 中班绘画活动内容的选择

中班幼儿有了一定的生活经验和绘画基础，创作的目的性也有所增强。在进行绘画活动内容的选择时，在题材上可以选择新颖有趣的内容，除了日常生活中的事物，只要幼儿观察过、认识过的事物都可以让幼儿大胆表现；在绘画工具材料上，可以使用更为多样化的工具材料；在绘画语言上，可以在色彩的选择、变化上进行引导，同时学习运用线条、图形组合等形式表现事物特征或进行简单的图案装饰等。

对点案例2–2

中班美术活动：汽车总动员

在“中班美术活动：汽车总动员”中，教师从绘画形式语言的角度，选择了“图形组合等形式来表现事物特征”作为幼儿绘画活动的内容，借助汽车这一题材开展绘画活动。汽车既是幼儿生活中常见的事物，又能很好地用图形组合的方式进行表现。

3. 大班绘画活动内容的选择

大班幼儿已经具有比较丰富的生活经验，在线条、色彩、造型和构图等方面的运用能力明显提升，对细节的把握也更为细致。因此，在进行绘画活动内容的选择时，在题材上可以选择比较复杂的建筑物、动植物、生活场景和情节等；绘画工具材料上可以选择更加丰富和新颖的工具材料，并鼓励幼儿对材料进行创新运用；绘画语言上可以选择能提升幼儿构思、构图能力的绘画内容，发展幼儿构图能力，尝试表现空间关系。此外，还可以安排幼儿的写生活动，提升幼儿观察与表现的能力，以及线条、色彩、构图等综合绘画能力。

对点案例2–3

大班美术活动：美丽的桃花

在“大班美术活动：美丽的桃花”中，教师从绘画工具的角度，选择了“水墨画”作为幼儿绘画活动的内容，借助桃花这一题材开展绘画活动，了解水墨画中点、线的表现。

三、学前儿童绘画活动的目标

《幼儿园教育指导纲要（试行）》和《3～6岁儿童学习与发展指南》明确提出了艺术

领域的目标。在这个目标的指导下，结合布鲁姆的教育目标分类学理论，从认知、情感、技能三个维度制定了幼儿园绘画活动的目标。

（一）学前儿童绘画活动总目标

1. 认知目标

①了解、知道不同绘画工具材料的特性和使用方法。

②认识常见的颜色、线条和形状，初步感知造型、构图等艺术语言。[①]

2. 情感目标

喜欢参与绘画活动，敢于在绘画活动中大胆表达自己的情感和想法，体验绘画创作的乐趣。

3. 技能目标

①能用多种绘画工具和材料进行绘画创作活动。

②能用线条、色彩、构图等美术形式语言进行绘画活动。

（二）学前儿童绘画活动的年龄段目标

在实际组织绘画活动过程中，不同年龄段学前儿童能达成的目标需要考虑学前儿童的已有经验及最近发展区。年龄段目标为总目标的进一步细化。在实际组织活动过程中，教师需要根据本班学前儿童的实际情况制定更具体的单元目标及活动目标。

1. 小班绘画活动目标

（1）认知目标

①认知常见的绘画工具和材料。

②认识黑、白、红、黄、蓝、绿、橙等几种基本颜色。

③学会感受直线、曲线等线条的变化。[②]

（2）情感目标

愿意参加绘画活动，能愉快大胆地作画。

（3）技能目标

①能徒手或使用水彩笔、油画棒、棉签等常见工具进行绘画。

②能初步使用点（圆点、长点等）、线（直线、曲线、折线）和简单几何图形（圆形、矩形、三角形）表现日常生活中常见物体的特征。[③]

2. 中班绘画活动目标

（1）认知目标

①认识常见的固有色。

②初步理解画面中上下、左右的空间关系。

③理解形状符号的象征意义。

---

① 边霞.幼儿园美术教育与活动设计[M].2版.北京：高等教育出版社，2016：72.

② 林琳，朱家雄.学前儿童美术教育与活动指导[M].上海：华东师范大学出版社，2014：119

③ 许晓春.学前儿童美术教育[M].3版.北京：高等教育出版社，2019：26.

（2）情感目标

①对认识色彩活动有兴趣。

②喜欢用独特的绘画语言表达自己的想法和感觉。[①]

（3）技能目标

①能运用更多种类的绘画工具和绘画材料进行绘画。

②能运用图形组合的方式，表现物体的基本结构和主要特征。

③能辨别颜色的深浅，初步有目的地进行色彩选择，使用丰富颜色作画。

④能在成年人的引导下，初步进行画面构图，表现出物体的上下、左右位置。[②]

3. 大班绘画活动目标

（1）认知目标

①了解不同绘画工具材料的特性，知道不同的绘画工具材料能表现出不同的效果。

②了解色彩与画面情感表达、内容表现的关系，初步具有色彩搭配的意识。

③了解物体的结构与各种空间关系。

（2）情感目标

①感受作品中均衡、对称、变化的形式美。

②乐于参与创造性绘画活动。

（3）技能目标

①能综合运用多种绘画工具和绘画材料进行绘画创作，表达自己独特的思想和感受。

②能完整地表现熟悉的或想象中的物体结构，能用丰富的色彩和线条构思、组织形象，表现一定的内容和情节。

③能运用对比色、相似色、冷暖色等多种配色方法进行绘画，能恰当地运用各种颜色表达情感和感受。

④能有目的地安排画面，初步表现物体的前后、远近等简单的空间关系。

对小班、中班、大班绘画活动的目标进行分析可以发现，小班绘画活动以兴趣培养为主；中班绘画活动会在保持绘画兴趣的基础上，渗透绘画相关的知识和技能；到了大班，随着幼儿经验的丰富，会侧重创造性的、综合性的表达。这种发展过程在其他美术活动中有着相似的趋势。

对点案例2–4

中班美术活动：神秘的波洛克滴流画

活动目标

①初步了解波洛克滴流画模糊、抽象的绘画风格，感知滴流画色彩、线条的变化。

① 封蕊，郭杰. 学前儿童美术教育与活动指导[M]. 南京：南京大学出版社，2019：20–21.

② 林琳，朱家雄. 学前儿童美术教育与活动指导[M]. 上海：华东师范大学出版社，2014：119

②能运用常见的波洛克滴流画绘画工具进行创作，掌握滴流、点、按等绘画手法。

③喜爱波洛克滴流画等自由形式的绘画，感受绘画的有趣。

分析：该活动的目标从认知、技能、情感三个维度进行阐述，三个目标都能聚焦于活动本身，围绕波洛克滴流画这一活动内容进行阐述，同时体现美术活动的特质。

四、学前儿童绘画活动的设计与组织

（一）活动目标

活动目标是通过教学活动期望达成的结果。活动目标既为活动指明了方向，也可以成为评价学前儿童发展的依据。绘画活动目标的制定可参考学前儿童绘画活动各年龄段目标；知识技能目标着眼于能认真观察，使用各种图形、色彩、线条或某些特定技法表现事物特征；情感目标着眼于感受生活、环境、艺术中的美，体验创作带来的快乐等。[①]

（二）活动准备

1. 设计要点

绘画活动中的活动准备包括物质准备及必要的经验准备。由于绘画活动涉及的操作材料较多，要避免为了多样化而多样化，提供过多与目标无关的材料。在撰写活动准备时，特别要注意不要多写，也不要遗漏一些常见的材料。

2. 组织要点

绘画活动材料的选择需要注意考虑到学前儿童常常会改变自己的创作意图，或者由于操作不当等原因，需要更换材料。教师在准备操作材料时，需要准备几份备用材料，以备学前儿童在创作过程中进行更换。

对点案例2-5

大班美术活动：特别的我

活动准备

水彩笔、勾线笔、油画棒、水彩颜料、镜子。

分析：在“大班美术活动：特别的我”中，教师虽然提供了多种绘画材料，但是作为集体教学活动，根据活动目标、活动场所、指导幼儿人数等方面的不同，材料种类过多有时会出现活动重点模糊、难点无法解决等问题，教师的指导也会存在

① 索丽珍，林晖，高妍苑.学前儿童艺术教育[M].重庆：重庆大学出版社，2020：132.

一定困难。此外，该活动准备中没有列出绘画需要用到的纸张，出现了常见材料被遗漏的问题。

（三）活动过程

绘画活动是幼儿园常见的美术活动，绘画活动的设计与指导有相对固定的程式，但是不同主题和类型的绘画活动，也会根据活动组织的实际情况存在一些变式，指导的侧重点也会有所不同。

1. 导入活动

（1）设计要点

导入活动的目的在于激发学前儿童对活动的兴趣，调动其参与活动的积极性。在设计导入活动时需要注意围绕主题进行，不要涉及太多无关内容。根据不同的绘画活动内容，可以选择游戏、故事、讨论、作品欣赏等不同形式，或者创设情境的方式，让导入活动变得生动有趣。

（2）组织要点

导入活动要简洁明了，需要教师用一定的技巧，迅速将学前儿童的兴趣吸引到活动中来，避免复杂和拖沓，是一个调动学前儿童积极性的精致小巧的环节。如果在导入部分创设了情境，那么该情境需要渗透在整个活动中，用情境更好地激发学前儿童的参与兴趣。

对点案例2-6

中班美术活动：小猪佩奇的生日会

在“中班美术活动：小猪佩奇的生日会”中，使用小猪佩奇这一幼儿感兴趣且熟悉的卡通形象作为导入，能很好地调动幼儿的积极性，且在活动推进的过程中，能随着生日会的开展，将情境贯穿整个活动。

2. 感知欣赏与探索发现

绘画活动是迁移学前儿童的生活经验，将学前儿童头脑中的物象经过整理、设计呈现到平面的媒介上。感知欣赏是学前儿童拓展与活动相关的经验、积累视觉语言和符号、促发想象的动机的过程，为后续绘画活动做经验准备。探索发现主要是对绘画活动中涉及的技法和工具材料特性及使用方法的探究与尝试，为后续绘画活动进行技能准备。

（1）设计要点

感知欣赏阶段，是学前儿童进行创作表达前的重要环节。感知欣赏的内容需要结合目标层层推进，绘画活动的内容不同、目标不同，感知欣赏的侧重点也会有所不同。

①无论物体画、情节画、意愿画，还是装饰画，都要创设一定的情境，做好自由创作的准备：引导学前儿童在物体画活动前进行详细、清晰、有趣的观察和接触，了解物

体的形状、颜色、结构、各部分的大小等。这样有足够的时间让学前儿童进行思考，对绘画物体产生自我体验情绪，用自己独特的感受创作表达。

a. 情节画。活动前应该让学前儿童明确事物之间的空间位置关系和相互之间的联系，通过欣赏、分析帮助他们理解构图布局的特点和方法；通过多样化的练习手段创设情节画的方式，如故事、日记、游戏等形式，有利于他们对头脑中的物象进行有序组织。

b. 意愿画。总结分享生活体验，启发引导学前儿童进行意愿的表达，将他们接触到的、了解到的事物，无论是否客观存在的，只要是感兴趣的，都能作为构思设计意愿画的素材。

c. 装饰画。为装饰画进行花纹、图案、形式的学习，可以引导学前儿童通过日常生活接触的事物进行形式美感的欣赏和分析，如点线面的组合、花纹的排列秩序、图案纹样的运用等。只有掌握简单的装饰性表现形式及色彩运用能力，才能在装饰画活动中得心应手地发挥创作。①

②探索发现环节主要是对美术操作技法或各种工具材料特性及使用方法的探究与尝试。这一环节通过让学前儿童尝试错误，在自我操作中发现问题、分析问题、解决问题，不仅可以加深学前儿童对美术技法或操作材料的认识，而且有利于培养学前儿童的主动探究精神。探索发现环节是学前儿童初步尝试与操作材料接触，使学前儿童产生创作意图和愿望，并将自己的意图逐步明朗和实现的过程。这对学前儿童以后的创作与表现兴趣及动力的激发具有重要的作用。因此，教师要适时引导学前儿童从无目的的操作转向有目的的操作，逐渐明确操作意图。②

感知欣赏与探索发现是学前儿童自主创作前的重要环节，其有效性与学前儿童创作的表达程度有着直接关联。

（2）组织要点

感知欣赏部分提供给学前儿童的美术作品既要有典型性，有利于学前儿童掌握某一事物的基本结构；又要有多样性，有利于开阔学前儿童眼界，培养学前儿童的想象力和发散性思维。③

感知欣赏的过程要尊重学前儿童的主体性。每个学前儿童对于美的感受是不同的，在组织学前儿童进行感知欣赏的过程中，教师要引导学前儿童感受、思考和表达，避免采用灌输式的方法，将自己的想法强加给学前儿童。同时，教师应注意尊重学前儿童表达，不是让学前儿童脱离活动随意表达，而是在学前儿童理解有困难的地方，或者涉及新的经验时，适时采用示范、出示范例等方式，帮助学前儿童积累经验，或者解决绘画过程中可能出现的难点。

探索发现的部分以学前儿童自主探究、自我发现为主。比如，教师可以让学前儿童自主感受手指印画的创作方式，从而发现手指印画中存在的问题或难点，并帮助学前儿

① 索丽珍，林晖，高妍苑.学前儿童艺术教育［M］.重庆：重庆大学出版社，2020：134.
② 边霞.幼儿园美术教育与活动设计［M］.2版.北京：高等教育出版社，2016：158.
③ 同②.

童解决遇到的问题。但是，需要注意的是，不是所有操作活动都适合学前儿童自我探索发现，一些学前儿童完全没有经验或对技能要求较高的材料，如吸附画、水粉脱色画等，单靠学前儿童自己探索很难出成效，教师可以采用先演示、示范，再让学前儿童尝试的方法，帮助学前儿童较快掌握操作方法，从而从绘画活动中获得更大的快乐，提高活动效率。

3. 创作指导

（1）设计要点

在指导创作的环节涉及两个方面的内容。一方面，要明确本次绘画的创作要求；另一方面，学前儿童完成绘画，教师巡回指导。

（2）组织要点

明确绘画创作要求的环节，教师可以先帮助学前儿童梳理创作思路，请学前儿童对自己的绘画构思进行讲述，培养学前儿童先想后画的品质。集体操作前，教师需要再次强调绘画活动的要求。教师要用简短精练、学前儿童能理解的语言阐述清楚本次绘画活动要求，要求的数量不宜过多。

在集体教学活动中，教师对于学前儿童进行绘画活动使用的工具材料要采用适宜的呈现方式，并做好相关准备工作。材料的呈现既要方便学前儿童操作，又要便于教师指导。如果有支持学前儿童绘画活动的素材，如图片、视频等，可以以合适的方式呈现于学前儿童绘画时的环境中，让学前儿童在绘画的过程中有所参考。

在学前儿童绘画创作过程中，教师要观察学前儿童的表现，对于学前儿童遇到的问题可以给予个性化的指导，帮助学前儿童完成绘画创作。教师可以采用直接指导、同伴互助、启发思考、提供素材等不同形式，启发学前儿童构思，支持学前儿童的创作。

4. 作品展示与交流

作品展示与交流是学前儿童与教师一起欣赏、讲评作品，进行活动总结的环节。

（1）设计要点

作品展示与交流，包括作品的展示和对作品的讲评两个部分。教师可以根据作品的内容、尺寸大小等选择合适的展示方式。

作品的讲评包含了“讲”和“评”两个方面的内容。讲的主体是学前儿童，反映的是他们对绘画创作的所思、所想、所见、所闻，讲的目的是让同伴和教师理解自己的创作思考。评的主体可以是多样化的，教师、学前儿童都可以是评价的主体，评价的方式也可以是自评、互评。

（2）组织要点

绘画活动的作品展示与交流，是帮助学前儿童梳理经验的重要环节。在组织的绘画活动的作品展示与交流环节中，不仅可以对学前儿童的作品进行评价，还可以对绘画的过程进行评价，如对学前儿童在绘画过程中表现出来的习惯、品质，对技能的掌握程度等进行反馈。

活动评价时，要多给学前儿童鼓励，帮助学前儿童建立对绘画活动的自信，培养其对绘画活动的兴趣；要考虑学前儿童绘画的年龄段特点，不要以“像不像”等成年人的标准评价学前儿童作品，不给学前儿童贴标签。教师评价或回应学前儿童的语言要具体，不要用“画得很好”这类空泛的词语夸奖学前儿童，而是要说出好在哪里。对于学前儿童不足的方面，教师可以用鼓励性的语言提出自己的建议。

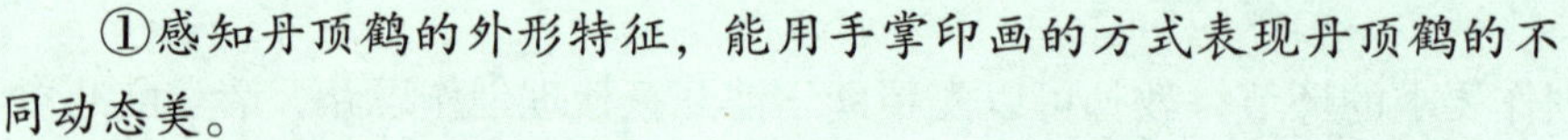

对点案例2-7

大班美术活动：优雅的丹顶鹤

活动视频

活动目标

①感知丹顶鹤的外形特征，能用手掌印画的方式表现丹顶鹤的不同动态美。

②感受印画的趣味和欢乐，萌发对自然形态美的关注和喜爱之情。

活动准备

①物质准备：PPT，丹顶鹤照片素材，画架若干个，背景图（天空、水塘、芦苇），鸟叫MP3，丹顶鹤视频，绘画颜料，画笔。

②经验准备：幼儿去过动物园，看到过丹顶鹤，初步了解其外形特征。

活动过程

一、感知了解丹顶鹤的外形特征和动态美

1. 观察图片，引出丹顶鹤话题

2. 感知丹顶鹤的外形特征

播放视频和图片，从静态和动态两个角度对丹顶鹤进行展示。

师：你认识它们吗？它们有哪些特征？

观察图片，小结丹顶鹤的外形特征。

二、观察、探索，印画丹顶鹤

1. 了解创作步骤

观察手掌印画丹顶鹤步骤图。

师：它是怎么画出来的？

2. 材料介绍

3. 幼儿尝试印画丹顶鹤

三、观察素材，印画丹顶鹤的各种动态

1. 教师、幼儿共同欣赏作品，深刻感知丹顶鹤的外形特征

师：你的丹顶鹤是怎样的？它在做什么？

2. 自由观察素材，感知丹顶鹤的各种动态

师：你最喜欢哪只丹顶鹤？它在干什么？

3. 明确作画要求

提出作画要求：先想好画一只在做什么事情的丹顶鹤？身体在哪，脖子在哪比

较合适？最后将丹顶鹤剪下来，带到这一片丹顶鹤生活的地方。

4. 幼儿创作，教师巡回指导

四、作品展示评价

1. 作品展示与交流

出示背景图，作品展示，互相欣赏。

师：你画了一只有什么故事的丹顶鹤？

2. 活动小结

引导幼儿继续说一说丹顶鹤的故事。

小结：一阵风轻轻吹过，有的丹顶鹤在……有的丹顶鹤在……

分析：本次活动为大班美术活动，班级幼儿已经具备了较为丰富的绘画活动经验。因此，本次活动在内容选择上，聚焦于绘画语言的综合运用方面，丰富和提升幼儿绘画经验。活动中点、线、面（手掌印画）的表现对于班级幼儿来说没有困难，难点在于怎样将这些绘画形式语言组合在画面中，表现丹顶鹤的不同动态。因此，本次活动内容的选择基于幼儿已有经验，关注幼儿进一步提升的需求，聚焦且明确。

活动的推进思路为绘画活动中常见的“导入—感知与探索—创作指导—展示交流”。活动过程先感知再表现，尊重幼儿个性化的感受和表达，符合幼儿学习特点的同时又有针对活动难点的层次性推进。活动中幼儿的操作非一次结束，而是进行了两次操作。第一次操作可以让幼儿链接已有经验的同时熟悉创作步骤。基于第一次操作，帮助幼儿解决在表现丹顶鹤形态时可能出现的问题和困惑，同时通过不同动态丹顶鹤这一新经验的引入，达到梳理和丰富经验的目的，并基于此，在第二次操作中进行经验的巩固和提升，达成活动目标。

此外，该活动在活动素材的选择上，既有静态的图片，又有动态的视频，还有音频，调动多感官参与，丰富幼儿对丹顶鹤形态的认识。同时，在组织过程中，不仅有看一看、说一说，还有动作模仿等形式帮助幼儿多角度感知丹顶鹤的特征。

（资料来源：由宁波高新区第二幼儿园冯晓铭提供）

五、学前儿童绘画活动实践的障碍消解

在美术教学活动中，一般会出现两种不同的教育倾向：一种认为，艺术教育中的技能训练很重要，如果学前儿童缺乏一定的技能训练，在表达与创作时就会受到局限；另一种认为，技能的训练对于学前儿童来说很枯燥，刻板的技能训练不仅会使他们失去对艺术活动的兴趣，而且不利于学前儿童个性化地表现美与创造美。那么，在这场持续的争论中，我们应该怎么做呢？

（一）绘画活动中的技能

刻板、过度地教，确实应该避免，但知识技能是学前儿童美术创作的基础，幼儿园作为教育机构，对美术领域知识技能完全不教是行不通的。美术技能是美术创作的基础，

充满个性的感受和表现方式则是美术创作的灵魂，二者缺一不可。

虽然艺术创作中必要的技能技巧是需要的，但是不必追求过高的技能技巧，只要是不妨碍学前儿童的创作，不妨碍学前儿童的想法和情感表达的技能技巧，就是可以的。技能技巧也不一定非要成年人教学前儿童才能学会。很多时候，技能技巧是学前儿童在画的过程当中，一步一步地习得、形成和完善的。成年人即使要教，也要和学前儿童的自主操作相结合，要给予学前儿童充分的自主探索空间。当遇到问题时，成年人适时给予学前儿童必要的点拨，而不是直接告诉他答案，要让他在创作练习中掌握技能技巧。学前儿童掌握技能技巧是有一个过程的，他们对技能的探索总是在路上。经过探索和练习，学前儿童会不断地进步，成年人要学会等待，而是不急于把技能技巧硬塞给学前儿童。只要学前儿童喜欢、愿意探索，就是可持续发展的。只要建立了自己探索的习惯和概念，学前儿童就能在不断练习的过程中提升技能技巧。[①]

（二）绘画活动中的该“教”与不该“教”[②]

这里的“教”不是指广义的教育，而是指传统的讲解示范教学法。前面我们已经讨论过，幼儿园美术教学中的知识技能应该教，但不能从头教到尾，适宜地教就是在绝对的教和不教之间寻找到恰当的契合点。

说到教，美术工具的使用方法就需要教，如怎样握笔、怎样稀释水粉颜料等。另外，基本的美术创作方法也是必须要教的，如怎样配合使用油画棒和水粉完成油水分离画，怎样折叠宣纸并浸入颜料完成染画等。这些创作方法有相对固定的程序，而且需要一定的练习才能掌握，它们是学前儿童美术创作的前提。

但是，美术教学中有的东西是不该教的。比如，具体事物的画法就不适合教。当教师代替学前儿童思考，代替学前儿童表达，甚至把绘画步骤都明确规定了，美术就不再是创造性的艺术了。事实上，涉及学前儿童美术感受和表现的内容，都要尽量回避使用讲解示范教学法。

一些学前儿童的年龄特点决定了对他们来说理解尚有困难的知识技能不该教，特别是一些抽象的概念。比如，透视、明暗关系等，就是学前儿童很难理解的概念。学习这些概念，最好的方法就是让学前儿童自己感受体会，即使是一时不能理解也不会影响学前儿童创作出优秀的美术作品。

（三）绘画活动中的示范与范画[③]

《3～6岁儿童学习与发展指南》中有关美术活动的教育建议中提出：“幼儿绘画时，不宜提供范画。”这种教育建议是遵循了3～6岁儿童的身心发展规律提出的，因为学前儿童对事物的感受和理解不同于成年人，他们表达自己认识和情感的方式也有别于成年人，学前儿童独特的笔触往往蕴含丰富的想象和情感。这里提出的“不宜”二字，是“不

① 边霞，孟少清，张安然. 学前儿童艺术教育中的问题辨析[J]. 早期教育（美术教育），2020，945（1）：6.

② 吕耀坚，孙科京. 幼儿艺术教育与活动指导[M]. 2版. 北京：北京师范大学出版社，2014：86-87.

③ 魏红. 幼儿园美术活动中范画运用的困惑与思考[J]. 早期教育（美术教育），2019，917（6）：14-15.

适宜”，并不是完全否定。《3～6岁儿童学习与发展指南》中反对的是学前儿童对范画的被动模仿，而不是反对学前儿童的模仿学习。模仿学习是学前儿童从自身的需要出发进行的自发性模仿，而非被动的临摹。自发性的模仿是学前儿童感知、观察、再现审美对象的过程。即使面对同一个审美对象，不同学前儿童也会因为认知、感受和兴趣的不同，模仿出来不一样的作品。

教学活动中范画的有无，要根据教学活动的需要决定，只有教师灵活运用范画，才能达到最佳的教学效果。对于有的绘画活动，如画“大树”“蔬菜”“水果”等，教师可先引导学前儿童观察实物的特征，然后再进行绘画。如果活动中教师先呈现出自己的范画，反而会引发学前儿童机械性的临摹，直接影响学前儿童对实物的观察角度及感受美的能力，剥夺了学前儿童表现美、创造美的机会。而“森林里的动物”这个主题，如果直接让学前儿童根据脑海中对动物的印象来自主创作，学前儿童能画出的多是自己以往画过的动物，另一些能想到的动物可能无法画出。而教师的范画，可以让这一难题迎刃而解：教师在备课时，事先把森林里的各种动物的图片与各种形式的绘画作品收集起来，在学前儿童的创作环节，把范画分组提供给学前儿童，他们可以根据自己的需求，挑选出喜欢的动物图片进行观察，教师加以引导。不同的动物，有着不同的特征，这样学前儿童在绘画过程遇到困难时，就可以得到解决。由此可见，范画环节的有无要根据教学活动的实际需要，灵活而定。

超级链接

《3～6岁儿童学习与发展指南》节选

目标2　具有初步的艺术表现与创造能力

教育建议：

尊重幼儿自发的表现和创造，并给予适当的指导。如：

●鼓励幼儿在生活中细心观察、体验，为艺术活动积累经验与素材。如观察不同树种的形态、色彩等。

●提供丰富的材料，如图书、照片、绘画或音乐作品等，让幼儿自主选择，用自己喜欢的方式去模仿或创作，成年人不做过多要求。

●根据幼儿的生活经验，与幼儿共同确定艺术表达表现的主题，引导幼儿围绕主题展开想象，进行艺术表现。

●幼儿绘画时，不宜提供范画，特别不应要求幼儿完全按照范画来画。

●肯定幼儿作品的优点，用表达自己感受的方式引导其提高。如“你的画用了这么多红颜色，感觉就像过年一样喜庆”，“你扮演的大灰狼声音真像，要是表情再凶一点就更好了”等。

任务2　学前儿童手工活动的实施

任务说明

学前儿童手工活动是学前儿童美术教育活动的重要组成部分，其主要是由教师引导学前儿童用手或使用相关工具，尝试运用捏、撕、剪、贴等手段对材料进行加工改造的过程。手工活动一般包括纸工和泥工及其综合活动，这些活动对锻炼学前儿童手的灵活性、手眼协调能力及想象力、创造力等都具有重大意义。学前儿童通过了解和掌握粗浅的手工知识和相关技能，开阔美术眼界，丰富手工经验，提高审美情趣，养成良好的个性品质。教育者要想提升学前儿童的手工能力，必须具备一定的美术专业素养与动手能力，要根据学前儿童的年龄特点、经验水平和知识结构制定科学合理的手工活动目标，并选择适当的教学内容与教学方法开展手工活动。

在“学前儿童手工活动的实施”这一任务中，你需要结合所学，完成以下工作任务。

1. 课堂巩固

结合所学内容，对案例进行分析，完成工作表单1。

工作表单1

案例分析：分析“大班手工活动：折纸青蛙”活动目标是否适宜，并对不适宜之处进行优化。

活动目标	目标分析	目标优化
1. 学习看图示，在折双三角的基础上继续学习折青蛙的技巧 2. 通过教师的示范、讲解及自身操作，学习双三角的折法 3. 了解青蛙是人类的朋友，愿意保护青蛙		

2. 岗位实践

设计一个手工活动教案，完成工作表单2，并进行模拟试教。

工作表单2

案例分析：幼儿园开展了关于动物的主题活动，请自选年龄段，设计一个手工活动，并进行模拟试教。

内容与教材分析		
活动设计	设计意图	
	活动名称	
	活动目标	
	活动准备	
	活动过程	
反思与评价		
小组成员		

学习支持

一、学前儿童手工能力的发展

朱家雄等指出，儿童通过使用双手或其他的简单工具，能对不同的材料进行剪裁、拼接等创作，最终可以制成完整作品的活动称为“手工活动”。他们依据活动中学前儿童需要的不同材料，又将手工活动分为三种，即纸工活动、泥工活动及综合制作。[①]楼必生等把手工定义为：“手工指徒手或使用简单工具材料进行的手工工艺活动。幼儿园的手工有泥工纸工和综合制作。”[②]由此可见，学前儿童的手工活动就是由教师引导学前儿童直接用双手或借助相关工具，运用捏、撕、剪、贴等手段对材料进行加工、改造的

① 朱家雄，林琳，吕坚.学前儿童美术教育[M].上海：华东师范大学出版社，1999：4.

② 楼必生，屠美如.学前儿童艺术综合教育研究[M].北京：北京师范大学出版社，1997：51.

过程。一般，把手工活动分为纸工、泥工和综合性手工活动。学前儿童的手工活动具有很大的教育价值，学前儿童在欣赏伙伴间作品的过程中，逐渐唤醒自身的创作热情，通过使用多样化的工具对不同材料进行重新创作，最终制作出立体的物品。①

通过了解和把握学前儿童手工能力的整体发展，有助于教育者遵循学前儿童手工能力发展的一般规律，选择和安排科学适宜的活动内容与教学方法，从而更好地开展学前儿童手工活动。总体来说，学前儿童手工发展有无目的活动期、基本形状期、样式化期三个阶段。其中，2～4岁是无目的活动期，一般是没有明确目的的，只是纯粹的玩耍活动；4～5岁是基本形状期，将无目的的动作逐渐转化为有意图的尝试；样式化期一般是在5～7岁，该时期学前儿童喜欢用各种工具、材料进行创作以表达自己的意愿。另外，有研究发现，学前儿童手工能力的发展经历与绘画能力的发展大致相同，但由于手工是属于三维创作，与绘画的二维创作存在一些区别。②

（一）学前儿童手工能力的一般特点

1. 操作性：依托材料、工具

在幼儿阶段，儿童手工能力的发展离不开工具材料的支持，因此具有“操作性”这一特点。在儿童的世界里，材料是丰富多元的，一般来说可以分为高结构材料和低结构材料，低结构材料一般指那些结构化程度相对较低的材料，没有固定玩法和规则，往往来源于生活废旧用品，如报纸、木块、贝壳、纽扣等。例如，自然材料是生活中较易获取的低结构化材料，可以借助常规材料、特色材料、层级材料、多元材料四种自然材料，通过增加奇趣因子、创新展现形式、加强材料研究、探索多样玩法、拓展探索空间、打造立体作品、强化感官刺激等策略，让学前儿童在多样化的创意手工活动中感受生活之美。③ 又如生活材料的运用，通过对生活废旧材料的运用可以激发学前儿童手工制作热情，提升学前儿童手工能力与艺术的审美能力。低结构材料的运用有助于激发学前儿童的想象力、创造力，培养其手工能力，而高结构材料与低结构材料相对，往往具有固定的规则与玩法。根据材质不同，材料还可以分为木质的、塑料的、橡胶的、金属的、纸质的等。

无论在幼儿园里的手工区，还是专门的手工活动，学前儿童都离不开材料的使用，然而材料的再利用通常又离不开工具的支持，如各种剪刀、糨糊、胶水、笔、泥工板、橡皮泥等。学前儿童在手工活动过程中逐渐学会使用材料与相应的工具，而手工活动在一定程度上也是使用工具进行材料制作的活动。

2. 创造性：依托经验、想象

在幼儿阶段，儿童手工能力还具有“创造性”特点，其手工能力的发展某种程度上能提高创造力。陶行知先生曾经说过：“让学生走上创造之路，手脑并用，劳力上劳心。”

---

① 孔起英. 学前儿童美术教育[M]. 南京：南京师范大学出版社，1998：201.
② 吕耀坚，孙科京. 幼儿艺术教育与活动指导[M]. 2版. 北京：北京师范大学出版社，2021：44.
③ 金波. 自然材料在幼儿园创意手工活动中的开发运用[J]. 学园，2022，15（22）：87-89.

已有相关研究表明，学前儿童大脑的发育影响其小肌肉动作的发展，因此，通过手工活动不仅可以锻炼学前儿童手部小肌肉动作的协调发展，更是促进了学前儿童创造力的发展。如在泥塑活动中，学前儿童往往是通过想象进行创作，随着年龄增长，其想象力、创造性也在逐步提升，由此可见，学前儿童手工活动中的想象力与创造性是贯穿全程的。

总体来说，手工活动能让学前儿童各方面的感官协调运动，能在不断的动作操作中锻炼头脑，开发思维，其创造性也在不断发展。

（二）学前儿童手工能力的发展规律

手工活动主要分为纸工、泥工和综合性手工活动。纸工活动是能运用折、剪、撕、粘、贴等各种技能，针对各类纸进行形象塑造的过程。学前儿童的纸工能力主要包括折纸能力、粘贴能力、撕纸能力和剪纸能力。泥工是以黏土、橡皮泥、面团等为原材料，借助搓、团、压、捏、拉等手法表现形体的一种造型活动。① 儿童的手工活动离不开注意、感知、操作、想象、创造等基本能力。手工活动对锻炼学前儿童手的灵活性、手眼协调能力及自身的想象创造力、耐心细心的品质等都具有重大意义。同时，随着年龄的增长，儿童的纸工、泥工及综合性手工活动的能力逐渐生成、发展并健全起来，良好的学前儿童手工活动能起到积极促进的作用。

1. 无目的活动期

在2～4岁，幼儿的手工能力具有无目的性，即自发的，没有明确意图的游戏、玩耍。一般来说，2岁左右的幼儿就有了初步的手工活动尝试，但由于幼儿手部认知能力发展有限，且小肌肉动作发育还不够成熟，更是无法使用手工工具与相关材料，因此，其手工活动只是自发地进行游戏，把玩工具材料，并没有明确的意图和目的。

在撕纸活动中，3岁左右的幼儿喜好拿着纸翻来覆去地玩，触摸纸的质地，聆听纸的声音，全感官地研究纸。随着经验越来越丰富，幼儿会把纸撕成小块当成“雪花”或把纸撕成条状当成“胡须”进行游戏。在剪纸活动中，该阶段的儿童还不大会用剪刀，他们甚至最初也不知道剪刀的用途，把玩着剪刀，漫无目的，边玩边剪，也往往剪不出理想的形象，需要经过一个相当长的时间段练习才能较为自如地使用剪刀。

在折纸活动中，3岁左右的幼儿虽能自发地进行折纸活动，但对于折出成形的东西较为困难，且大多对折出来图形的正反面效果并不在意。在粘贴活动中，3岁左右的幼儿虽能自发地进行一些粘贴活动，但他们往往不注意糨糊的用量，拿起纸片来就急于涂抹糨糊，且贴出的效果也有一定的随机性。

在泥塑活动中，幼儿的泥工制作主要是自发的、无目的的，2～4岁幼儿接触泥工活动只是觉得有趣，其实就是玩泥，把泥当作一种玩具，只会摆弄简单的手工工具进行切分泥团、揉搓泥丸等。如最常见的橡皮泥，幼儿会用手无目的地去抓，或者是拍、揉、掰各种形状的泥块。此时，他们还无法有意识地思考究竟想要创造什么形状的作品。

另外，2～4岁的幼儿由于小肌肉发展还不充分，动手能力有限，从事玩具制作还

① 王彩凤.学前儿童美术教育[M].2版.上海：复旦大学出版社，2016：111.

较为困难，一般只能进行一些比较简单的制作项目，如制作小纸盒、小船等。总体来说，该阶段幼儿在手工活动过程中应该没有明确的目的或是表现意图，更多的是在体验与玩耍，在操作材料或工具的过程中自发地享受着“玩”的乐趣，从中获得与体验新鲜感。

2. 基本形状期

基本形状期主要是集中在4～5岁，类似幼儿绘画中的象征期，是指从无目的的动作逐渐到有意图的尝试。幼儿往往会在制作前宣称自己想做的动作，再开始动手制作。该时期，他们会利用各种材料、工具，根据自己的喜好与意愿创作手工作品，但作品结构往往比较简单。

在撕纸活动中，幼儿撕纸的准确度具有局限性，但他们会极力模仿年龄大点的幼儿的举动，能撕出基本形状，尤其到了5岁左右，其撕纸能力有了新的提升，能逐步进行相对专业的学习模仿，还会使用新的技能方法，如可以用对折的方法撕出一些对称的、比较复杂的图形，如小鸡、小狗、小熊等。

在剪纸活动中，幼儿逐渐可以使用剪刀，开始剪一些简单的图案。在该时期，幼儿剪出的图形主要是一些轮廓清楚、结构变化不大、较为简单的形象，如房子、橘子、苹果等；大多数幼儿不会灵活自如地使用剪刀，也不会配合剪刀的动作转动纸张，经常会出现撕扯的情况，但是经过不断地练习，他们也能灵活使用并能更好地沿着轮廓线进行裁剪或切割等。

在折纸活动中，这一时期的幼儿逐渐可以在教师或家长的悉心指导下有效地学习折纸，也可以折叠出相对更复杂的物体，如折飞机、扇子、纸盒等。但由于此时的幼儿手部小肌肉发展还不够完善，缺乏折纸技巧，折出的效果往往不够理想，或边角不齐，或折痕不直，松松垮垮；在粘贴活动中，幼儿能粘贴出基本的形象，但一些幼儿时常把糨糊集中涂在图形的中间区域，容易导致粘贴不牢或是纸片翘起。

在泥工活动中，基本形状期的儿童已经能塑造出一些简单的物体形象，且在泥工活动中能逐渐结合生活经验进行塑造，从而做一些自己心目中的东西。比如，把泥放在手中搓一搓，泥条就成了“面条”或“小香肠”；把泥放在手中团一团，就成了“橘子”或“皮球”；把泥球放在手中压一压，就成了“饼干”和“馅饼”等。随着年龄的增长，儿童手上的动作开始从手掌动作逐步发展到手指动作，越来越精准，塑造出来的形象也逐步丰富、复杂起来。

3. 样式化期

样式化期主要是指5～7岁。随着年龄逐步增长及手部精细动作不断发育，5～7岁的儿童动手能力有了较大进步，喜欢用各种工具和材料进行创作，具有很强的表达欲望，作品也往往更加复杂和具有创造性。

在剪纸活动中，儿童的理解与操作能力会进一步提升，创造力也逐渐增强，如能设计制作出富有想象、丰富多样的剪纸图案，也能逐步剪出一些相对较复杂、曲折多变的形象，在技能技巧上更加成熟，作品也更具有观赏性。

在折纸活动中，样式化期的儿童能逐步折出很多较为复杂的折纸作品，如小鸟、帽子、小兔子等，折叠效果也更加平整精确。在粘贴活动中，儿童能在成年人的指导下准确、适量地把糨糊涂在图形的背面，并根据教师的引导要求较好地完成粘贴任务，且会在粘贴时顾及其粘贴的顺序和位置，但掌握不好粘贴顺序、粘贴位置不够恰当的现象仍时有发生。此外，样式化期的儿童在粘贴时逐渐注重美观性和整洁性。

在泥工活动中，样式化期的儿童已经能塑造出一些相对复杂的物体形象，并力求制作的作品更加逼真。随着观察能力的提高，样式化期的儿童在塑造过程中更加注重细节，作品也更加精致。此外，样式化期的儿童还能塑造出两个以上的艺术形象，并加以组合，构成简单的故事情节。5岁左右的儿童，生理机能和心理机能得到了进一步的发展，动手能力也有所提高，已初步具备进行玩具制作的基本条件。他们在活动中已经能正确选用手工材料，逐步学会利用相关手工工具，能较为顺利地完成剪、折、插、粘、接、染、拼等动作，从而制作出丰富的、相对复杂的、具有趣味性的玩具。

综上所述，学前儿童的手工能力会受年龄局限及生理特点制约，其在手工活动中会从无目的性到有一定目的性转变。一般，2～4岁的幼儿在手工活动过程中以体验为主，只会感受到乐趣，并没有明确的意图；到了4岁以后，幼儿才会逐渐有一定的创作目的且有较为强烈的表达欲望，以此博取周围人的关注和表扬。

二、学前儿童手工活动的内容与选择①

（一）学前儿童手工活动的内容

幼儿园手工教育活动的内容主要有以下三个方面。

1. 手工工具与材料

（1）手工工具

学前阶段中常使用的手工工具主要有：刀、剪刀、小锤子、各类笔、泥工板、泥篦、牙签、各类尺、胶水等。

（2）手工材料

手工活动的材料多种多样，从外形特点可以划分为点状材料、线状材料、面状材料、块状材料四种形态。

①点状材料，如珍珠、沙子、米粒、小豆子、小石子、小珠子、纽扣、谷物、果核、种子、贝壳、瓶盖等。

②线状材料，如吸管、各类绳子、棉线、毛线、火柴棒、树枝、筷子、木条、橡皮筋等。

③面状材料，如各类纸、各类布、树叶、羽毛、塑料薄膜、餐巾纸、废旧报纸等。

④块状材料，如泥块、橡皮泥、面团、石块、土豆、蛋壳、瓶子、纸盒、罐头等。

① 王彩凤. 学前儿童美术教育[M]. 2版. 上海：复旦大学出版社，2016：115.

2. 手工材料的基本操作方法

（1）串联

串联是指将点状、面状、块状材料用线状材料和工具进行组合连接。

（2）粘贴

粘贴是学前儿童借助胶水或糨糊将操作材料（如剪、撕或团好的物品）贴到画纸或底版适当位置上的造型活动，通过粘贴可以制作出平面或立体的作品，如将各种圆形纸片粘贴成毛毛虫，将皱纹纸团出的纸球粘贴到树枝上变成梅花等。

（3）剪

剪有目测剪、沿轮廓线剪和折叠剪三种类型。目测剪是学前儿童凭感觉和经验在没有任何痕迹的面状材料上剪出自己所需形象的方法。沿轮廓线剪是学前儿童根据已有的轮廓线剪出所需形象的方法。轮廓线可以是纸上现成的，也可以是教师或学前儿童事先在纸上画好的。折叠剪是将纸进行折叠后剪出对称形象的方法。

（4）撕

撕有目测撕、沿轮廓线撕和折叠撕三种类型，基本方法同“剪”。

（5）折

折是用面状材料（如纸、手帕）折叠成立体物象，主要有对边折、对角折、集中一角折、四角向中心折、双正方折、双三角折、组合折等基本技法。

①对边折：将纸两边对称折叠。

②对角折：将纸相对的两角对齐折叠。

③集中一角折：先将纸对角折出对角线，再依据对角线，将相邻两边向中心折叠。

④四角向中心折：先找出正方形的中心点，再将四个角分别向中心点折叠。

⑤双正方折：将正方形纸对角折成三角形，再反复一次，把两个小三角形分别从中间撑开，折成双正方形。

⑥双三角折：将正方形纸对角折成三角形，从三角形底边的中心点，分别前后向三角形的顶点折叠，然后从中间撑开成双三角形。

⑦组合折：由数张大小相同或不同的纸分别折叠出所需部分，再衔接组合成一个复杂的整体。如大象就是分别用两张纸折出头和身体，然后粘在一起组合成的。

（6）染

用生宣纸等吸水性强的纸进行折叠后，再用水性染料进行染制。染有渍染和点染两种方法。渍染是将折好的纸插入染料中，让纸自动吸色，如将手帕纸进行折叠后用一角蘸颜料制作成彩色的手帕；点染是指用笔蘸色在纸的中心部位或细小的地方染色。

（7）盘绕

盘绕是将线状材料按照一定的顺序缠绕成平面图像或立体图像。

（8）编织

编织是用线状材料按照经纬线交叉的原理编织成平面或立体物象。

（9）塑

塑是用泥、面团等可塑性块状材料，通过手的活动塑造成立体物象。基本技法有团圆、搓长、压扁、捏、挖、分泥和抻拉等。

①团圆：将泥放在手心中，双手向相反方向旋转成球形。可做成元宵、棒棒糖、糖葫芦等。

②搓长：将泥放在手心中，双手配合前后搓动成圆柱形。可搓成面条、手指饼干、蛇等。

③压扁：将团成的球形、搓成的圆柱形放在手心中，用两手掌用力拍压成扁平的泥饼。可做成饼干、烧饼、春卷等。

④捏：用拇指和食指互相配合挤压成形。如捏出动物的嘴巴、耳朵、尾巴等。

⑤挖：是指用工具将立方体中间的泥挖去，再修整成型。可制成中空的器皿。

⑥分泥：用目测方法将大块的泥按比例分成大小不同的泥块，进行塑造。

⑦抻拉：从整块泥中，按照物体的结构抻拉出各部分。

（10）插接

插接是将团圆、搓长、捏、抻拉出的物体细部用连接物（牙签、火柴梗等）组合成一个整体的方法。插接有粘接（将制作材料本身做成凹凸相当的切合口，使之连接成形）和棒接（用火柴梗、牙签、铁丝、树枝等辅助材料将相应部分连接成形）两种。

3. 手工的题材

学前儿童手工题材主要有以下几种：玩具，如折纸玩具、泥塑、面塑等；节日装饰物，如剪窗花、做拉花、做花球等；游戏饰品，如头饰、胸饰、面具等；日常装饰用品，如染纸、粘贴画、瓶盒造型等；贺卡，如生日贺卡、节日卡片等。

（二）手工活动内容的选择

1. 学前儿童泥工活动内容的选择

学前儿童泥工活动是幼儿园进行艺术教育的手段之一，也是在幼儿园中较为常见的立体造型活动之一。泥工活动主要是以黏土、橡皮泥、面团等为原材料，并借助搓、团、压、捏、拉等手法表现形体的一种教育活动，不仅可以发展学前儿童的动手技能技巧，还可以提升学前儿童的艺术审美能力，促进学前儿童思维的快速发展。在泥工活动中，主要由教师引导学前儿童学习掌握用手和简单工具塑造各种物体形象，并感受艺术带来的乐趣。

总之，学前儿童可以通过泥工活动进行自我教育，通过眼睛观察或是利用自身感受器官进一步感受艺术并从中获得艺术美的熏陶。泥工活动是学前儿童主动思考的工具，也是学前儿童艺术思维的外化，有助于学前儿童良好性格和创造性人格的形成，能清晰地向人们展示学前儿童对于美的认识和对生活的理解。①

① 李雅欣. 中班幼儿泥工作品表现特点研究［D］. 大连：辽宁师范大学，2019.

（1）小班（3～4岁）泥工活动内容的选择

在小班阶段，幼儿的泥工活动相对较为简单，主要是初步认识、了解泥工活动，如知道相关材料的名称、性质、特点，能理解泥是柔软的、可塑的。除了材料，还知道泥工活动中主要会用到的简单工具，如一些模具、泥工板、小竹棍（用以在泥块上刻画）等。

小班阶段，开展泥工活动主要呈现出包括注意力易分散、专注性较低、独立性不够，操作技能欠成熟等特点。对此，该阶段的泥工活动需要根据幼儿身心发展特点来进行积极的引导，尤其要注意材料选择的巧妙化、创作内容的生活化和创作技法的简单化，如材料工具的选择不要复杂，可以让幼儿尝试学习用搓、揉团、压扁等方法技巧塑造简单的立体物象。总之，教师在引导过程中，要促使小班幼儿能在专注于泥工活动的同时展开想象的翅膀设计作品，并在创造的过程中能掌握操作的动作要领，确保泥工活动的开展能实现，在吸引小班幼儿兴趣的基础上，发挥其主观能动性积极投入活动，实现对幼儿智力的开发和动手能力的培养。①

泥工活动中最常见的材料是橡皮泥，这也是小班幼儿的重要玩具之一。橡皮泥具有颜色鲜艳，造型灵活等特点，十分吸引幼儿。在幼儿园专门的泥工活动或是美术区域中，可以让幼儿任意玩泥，体验泥工活动的快乐，如可以让幼儿尝试设计一些用一种或两种基本技能就能塑造的简单物体的形象。随着幼儿生活经验不断丰富，教师可以引导幼儿设计将两个基本形体结合在一起组成一个物体的内容，进一步提升幼儿的创造性与动手能力，如在幼儿园中能经常看到幼儿的创意泥工作品，有的是将两根面条拧在一起做成“油条”或是“麻花”，有的是将一个圆球和一根短短的小泥条组合在一起变成“苹果”，还有的是将两个大小不同的小圆球上下叠在一起做成“葫芦”。此外，在内容上，教育者可以逐步引导幼儿欣赏一些教师及中大班幼儿的优秀泥工作品，注意欣赏活动的多样化，注重激发小班幼儿对泥塑活动的兴趣。

（2）中班（4～5岁）泥工活动内容的选择

中班幼儿在泥工活动中基本学会了揉、团、搓、压等技能，会使用一些简单的辅助材料表现简单的情节，并能按意愿大胆塑造。该阶段幼儿的泥工活动主要是在小班的基础上进一步学习用泥塑造平面的物象及相关手工技能、方法，并逐渐掌握运用一些泥工相关工具，如剪刀等。

中班幼儿手部骨骼肌肉的发育相比小班时有了不少提升，对泥工活动已有了初步的了解与经验，且大多数幼儿又对此感兴趣。因此，中班阶段的泥工活动内容会更加丰富，主要是引导幼儿学习用捏的方法表现物体的基本部分和主要特征，从而塑造出较为复杂的物体形象，如“锅碗瓢盆”“服装道具”“各种点心”“小动物”等。为了使幼儿塑造的作品形象更生动、真实，塑造出来的物体光滑、均匀和结实，教师还可以为中班幼儿设计一些使用辅助材料的内容或是提供相关辅助性工具，如塑造小动物时，可用小珠子或小豆粒嵌在眼睛的部位等。相关研究表明，幼儿在泥工活动中倾向于创新性地选取作

① 赵金灵.小班幼儿泥工活动过程及其特点分析[J].新校园（中旬），2016（4）：158-159.

品题材，选择的题材内容与日常经验相关，中班幼儿的泥工作品形象特征以写实为主，具有夸张、省略、杂糅和拟人等特点；中班幼儿的泥工作品布局方式主要有凌乱式、独立式、中心式、排列式、均衡式，其中，以排列式应用最多；泥工作品色彩方面，中班幼儿偏爱运用象征性色彩；泥工作品细节方面，中班幼儿广泛应用辅助工具，乐于用小零件装饰泥工作品。[①]因此，在泥工活动内容的选择与设计上，除了要结合中班幼儿生活经验及其发展特点，还要考虑到中班幼儿泥工活动的相关特点。

（3）大班（5～6岁）泥工活动内容的选择

到了大班阶段，幼儿的泥工活动主要是学习用伸拉的方法并配合其他泥工技法技巧塑造结构较复杂的物象，学会塑造人物、动物的主要特征和简单细节，并表现出一定的故事情节。[②]

随着年龄增长，大班幼儿手部小肌肉发展较快，认知能力不断提升，生活经验也随之不断丰富，这为大班幼儿设计泥工活动的表现内容提出了更高的要求，可以是塑造两个及以上形体，也可以是借助辅助物表达一定情节的内容。不同于中小班泥工活动简单的“水果”“点心”，大班的泥工活动是以形体较复杂的“动物”“人物”为主，同时要求塑造出形象的突出特征和某些细节，甚至塑造的作品要有一定的情境性或是动作性。如可以先将塑造好的几个“小朋友”放在一张底板上，再塑造一些玩耍的“背景”共同构成一幅有情节的画面。此外，有研究主要从大班幼儿泥工活动的专注性、独立性、创造性、操作的熟练性及自我感觉方面表现出来的特点进行了分析[③]，显示出大班阶段在泥工活动方面独有的创作特点。因此，在选择与设计相关内容时，不仅要考虑到大班幼儿的生活经验与年龄特点，也要考虑到其泥工活动的特点。

2. 学前儿童纸工活动内容的选择

纸工活动主要是以不同性质的纸为主材料，能运用粘、撕、剪、折等各种技能技巧进行造型的一种教育活动。学前儿童纸工活动一般由教师引导，帮助学前儿童认识各类不同性质的纸质材料，通过制作各类纸工作品训练学前儿童手指肌肉及手指的灵活性，并逐步培养学前儿童的观察能力、记忆力、目测能力、手眼协调能力等。纸工活动主要包括粘贴、剪贴、撕贴和折纸。粘贴，是指用现成的点状、线状、面状材料粘出或贴出具有浮雕感或平面的画面；剪贴的重点在“剪”，是指运用剪刀将面状材料剪成所需形象后贴出平面画面的手工活动；撕贴的重点在于“撕”，是指以手指作为工具，利用手指的配合撕出所需形象，再贴成平面的画面；折纸，是指用纸按一定的折叠方法折出各种立体形象。[④]

（1）小班（3～4岁）幼儿纸工活动内容的选择

受小班阶段幼儿生长发育的限制，手部肌肉还未发育成熟，纸工活动内容较为简单，

① 李稚欣. 中班幼儿泥工作品表现特点研究［D］. 大连：辽宁师范大学，2019.

② 王彩凤. 学前儿童美术教育［M］.2版. 上海：复旦大学出版社，2016：115.

③ 卢萌. 大班幼儿泥工活动过程及其特点分析［D］. 大连：辽宁师范大学，2014.

④ 同②.

喜爱自发性地玩纸、撕纸。该阶段以培养兴趣爱好为主，初步引导幼儿学习关于纸工的简单知识和相关技能技巧。

小班幼儿常见的纸工活动内容主要是玩纸、撕纸和简单的粘贴活动。随着经验的增长，小班幼儿从能初步撕出一些简单的形状，如“太阳”“面包”等，到后期能逐渐设计并粘贴一些简单的物体形象，如粘贴“裙子”“气球”等。

在选择与设计粘贴活动时，教师要注重材料的提供，如可提供各式各样、颜色各异、不同性质的纸张让幼儿自发探索、撕纸玩耍。幼儿能在玩纸、撕纸的过程中不断体验纸张的不同特性，如有的硬、有的软，有的粗糙、有的细滑，也能在玩的过程中逐步发现各种纸张形状的变化。教师也可以事先为幼儿准备一些有图样的纸和能自主撕的纸，通过讲解或示范撕纸后引导幼儿对图形纸进行粘贴或装饰，且在粘贴活动中，教师要着重引导幼儿认识粘贴的相关工具和材料及掌握一定的工具使用方法。

（2）中班（4～5岁）幼儿纸工活动内容的选择

中班幼儿的纸工活动主要有折纸、撕纸、粘贴和简单的剪纸。对该阶段幼儿的要求主要是可以正确认识、使用相关手工工具和材料，能较平整地折叠折纸，能把提供的相关纸质材料有序地粘贴在适当的位置，也能用剪刀剪出方形、弧形、三角形等多种形状。

为中班幼儿设计的折纸内容，主要是利用单张纸进行简单的平面折叠，具体可以结合实物或是幼儿的生活经验，如可以折飞机、折帽子等。随着年龄增长，幼儿也能逐步掌握一些简单的折叠方法，如按中心线折、双正方折、双三角折等。在撕纸活动中，主要是在小班撕纸活动基础上进一步提升“撕”的技能，以目测撕的技能为主，也可教给幼儿一些简单的折叠撕技能，如撕“花边”等。粘贴活动主要包括成品粘贴和半成品粘贴，由教师提供相关材料，如自然物、几何图形粘贴等，在引导过程中强调幼儿要认真、有序粘贴，使其平整牢固。在剪纸活动中，教师可以为中班幼儿设计一些结合幼儿生活经验、常见的、能进行目测剪的内容，技术上除了剪直线也引导幼儿剪弧线等。

总之，该阶段的纸工活动是在小班纸工活动基础上进一步学习纸工的相关知识和技能技巧，逐步掌握正确的方法。学前儿童做成的纸质玩具也可以与幼儿园环境创设相结合，在潜移默化中培养学前儿童的艺术审美。

（3）大班（5～6岁）幼儿纸工活动内容的选择

大班幼儿的纸工活动以折纸和剪纸为主，主要是在前期掌握的知识技能基础上学习更复杂的纸工技能。一般来说，大班阶段纸工的内容主要侧重于让幼儿独立地完成制作过程，并能借助各种工具材料，综合运用各种手工操作技能完成作品。

在折纸活动中，教师主要是引导幼儿用两张及两张以上的纸组合并折成简单的立体组合物体造型，同时进一步引导幼儿认识各种几何图形的特征、变化，掌握各种相关工具的技能。随着幼儿认知的提升，后期教师可以提供多种工具材料让幼儿运用一些辅助手法使其表现的形象更加生动，如采取涂色、粘贴、裁剪等方式将原来折出的立体组合物体造型更具有故事性、创造性。在剪纸活动的内容设计上，应由简到繁、先易后难，主要是让幼儿学会自剪自贴，尤其是剪刀的使用，对大班阶段的幼儿提出了更高的要求，如逐步掌握目测剪、按轮廓线剪和折叠剪。

总之，该阶段的纸工活动对学前儿童提出了更高的操作技能与审美创作要求，教师还可以将纸工活动与其他领域相融合，也可以与游戏结合，进一步培养学前儿童对手工的兴趣及创作能力。

3. 学前儿童综合性手工活动内容的选择

幼儿园的手工活动除了泥工、纸工活动外，还包括利用其他材料进行的立体造型活动，如麦秸秆编织，面具制作，各类材料拼贴，利用纸盒、纸杯等材料制作玩具、风筝、表演道具；利用废旧生活用品、自然物等，通过想象和联想，“因材施艺”地进行建构，制作出立体形象等。综合性手工活动种类繁多，也是自主游戏的重要补充形式。由于综合性手工活动对学前儿童小肌肉力量和手指灵活性等要求较高，一般在大班进行，在中班也可以开展一些简单的综合性手工活动。综合性手工活动有助于促进学前儿童的自主性，对于其想象力、创新能力的培养也具有重要意义。

（1）中班（4～5岁）综合性手工活动内容的选择

由于受该阶段幼儿生长发育的限制，如认知有限、手指灵活性不够等，中班幼儿综合性手工活动的内容选择与设计应简单易做，与其生活经验密切相关。一般，材料大多是半成品，由教师先做主要部分或是画好图样，再引导幼儿操作而成。教师一般会提供各种自然物和废旧生活用品材料，如盒子、吸管、饮料瓶等，让幼儿大胆创作玩具，以此培养幼儿运用各种材料制作简单玩具的能力。

（2）大班（5～6岁）综合性手工活动内容的选择

大班幼儿小肌肉发展水平相对较高，手部精细动作有了较大发展，手指灵活性相比中班时也更加灵活，且认知经验也在逐渐丰富，因此，大班阶段的幼儿基本具备了开展综合性手工活动的生理条件。在该阶段，他们的好奇心与求知欲十分强烈，不再满足于单一的工具和材料，而是希望使用多种工具、材料、混合使用多个简单技能制作更复杂的作品。教师可以提供多样化的工具材料，逐步引导幼儿在创作过程中表达自己的认识和情感，进一步提高幼儿的动手操作能力、创造力和想象力，后期也可以让幼儿参与班级的环境布置，通过综合性手工活动，教师、幼儿共同合作制作玩教具。总之，为大班幼儿选择的综合性手工活动内容，应注重教育性、科学性和艺术性相结合，并侧重于让幼儿独立地完成制作过程，能综合运用各种操作技能和工具材料以表现出立体、形象的玩具。

虽然学前儿童手工活动材料多种多样，但在选择手工活动材料时，往往要根据活动内容及学前儿童年龄特点进行。为此，选择和应用学前儿童手工活动材料时，应该注意以下几点。

第一，要注重激发学前儿童对手工活动的兴趣，尤其通过材料与活动内容进一步激发他们手工制作的欲望，能使他们愿意积极探索，体验活动带来的快乐。教师可提供丰富多元的手工材料与相关工具，且对不同年龄段的学前儿童提出不同要求，如小班幼儿主要是以高结构材料为主，可以引导他们塑造一些较为简单、易于操作的作品；大班幼儿则以低结构材料为主，随着其手部精细动作的发展可以提出更高的创作要求。

第二，注意活动材料要适应学前儿童年龄特点与发展规律，要贴近学前儿童生活，便于他们操作，能用多种方法加以利用，并有利于激发学前儿童的创作欲望。例如，教师可以收集较多的糖果包装纸，引导学前儿童用捆扎拼接法做“蝴蝶”，撕纸粘贴做动物、花卉、人物等，进行折叠制作“小花蛇”等。通过丰富的手工活动使学前儿童全面理解和体验糖果包装纸的手工功用价值，享受手工制作的乐趣。[①]

第三，注意手工材料的选择与使用应因地制宜，因陋就简，既要考虑经济的因素，又要考虑功能与效果的因素，还要考虑安全卫生等因素。[②]

超级链接

手工活动内容的选择

手工活动内容的选择应坚持本土情怀、全球视野。在人类历史发展的长河中，手工是最古老、最具普遍性的综合艺术形式之一，不断丰富人们的精神文化生活，满足人们的物质生活需求。[③]如手工纸艺制作是锻炼思维和动手操作能力的一种有效手段，对学前儿童的认知、动作和创造能力及人格健全有很大影响。在传统与现代纸艺多元化发展的多样性下，要选择吻合学前儿童身心发展节奏的撕、剪、染、折、雕技法比较适宜。不同类型纸张经过各种手工技法制作，能促进学前儿童审美培养和身心整体协调发展。[④]

2012年，教育部印发的《3～6岁儿童学习与发展指南》明确指出，提供丰富的便于幼儿取放的材料、工具或物品，支持幼儿进行自主绘画、手工、歌唱、表演等艺术活动。[⑤]幼儿手工制作是体现幼儿教师专业理念和专业能力的课程。在活动中，幼儿能学习和体验到各种手工技能技法，感受到中华优秀传统文化的魅力。作为教师，要善于从学前儿童手工内容中深入挖掘课程思政育人元素，积极探索课程思政教学模式，拓展课程思政教学方法，将学前儿童手工活动与中华优秀传统文化相融合，以达到艺术育人、文化育人的目的。

三、学前儿童手工活动的目标

（一）学前儿童手工活动的总目标

《幼儿园教育指导纲要（试行）》《3～6岁儿童学习与发展指南》等相关要求，主要

① 王彩凤.学前儿童美术教育[M].2版.上海：复旦大学出版社，2016：118-119.

② 同①.

③ 董莎莎，刘建辉，左俊楠.课程思政理念下学前教育专业课程“四位一体”教学模式探究：以幼儿手工制作课程为例[J].河北北方学院学报（社会科学版），2021，37（4）：114-117.

④ 陈墨，何雨声.手工纸艺对学前儿童身心发展的影响[J].内江师范学院学报，2019，34（7）：99-102.

⑤ 中华人民共和国教育部.3～6岁儿童学习与发展指南[M].北京：首都师范大学出版社，2012：61-62.

是从认知、情感态度与操作技能三大方面提出了幼儿手工活动的总目标。

①知道各种手工材料的特性与各种玩法。

②知道不同材料具有不同的表现效果。

③知道各种手工工具的性能与操作方法。

④能认真观察制作步骤，逐步提升精细操作的能力。

⑤能在塑造和制作活动中逐步发展小肌肉动作和手眼协调能力。

⑥能学习多种手工材料和工具的基本使用方法，逐步养成良好的手工活动习惯。

⑦能感受空间美感，用自己的作品美化生活。

⑧愿意积极练习，体验手工活动带来的快乐。

⑨愿意进行手工活动，喜欢用手工表达自己的意愿与想法。

⑩喜欢自主探索材料，在操作中体验材料的特性与各种玩法。

（二）学前儿童手工活动的年龄段发展目标[①]

教师在开展学前儿童手工活动时，需依据《幼儿园教育指导纲要（试行）》与《3～6岁儿童学习与发展指南》中的相关要求，根据各阶段儿童手工能力的发展特点，制定相应的发展目标。

1. 3～4岁（小班）幼儿手工教育目标

①引导幼儿参加手工活动，体验手工活动的快乐，培养他们对手工活动的兴趣并愿意尝试各种手工工具和材料，培养幼儿安全、卫生、整洁的手工活动习惯。

②引导幼儿学习用糨糊、胶水等粘贴沙子、种子等点状材料。

③引导幼儿学习撕、拼贴、折（对边折、对角折）、印纸等面状材料。

④引导幼儿体验泥的可塑性，学习用搓、团圆、压扁、黏合的方法塑造简单的立体物象。

2. 4～5岁（中班）幼儿手工教育目标

①引导幼儿正确地使用多种手工工具和材料，使他们喜爱各种手工活动。

②引导幼儿学习用比小班丰富、复杂的点状材料（如木屑、纸屑、泡沫屑）拼贴出简单的物象，表现简单的情节。

③引导幼儿学习用纸折出（按中心线折、双正方折、双三角折）、剪贴出简单的物象。

④引导幼儿在小班的基础上学习用捏的方法塑造简单的立体物象。

⑤引导幼儿初步学习用其他点状、线状、面状和块状的自然物与废旧的材料制作玩具。

3. 5～6岁（大班）幼儿手工教育目标

①引导幼儿较熟练地使用和选择手工工具和材料，创造性地表达自己的意愿。

②引导幼儿学习用多种点状材料拼贴物象，表现简单的情节。

③引导幼儿学习用多种技法将纸折出物体的各个部分，组合成整体物象。

① 王彩凤. 学前儿童美术教育[M]. 2版. 上海：复旦大学出版社，2016：113-114.

④引导幼儿学习用目测的方法将纸等面状材料分块剪、折叠剪拼贴平面的物象或制作立体的物象。

⑤引导幼儿学习用抻拉的方法并配合其他泥工技法塑造结构较复杂的物象，表现主要特征和简单细节。

⑥引导幼儿综合运用各种工具、材料和技法制作教具、玩具、礼品、演出服饰、道具等布置环境，并注意装饰美。

超级链接

工匠精神

工匠精神，是指工匠对产品精雕细琢、精益求精、耐心、专注、严谨、敬业、追求完美的精神理念。教师可以将工匠精神融入“儿童手工作品设计制作”的目标，在学前教育阶段就为终身教育打下良好的基础，逐步树立终身学习、终身教育的理念，这对于提升国民素质和个体发展意义重大。

（资料来源：王涛鹏.基于终身教育理念的教师工匠精神探索：以学前教育专业“儿童手工作品设计制作”课程为例［J].北京宣武红旗业余大学学报，2020（2）：45-48）

四、学前儿童手工活动的设计与组织

一份幼儿园集体教学活动设计（教案）主要包括活动目标、活动准备和活动过程。前文已经对手工活动的目标制定、内容选择和材料准备做了详细说明，本部分将聚焦手工活动的过程设计与组织。

（一）学前儿童手工活动的设计

案例分析

一般来说，学前儿童手工活动可分为活动导入、感受欣赏、示范学习、动手操作与分享评价四个环节。在学前儿童手工活动的教学中，一般模式如下。

1. 活动导入环节

手工活动导入方式多种多样，可以灵活运用情境导入、作品导入、直接导入、谈话导入、游戏导入、音乐导入等方法进行。要注意，手工活动的导入环节只起到导题激趣的作用即可，一般是几分钟时间，不宜本末倒置。

2. 感受欣赏环节

感受欣赏是手工活动必不可少的重要环节之一，学前儿童通过优秀手工作品的欣赏，感知手工制作要素，体验动手的快乐。教师在感受与欣赏环节，应注意以下几点：首先，要提供足够的作品资源，且对于提供的手工作品要高度重视质量与适宜性，如童趣性、创意性、生活性、操作性等，致力于让学前儿童真正感受到手工的魅力；其次，要提供足够的时间，让学前儿童有足够的时间完整感受作品、欣赏作品甚至评价作品；最后，要尽可能地提供实物，通过适当提供多种多样的实体优秀作品，帮助学前儿童更直观、多通道地感受与理解，进一步提升学前儿童的美感。

3. 示范学习环节

示范学习是手工活动的关键环节，手工活动能顺利开展主要取决于学前儿童对于手工材料的运用和手工技能的学习，且手工制作的方式对于增强学前儿童的创新思维能力有较大价值。在这一环节，教师需要提供良好的手工示范，尤其是重难点部分，学前儿童通过观看教师现场的正确示范或是步骤视频，能逐渐掌握制作的步骤与技能方法，不断在学习中提升自己的认知与技能，为下一步自己动手制作手工作品做良好的铺垫。

4. 动手操作环节

动手操作是手工活动的核心环节，学前儿童不仅能在实践操作中提高动手能力，而且能拓展思维。学前儿童对作品的感受与理解不同于成年人，他们表达自己认识和情感的方式也有别于成年人，需要借助各种方式、材料进行表达表现。在这一环节，首先，教师应该创造适宜的条件和机会，如提供充足适宜的相关材料，支持学前儿童自发的艺术表现和创造，参与学前儿童的创造性手工作品活动；其次，教师可以多提供一些材料工具与相关的创意想法，激发学前儿童对手工活动的兴趣；再次，教师可以教会学前儿童在遇到困难时通过合作交流的方式解决问题，共同完成作品；最后，教师可以引导学前儿童学会使用各种相关工具，促使学前儿童根据自身兴趣与需求，选择适合的材料、工具表达自己对手工作品的感受和理解。

5. 分享评价环节

分享评价是一个必须关注的多个层面、多个维度的问题，如教师评价、学前儿童自评、互评等。学前儿童作品的分享评价也是手工活动中必不可少的环节之一，在作品完成以后，通过分享评价环节能让学前儿童对自己的作品有新的认知，也能通过欣赏其他学前儿童的作品提升自己的审美与创造性。

总之，教师可以根据实际情况，把以上几个环节细化为更加细小的环节，并能有机、灵活地交替。

（二）学前儿童手工活动的组织

案例分析

要明确学前儿童手工活动的组织，首先要明确学前儿童手工活动的教学策略。手工活动的教学策略是指教师用以促进学前儿童参与幼儿园手工活动的计划与技巧，从而达到一定的教学目标。一般来说，常用的教学方法有示范与讲解、提问与回应。

1. 示范与讲解

手工活动中的示范与讲解是最常见的教学方法，主要是指教师指导学前儿童学习，帮助学前儿童理解如何操作工具并掌握一定的技能技巧，从而完成手工制作，这也是最直观有效的教学手段。手工活动无论是纸工、泥工，还是玩具制作，从某种程度上来说，都是一种动手操作活动，学前儿童需要在操作前知道相关的技能技巧，制作的步骤、方法等。然而，这些都要求教师通过正确示范、耐心讲解让学前儿童学习和掌握。

在手工活动中，“示范讲解”是必要环节之一，教师需要利用多元化的教学方法与策略将艺术构思的方法、工具使用的技能技巧及手工创作的体验详细讲授给学前儿童。众所周知，手工活动是美术领域的教育活动之一，然而在美术教学活动中是否需要示范成了一个常被讨论的话题，有人认为示范会限制学前儿童的想象力、创造力。那么，手工活动到底要不要示范？教师的示范会限制学前儿童的想象创造力吗？如果示范又该在什么时机示范，示范到哪种程呢？不同的示范教学策略是不是效果不同呢？手工活动中需要示范是肯定的，但示范一定是有条件的，一定是基于正确的学前儿童观与教育观，是有分寸有策略的。如果教师刻意地出示作品，就会在某种程度上影响学前儿童的想象力与创造力；如果教师全程制作完一个作品又或是过多地临摹，在某种程度上也会限制学前儿童的思维与想象，使学前儿童丢失童趣、想象力与创造力。与之相反，如果教师能把握示范的分寸，甚至可以灵活运用各类优秀的、精美的示范作品，则能进一步发散、开拓学前儿童的艺术思维，启发学前儿童新的创作思路。对此，教师可以灵活提供启发性手工示范作品，以便有效引导学前儿童进行手工创作，还可以提供动态性手工示范作品，通过多个组合间的不同摆放，丰富作品的内容和形式，让学前儿童在动态变化中学习，避免出现单一的、刻板的画面。

总之，在示范教学中，教师既要结合优秀手工作品进行启发引导，也要鼓励学前儿童自主设计创作手工作品。作为教师，要秉持以“学前儿童为主体”的教育理念，充分认识到“导”的重要性，既能正确示范与耐心讲解，又能引导学前儿童触类旁通，举一反三，形成新的艺术思维，从而逐步学会设计并创作具有童趣、充满想象力的优秀手工作品。

2. 提问与回应

在幼儿园教学活动中，提问与回应都是基本的教学方法，手工活动也不例外。好的提问与回应能启发学前儿童思考，发散其思维，甚至几个关键性的问题还可以将教学活动过程环环相扣，层层递进。在不同的教育活动情境中，教师的回应策略有着不同的具体表现。一个好的教师一定是善于提问和回应的，这就需要其具有良好的教学方法与策略。

教师在教学过程中应注意以下几个方面的问题。

第一，提问需要有针对性，善用“重复”的回应。提问的针对性，是指在美术教学中应考虑问题水平、开放性问题与封闭式问题的不同用途及问题的类型。问题水平是针对认知领域的每一种水平，包括知道、理解、运用、分析、综合、评价和开发一系列问题。因此，针对不同的认知水平需要采取不同的提问类型。如前三种水平更加适合学前儿童的认知特征，主要强调回忆信息与信息的一般运用，可以采用低水平问题；后三种水平则需要抽象逻辑与复杂的思考，需要采用高水平问题，不适合学前儿童。另外，开放性问题是求异的，可以有不同的答案与多种不同的组合，有助于学前儿童知识的运用。

封闭式问题倾向于只有一个正确答案或只有一个最恰当的答案。[①]"针对性问题"可以事先准备，也可以随机应变，如在手工活动过程中可以灵活根据活动环节的进行与学前儿童的实际表现进行有针对性的提问，这种问题不仅能帮助教师了解学前儿童当下的理解掌握情况，还能集中学前儿童的学习注意力及时诊断问题，从而做出相应的指导与内容调整。

另外，教师的回应方法会直接影响学前儿童对手工活动的学习热情和探索欲望。作为教师，要善于运用重复的回应，当然这个重复并不是一种简单意义上的语义重述，而是教师教育智慧或教育机智的表现。教师通过重复个别学前儿童的问题或回答，能向全体学前儿童反馈有价值、有意义的信息，进一步巩固教学效果，并且通过语调语义上的加重和提醒，有助于帮助学前儿童在分享中进一步获得他人的经验。

第二，提问具有目的性，善用"提炼"的回应。提问在每个教学活动中都十分常见，然而很多是无效提问，如"是不是呀""一起鼓鼓掌好吗"诸如此类。可见，有效、有目的的提问对于整个教学质量的提升是十分重要的。在手工活动中，教师可以提前准备"关键问题"以使课堂更有效率。"关键问题"中的一类"提示性问题"，该种问题主要是指运用线索或暗示引导学前儿童回答问题，例如，手工活动中的设疑导入，通过一些线索引导学前儿童进行"猜图""猜谜"等，其目的都是激发学前儿童手工创作的兴趣。另外，还有一类叫作"探索性问题"，是指用来引导学前儿童主动积极地探索问题的答案，并在学前儿童回应的基础上再进一步追问，这些补充问题也是对关键问题的进一步理解与深化。当学前儿童提出自己的想法或观点时，教师可以根据学前儿童的回答进一步追问以引发学前儿童积极思考，如"你为什么这么认为呢""你是如何知道的呢"等问题。

另外，良好的回应方法也是教师专业素养的体现，教师要善用"提炼"的回应。"提炼"在这里可以理解为能提取出一句话的核心含义，如何在学前儿童的回答中"提炼"出核心语义关系到一个教师的语言与教学专业素养。学前儿童的学习和探究总是需要教师的指导和归纳提升的，对于学前儿童来说，新的经验和认知的获得离不开对大自然、周围环境材料的感知与体验，也离不开教师的概括、归纳与总结提炼。因此，教师在对学前儿童的回答做出积极回应时，要善于归纳和提炼。这不仅能使学前儿童在感性体验的基础上将零碎、片段的知识上升为系统的知识，也能引导学前儿童在同化、顺应、平衡化的基础上不断更新自身的知识结构。

第三，提问具有逻辑性，善用"反问"的回应。在手工教学活动中，逻辑有序的提问有助于深化学前儿童的反应，更有利于学前儿童在逻辑关系中进行进一步思考与探究。作为教师，首先要讲究问题的逻辑性与层次性，使问题能以一定的逻辑顺序展开，只有这样才能提升学前儿童的思维与学习能力；其次，在提问过程中，要避免那些缺乏明确针对性与目的性的随意提问，甚至是与教学目标无关的问题。最后，在面对学前儿童强烈的求知欲和探索热情时，还要能根据不同的活动形式、不同的学前儿童发展水平，随

---

① 吕耀坚，孙科京.幼儿艺术教育与活动指导[M].2版.北京：北京师范大学出版社，2014：130.

时调整自己的教育策略与提问策略，利用层层深入的问题将每个环节紧密联系起来。美术教学活动的重要目的之一是帮助学前儿童独立完成美术创作，形成创意手工作品。因此，在手工活动中的提问尤其注重以“激活学前儿童审美经验，形成审美表象”为目的，也就是说，提问是为了帮助学前儿童在已有经验与能力的基础上，厘清逻辑，以问题推进思考、想象，从而逐步形成良好的审美能力。

此外，教师还要善用“反问”的回应，通过反问将学前儿童在一定情境中的问题再抛回给他们，如“真的是这样吗？”“那你认为是什么原因呢？”“那你觉得可以怎么做呢？”，从而引发学前儿童更多的思考和讨论，激发他们进一步思考的兴趣。教师在运用回应策略时，也可以在活动指导中有意识地创设问题情境，如创设“水是从哪里来的”这一问题情境，不同学前儿童会有不同的理解与回答，从而引导学前儿童主动发问，积极思考，这表面上是将问题悬置起来，实质上是通过一种对话营造教师和学前儿童平等交流的氛围，促进学前儿童的认知冲突，使他们改变原有的认知图式重新建构知识体系与概念。总之，教师善用“反问”的回应，既能婉转表达对学前儿童回答的提醒与暗示，也能启发学前儿童进一步思索，并对自己的话语做出反思和调整。

对点案例2-8

大班美术活动：毕业照

教师通过谈话和讨论的方式引导幼儿观察班级每个同伴并提问：“你认为漂亮的毕业照是怎样的？”“怎样才能画出你的好朋友的特点？”“可以用哪些材料制作毕业照呢，又会用到什么工具呢？”教师可以提前准备一些关键性的问题，也可以通过反问，引起幼儿的再思考，促使他们逐步领悟真知。

五、学前儿童手工活动实践的障碍消解

作为美术活动之一，手工活动在幼儿园深受欢迎。在手工实践活动中，学前儿童可以使用各种手工工具和材料，运用各项技能、手段制作出平面或立体的形象，从而发展手眼协调能力、实际操作能力等。科学合理地设计、组织和实施手工教育活动需要教师具备一定的美术专业素养和教学专业能力，且教师必须不断学习，逐步提升艺术专业素养。然而，在实际实践过程中，往往会遇到一些障碍，如该如何吸引学前儿童对手工的兴趣，又该如何指导学前儿童；如何真正有效培养学前儿童的艺术审美和动手能力？

（一）教师需要在手工活动中恰当处理艺术因素与操作因素的关系

相比于绘画、美术欣赏等活动，手工活动具有的最大特征是，需要一定的手工技能技巧，能运用各种工具和材料进行平面或立体物品的创作。由此可见，艺术与操作紧密相连，只有熟悉操作技能，才能设计出更丰富、更具想象力的作品。比如，活动中，教

师可以提供各种优秀的手工作品让学前儿童欣赏，不断丰富其审美经验，同时还要提供足够的练习时间，让学前儿童充分体验各种材料的性质和各种工具的性能。又如，教师需要提高观察质量，尤其是善于发现“问题学前儿童”，对其错误的工具使用方式进行正确示范，并进行耐心的帮助与支持，提升学前儿童的操作技能。

总之，在手工活动的实践过程中，教师既不能一味地注重艺术表现而忽视学习方法、操作技能，也不能过于注重手工操作的技能技巧而缺乏对其审美艺术的熏陶。本质上，手工活动要求教师合理把握操作与艺术的关系，在活动中有效指导学前儿童将这两者进行合理统一。

（二）教师需要提升观察质量并注重游戏因素的融入

著名教育家蒙台梭利曾说：“作为一名教育工作者，应该有一双敏锐的眼睛。”一个专业的教师需要具备能随时洞察学前儿童的能力，并能根据学前儿童的反应做出相应的指导。在如今的手工教学活动过程中，教师对学前儿童语言、动作、思维如何，兴趣、情感、交往如何，动手动作和解决问题的能力如何，一概不管，一旦发现学前儿童停下来没有进行操作就去进行指导。这种是缺乏质量的观察，不能解决学前儿童遇到的问题，更无法帮助学前儿童调整手工制作活动的方向；这种指导只是表面的指导，没有深入学前儿童的内心需要。①

游戏是幼儿园的基本活动，没有游戏因素的活动不是真正意义上的美术活动。在学前阶段，无论是何种活动都离不开游戏。然而，很多教师在手工活动中常常缺乏游戏因素的融入，这不仅与当代的教学观、儿童观不符，也会影响学前儿童的兴趣与学习效果。教师可以精心创设良好的手工活动制作氛围，尤其注重利用游戏调动学前儿童学习的兴趣与积极主动性。例如，在活动一开始的导入环节就可以采用“游戏”的形式，实现破冰，从而激发学前儿童的学习兴趣，也可以通过各类精细设计过的活动与小游戏激发学前儿童操作学习的动机。又如，教师可以尝试挖掘出“生活化”或是“游戏化”的手工活动内容，以“游戏任务驱动”的形式贯穿活动始终。此外，在手工实践活动创作过程中，教师可以创设一些“合作”或“比赛”的情境，进一步促进学前儿童操作和进行艺术创作的积极性，这也能有效提升学习效果。

（三）教师要注重评价并妥善处理学前儿童的手工作品

在学前教育领域，人们越来越关注被评价者——学前儿童能否通过评价得到适宜的指导和帮助，并获得符合发展特点和着眼未来的成长。②评价作为美术活动中必不可少的一环必须得到教师的重视，评价学前儿童手工作品，要尽可能回归童心，不能以“像”为标准，而是要倾听多元化的声音，能正视学前儿童的独特发展，探求学前儿童的真实内心，珍视每个学前儿童的作品。

---

① 刘春花.幼儿园手工教学活动中教师指导行为的研究：以长沙市A园为例［D］.长沙：湖南师范大学，2014.

② 宋婷.回归童心的幼儿美术作品评价研究［D］.济南：山东师范大学，2014.

对于学前儿童完成的手工作品，教师需要妥善处理。例如，教师可以将学前儿童的作品作为接下来教学的工具道具，这既能减轻教师的负担，也顺应了“以儿童为主体”的现代幼教理念，且学前儿童在未来教学中看到自己制作的作品会更投入活动中，有利于良好的教学效果。又如，教师可以将学前儿童的作品进行展示或是融入环境创设，作品的公开展示能在一定程度上满足学前儿童的价值观，同时学前儿童在作品展示过程中能互相学习，借鉴交流，这有利于学前儿童艺术审美的提升。环境创设是幼儿园工作中必不可少的一部分，利用学前儿童完成的手工作品装点环境既能减轻教师一定的工作量，将教学内容与环境创设的主题相融合，并利用隐性环境的熏陶进一步巩固教学效果，也能真正发挥出学前儿童的主人翁地位，实现环境创设的价值。此外，教师也可以将学前儿童完成的手工作品包装成礼物送给家人、客人或是朋友。

超级链接

手工活动中的幼儿主体性

《3～6岁儿童学习与发展指南》指出，幼儿艺术领域学习的关键在于充分创造条件和机会，在大自然和社会文化生活中萌发幼儿对美的感受和体验，丰富其想象力和创造力，引导幼儿学会用心灵去感受和发现美，用自己的方式去表现和创造美。从中可以看出，手工制作过程中更多地要求教师关注幼儿的情感体验，而非技能。

目前，幼儿园对幼儿的手工要求往往具有“功利性”的倾向，例如，做出的作品是否与范例相像，折出的东西是否整齐，捏出的泥塑是否精细等。当幼儿没有达到上述要求时，教师就会立即按照讲解、范例操作、协助幼儿操作的指导方式对幼儿进行他们认为的指导，以便达到应有的标准。这种指导是教师认为的指导，并不是从幼儿的情感体验出发，这样做出来的作品还是成年人的作品。自由创作和追求变化是艺术最本质的特征之一，更是艺术教育应该遵循的基本原则之一。

在手工教学活动中，教师更应尊重幼儿的主体地位，引导幼儿充分观察，给幼儿自由表现的机会，鼓励幼儿尝试多种方式进行创作。

（资料来源：刘春花.幼儿园手工教学活动中教师指导行为的研究：以长沙市A园为例[D].长沙：湖南师范大学，2014）

任务3 学前儿童美术欣赏活动的实施

任务说明

从社会功能来说，美术具有本质性的美术审美功能。每一样美术作品，都是作者通过一定的形式和内容向欣赏者传递自己的审美意识与审美理论，而欣赏者通过与美术作品的对话，获得一定的美感，逐渐形成自己的审美能力。虽然儿童具有审美本能，但是这些先验的审美能力，只停留在片面、浅薄的层次上，而“艺术欣赏涉及儿童对艺术作品形式的感受、意义的领会等方面的内容，作品背后还必然涉猎人类文明的诸多领域，乃至整个人类文化的方方面面”①。所以，儿童美术欣赏能力的提高，需要具有美术素养和教育能力的教师，根据儿童的年龄特点、经验水平和知识结构，制定科学恰当的美术欣赏目标，选择和安排适当的美术欣赏内容，实施美术欣赏教育活动。所以，在“学前儿童美术欣赏活动的实施”这一任务中，你需要结合所学，完成以下工作任务。

1. 课堂巩固

结合所学内容，对学前儿童美术欣赏能力发展的案例进行分析，完成工作表单1。

工作表单1

材料分析：阅读表中学前儿童欣赏美术作品的语言描述，分析其语言描述的特点，进而判断其美术欣赏能力发展的阶段，并说明理由。

语言描述	语言描述的特点	发展阶段及理由
一位学前儿童在欣赏世界名画密莱的《盲女》时表达出自己看到的内容：“我看到了画上有彩虹，有小鸟，有两个小女孩，还有一个大盒子，一个小女孩眼睛是闭着的，另一个小女孩眼睛是开着的。”		

2. 岗位实践

小组合作，在大班下《大中国》主题背景下，以“水墨画欣赏”为题撰写设计意图，制定活动目标，设计活动过程，在学习共同体中试教、评价和反思，完成工作表单2。

① 屠美如.儿童美术欣赏教育研究[M].北京：教育科学出版社，2001：17.

工作表单2

中国是东方的文明古国，具有五千多年灿烂辉煌的优秀传统文化，在“大中国”这一主题下，作为幼儿园教师需要让大班学前儿童了解和掌握中国文化史上具有代表性的水墨画，请按照以下要求，进行教案设计。

大班美术活动：水墨画欣赏	
设计意图	
活动名称	
活动目标	
活动重难点	
活动准备	
活动过程	
反思与评价	
小组成员	

学习支持

一、学前儿童美术欣赏能力的发展

（一）从纵向上看，学前儿童美术欣赏能力发展的阶段性特征

边霞总结已有研究成果，结合自己的研究，将学前儿童美术欣赏能力的发展划分为本能直觉阶段（0～2岁）、主观的审美感知阶段（2～7岁）两个阶段。[①]

1. 本能直觉阶段（0～2岁）

儿童在这一时期的欣赏，主要表现为对颜色和形状这两种形式审美要素的直接敏感性。这种对颜色和形状的偏爱完全出于本能，是纯表面和直觉的，还没有形成真正独立的美感反应。

① 边霞.幼儿园美术教育与活动设计[M].2版.北京：高等教育出版社，2016：59-64.

（1）对颜色的早期直接审美感知

现有研究指出，婴儿对色彩感觉能力在早先的几个月就得到了完善。相比灰色刺激，婴儿对彩色刺激更敏感，更喜欢彩色。婴儿能和成年人所做的一样将不同的颜色分成不同的类别——红色、黄色和绿色。[①]但是，具体到色彩的分化和偏爱上，波长较长的暖色（红色、橙色、黄色）比波长较短的冷色（蓝色、紫色）更容易引起婴儿的喜爱，红色的物体特别能引起婴儿的兴奋。进一步分析，在色彩的明亮程度上，婴儿更喜欢明亮程度高的色彩，而不喜欢黑暗的颜色。

（2）对形状的早期直接审美感知

研究发现，婴儿对靶心图、线条图注视时间最长，而对简单的图形注视的时间较短。可以看出，婴儿更偏爱复杂的图形。此外，婴儿还喜欢看活动的、清晰的、轮廓多的图形和曲线。根据对比敏感性的研究（对比，是指在一幅图案中相邻区域间的光量差异），如果婴儿能感觉到两幅图案或更多幅图案的对比，他们就更喜欢含有更多对比的图案。[②]在深度知觉发展上的著名“视崖实验”表明，大部分婴儿不仅具有深度知觉，也对立体的三维图形比较偏爱。

2. 主观的审美感知阶段（2～7岁）

（1）关注作品内容多于形式

在欣赏艺术文本时，学前儿童更加关注艺术文本中呈现的内容，而不是美术形式语言或美术形式原理。在进行美术作品的分类上，学前儿童常常是按照美术作品的内容进行划分，而不是按照作品的风格进行归类。这个时候，学前儿童的审美还没达到真正意义上的审美，他们比较关注绘画作品上画了什么，在审美态度方面，常常处于一种求实的态度，而不是采用美术中的艺术形式和规律进行赏析。这种现象不仅表现在对具体、形象、生动的美术作品赏析中，也表现在抽象美术作品的赏析中。

（2）初步关注作品的形式审美特征

在美术领域里，“形式就是内容的存在方式，即作品内容的组织结构和一定物质材料 、艺术语言表现出来的外在形态”[③]。根据芭芭拉·荷伯豪斯的观念，对艺术语言进一步概括，包括艺术元素和艺术原理两个层次的内容。关于艺术元素，本书重点分析适合学前儿童感受与欣赏的“色彩、线条、形状、空间、明暗、肌理”；关于艺术原理，本书重点分析适合学前儿童感受与欣赏的“焦点、运动、节奏、平衡、变化统一”。受学前儿童思维发展特点的影响，学前儿童在欣赏美术作品时表现出把艺术元素和艺术原理与具体的形象、情绪情感相结合的倾向。

（3）学前儿童对美术作品的偏爱和评价标准

对美术作品的偏爱是学前儿童在面对美术作品时发生的心理选择性活动或心理倾向性活动。关于美术作品欣赏的类型，在色彩上，学前儿童喜欢鲜艳的、明亮的，不喜欢

---

① 贝克.儿童发展[M].吴颖，等译.南京：江苏教育出版社，2003：213.

② 同①219.

③ 王宏建，袁宝林.美术概论[M].北京：高等教育出版社，1994：220.

黑暗的；在作品的形象上，学前儿童喜欢具象的，体现了生活中人、事、物和环境再现的作品，不喜欢抽象的；在造型上，学前儿童喜欢简单、精练和生动的；在作品的内容上，学前儿童喜欢与生活熟悉并相关的作品；在线条上，学前儿童喜欢呈现动感的线条，通过形状与线条的有规律组合，在静止的画面上表达出动感，产生画面运动的感知。由此衍生出学前儿童特有的审美评价标准：一是求实性心理导致的，学前儿童根据绘画作品中的对象与现实情况的相似性判断像不像，进而判断好不好；二是学前儿童根据绘画技巧技能发展水平的经历评价，如就颜色涂得是否均匀，是否涂在轮廓里，线条呈现得是否流畅等方面，评价美术作品的好坏；三是对艺术形式的初步审美判断，如对造型的生动、活泼、简练的评价是好，对空间构图中呈现近大远小的评价是好，对色彩鲜艳的评价是好；四是作品中的主题内容与学前儿童生活经验的密切关系，是学前儿童熟知的，能唤起学前儿童审美共情能力的评价是好。[①]

（二）从横向上看，学前儿童美术欣赏能力发展的内容特征

学前儿童美术欣赏能力的发展，其实就是指学前儿童美术审美能力的发展。关于学前儿童美术欣赏的概念，孔起英指出，“幼儿的美术欣赏是指幼儿被周围自然环境或生活中具有外在形式美的物像或美术作品所吸引，从感知出发，以想象为主要方式，以情感的激发为主要特征的一种艺术经验”。[②]所以，从学前儿童美术欣赏能力发展的核心内容上看，主要包括审美感知能力的发展、审美想象能力的发展与审美情感的发展。而促进学前儿童美术欣赏能力发展的教育活动，就是教师在理解和把握学前儿童审美能力发展核心经验的基础上，提供教育支架，引导学前儿童审美能力发展。

1. 审美感知能力的发展

审美感知是以调动视知觉感知为主的活动（并不是说其他感知觉通道不重要，如听觉、嗅觉、触觉、味觉、平衡觉也参与学前儿童审美感知活动）。在学前儿童审美欣赏中，“审美感知不是纯感性的、单一的感知，而是一种视觉器官，即感受形式美的眼睛，对由欣赏对象的形状、色彩、光线、空间、张力等要素组成的形象的整体性把握，是一种区别于日常感知的、能揭示事物情感表现性（或审美属性）的特殊感知”。[③]学前儿童的审美感知能力与成年人不同，成年人受理性思维的影响，与审美对象会保持一定的距离，把审美对象当作客体，重在审美形式的欣赏，而学前儿童的审美感知表现出独有的特征。第一，审美感知内容突出“情感表现性”：“学前儿童与审美对象的相互作用过程中，对象的结构属性与儿童的情感交融时所产生的一种结果，是同构的结果。”如“直线坚硬、曲线柔软；粗线条吵闹、细线条安静；黄色快乐、紫色悲伤”。[④]第二，学前儿童审美感知方式主要是一种“完形直觉”，即“是一种识别事物的外形或形状的潜在能

① 边霞.幼儿园美术教育与活动设计[M].2版.北京：高等教育出版社，2016：64.

② 孔起英.幼儿园美术领域教育精要：关键经验与活动指导[M].北京：教育科学出版社，2021：63.

③ 同②66.

④ 同②70–72.

力”[①]；当面对审美对象时，不管对象是处于多复杂的背景中及对象本身所有的细致化样式，学前儿童能按照自己的感知方式将审美对象“简化”，识别出对象的整体轮廓、完形特征，并能敏感地注意到引起自己兴趣的细节特征。在人物欣赏活动中，最典型的就是学前儿童“蝌蚪人”的表达，年龄越小对审美对象的“简化”程度越高，年龄越大对审美对象的“简化”程度越低，如“一个18个月的学前儿童拿起蜡笔并围着纸跳跃，当他做了一系列的点后，他解释说，‘小兔在跳一跳’”[②]。而6岁的学前儿童能对审美对象进行复杂的整合，采用多视点的方式进行感知审美对象的形式、内容与意义。第三，学前儿童在审美感知的整合形式体现为“多通道性”。心理学家劳拉·E.贝克指出，多通道感知是人们把来自不止一种感觉形式或感觉系统的刺激综合起来，而这种综合过程使“一种惊奇的感觉相互作用：某种感觉感受器的刺激也能在不同感觉领域中产生经验”[③]。“这就是跨通道知觉——能通过一种感觉通道（如触觉）获得的信息推断出另一个感觉通道（如视觉）熟悉的刺激物或形式的能力。”[④]也就是说，学前儿童审美感知的通道不是只依赖视觉发挥作用，而是包含听觉、触觉、嗅觉、味觉，甚至平衡觉，共同作用、整合形成的。比如，在欣赏米勒的世界名画《拾穗者》时，可以让学前儿童学一学，做一做弯腰拾穗的动作，感受画中劳动人民的辛勤劳作和画者要表达的意境。

2. 审美想象能力的发展

美术是一种造型艺术，也是一种视觉艺术，而“视觉艺术的欣赏不是靠概念、判断、推理来进行的，而是靠想象来进行的”[⑤]。学前儿童想象能力的发展与学前儿童的认知发展密切相关，根据皮亚杰认知发展阶段理论，学前儿童处于前运算阶段，具有表征能力，既可以用语言记录和表达所知所想，也可以采用符号表现和记载信息，“儿童能把不在眼前的事物通过想象勾勒出其形象”。[⑥]这时候，典型的象征性游戏出现，以物代物的能力得到发展，学前儿童“能在头脑中再现事物进行思考，各种形象能在头脑中被把握，词可以用来代表物体和人，只要儿童自己喜欢，一个臆造出来的幻想世界可以跟现实大不相同。儿童们不再直接跟环境打交道，而是通过环境的心理表象，与之相互作用”[⑦]。受学前儿童思维发展特点的影响，这时候，学前儿童的审美想象能力的发展，也呈现出“自我为中心”、“泛灵论”或“万物有灵”和“奇幻想象”的特点。

“自我为中心”具体表现为，学前儿童在识别美术作品的作者在思考什么上存在困难，即使教师给他们明显的情境线索，学前儿童思考起来仍存在困难；反之，“在审美活动中，儿童将自己的生活经验、审美情趣、性格、情感等直接移注于物，通过想象，产生

① 孔起英.幼儿园美术领域教育精要：关键经验与活动指导[M].北京：教育科学出版社，2021：74.
② 贝克.儿童发展[M].吴颖，等译.南京：江苏教育出版社，2003：334.
③ 同①79.
④ 谢弗，等.发展心理学：儿童与青少年：第8版[M].邹泓，等译.北京：中国轻工业出版社，2009：167.
⑤ 同①85.
⑥ 同①86.
⑦ 谢弗.儿童心理学[M].王莉，译.北京：电子工业出版社，2010：161.

一种独特的审美感受，最终产生一种形象化的审美意象，而不是一个概念”[1]。所以，审美想象的“自我为中心”特点体现了审美的主观性、个体体验性和个体创造性，并不是对同一时刻审美对象产生等值反应。

“泛灵论”或“万物有灵”具体表现为：“学龄前的学前儿童还不能清楚地辨别哪些东西是有生命的，哪些是无生命的；他们一般会把有生命物体的特征加到无生命物体上——这种倾向被称为万物有灵。”[2]

“奇幻想象”具体表现为，大多数学前儿童认为，“在故事书、电影和假日传奇中出现的精灵、妖魔和其他有趣的动物具有一种超自然的力量……认为魔术解释了一些与他们希望的结果不一样的事物，否则他们就无法解释”[3]。学前儿童在欣赏一些美术作品时，为了能理解和把握作品的内容和意义，会做出奇幻的想象，以求合理解释的目的。

3. 审美情感能力的发展

学前儿童在生命最初的2～7个月时，已经有了基本情绪的发展，如愤怒、悲伤、快乐、惊讶和恐惧等。已有研究指出，人类以很相似的面部表情、声音和动作表达自己对周围环境、人、事、物的情绪。当面对各种表情的照片时，学前儿童在沉淀的认知模式中能识别出表情对应的情绪。亚里士多德认为，“在灵魂中有三种东西生成，这就是感受、潜能和品质。……所谓感受我说的是欲望、愤怒、恐惧、自信、嫉妒、喜悦、友爱、憎恨、期望、骄傲、怜悯等，总之它们与快乐和痛苦相伴随”[4]。上面的“感受”（pathee）通常被译为“情感”。情绪情感是学前儿童整个审美心理要素发挥作用的基础，主体依赖情感，才使审美活动相对区别于其他活动获得自己的规定性。[5]休谟曾说，“美如果不寓存于和我们有关系的某种关东西，而单就其自身来考虑，永不能产生任何骄傲和虚荣”的情感[6]。在美术欣赏活动中，学前儿童对美术作品所能产生的情绪情感，与学前儿童主动同欣赏对象建立“我—你”的关系相关，然后再产生某种情绪情感的悸动。这样，学前儿童在审美活动中一个重要的概念便应运而生——移情，它是学前儿童审美情感得以产生的重要媒介。“所谓移情，是指人在观照外界事物时，把没有生命的东西看成是有生命的即有感觉乃至有思想、情感、意志的东西。同时，人自己也受到对事物的这种错觉的影响，多少和事物发生同情和共鸣。”[7]学前儿童在进行美术欣赏时，看到审美对象，通过与自己生活中直接经验的连接，采用移情的方式，审美的欣赏不是单单对着审美对象，而是对着审美对象中的自我情绪情感，愉悦的审美情感是愉快的自我和使我感到愉快的审美对象交融在一起的产物。这种审美情感的发生，并不是独立产生的，而是需要结合学前儿童个体生命参与现实生活的活动、需要结合学前儿童真实的生活经历、结合

① 孔起英.幼儿园美术领域教育精要：关键经验与活动指导[M].北京：教育科学出版社，2021：90.
② 谢弗.儿童心理学[M].王莉，译.北京：电子工业出版社，2010：163.
③ 贝克.儿童发展[M].吴颖，等译.南京：江苏教育出版社，2003：341.
④ 亚里士多德.尼各马科伦理学[M].苗力田，译.北京：中国社会科学出版社：1999：34.
⑤ 孔起英.论学前儿童的审美情感[J].南京师大学报（社会科学版），2004（6）：71.
⑥ 休谟.人性论[M].关文运，译.北京：商务印书馆，1980：309.
⑦ 朱光潜.西方美学史[M].北京：人民文学出版社，1983：597.

自身具有的感性生活体验，从内部蕴含的心理力量向外部欣赏对象投射的情绪情感。

二、学前儿童美术欣赏活动的内容与类型

（一）学前儿童美术欣赏活动的内容

人们常说，世上不缺乏美的事物，只是缺少发现美的一双眼睛。而这双眼睛除了具有本能的感性美感之外，还需要后天的教导与学习，才能获得看懂美的能力。在审美活动中，自有审美的艺术语言框架，简单概括其中要义，特指艺术元素和艺术原理。任何美术作品除了展现在世人眼中的画面感之外，还蕴含着作者丰富的情感及赏析者与美术作品之间产生共情的情绪情感。

1. 欣赏美术作品中的艺术元素

这里的艺术元素主要是适合学前儿童感受与欣赏的“色彩、线条、形状、空间、明暗、肌理”。下面将着重介绍在学前儿童美术欣赏活动中常用到的“色彩、线条、形状和空间”。

（1）色彩

①色彩的辨认。色彩的基本构成要素包括：色相、色度和色性。色相是对色彩的基本相貌的描述，如三原色（红色、黄色、蓝色）、三间色（红色、黄色、蓝色的混合：橙色、绿色、紫色）、复色（三原色与三间色的混合：蓝灰色、绿灰色、红灰色）、无彩色（黑色、白色、灰色）。[①]色度主要包括色彩的明度和纯度。明度，是指色彩的明暗程度；纯度，是指色彩的鲜浊程度。如黄色通常被认为明度较高，而紫色被认为明度较低；在色彩鲜艳的颜色中加入黑色、灰色，纯度就变低了。在美术活动中也常用“同种色渐变”，也是用色度的改变调整画面的色彩。[②]色性，是指冷暖色的属性，而冷暖色是基于色彩给予人心理上的感觉和文化认知来辨别的。如红色、橙色、黄色被认为是暖色。从文化意义上，红色代表喜庆、热闹；而蓝色、紫色、绿色被认为是冷色，给人一种平静、严肃、高雅的感觉。

②色彩的情感属性。在欣赏美术作品的过程中，需要引导学前儿童体验各种颜色的运用和变化，感受作者表达的情感和情绪的宣泄。如，作者通过色彩的对比、渐变、重复、变异、夸张和非现实化的处理，宣泄作品中的情绪情感。

（2）线条

线条是构成造型的基本要素之一。在美术作品的赏析中，线条起到重要的符号作用，表现作品中的内容、暗藏的情绪情感和个性特征等。学前儿童对线条的欣赏主要表现在了解线条的基本形态及感悟线条的表现力和线条的变化两个方面。就基本形态来分，线条分为直线和曲线。其中，直线象征着力量、稳定、刚强，但如果使用过分，则显得生

① 边霞.幼儿园美术教育与活动设计[M].2版.北京：高等教育出版社，2016：82.

② 徐韵，等.学前儿童艺术学习与发展核心经验[M].南京：南京师范大学出版社，2021：20.

硬、僵化；曲线象征着优美、灵动、柔和，但如果使用过分，则显得软弱、不平衡……根据线条方向的不同，可将其分为垂直线、水平线和倾斜线。垂直线象征严肃、庄重、和平和希望；水平线可以表达优美及缓慢的运动；倾斜线表示兴奋，迅速或剧烈运动，凌乱及不稳定。[①]美术作品中，线条的运用不是单一没有变化的，线条的变化是进行美术创造的重要形式，表现为长短、粗细、疏密、曲折和方向等的变化，使美术作品彰显出鲜明而美妙的效果。

（3）形状

形状直接关系到画面的造型。形状是一个封闭空间，它既可以是由线条构成的轮廓和结构，也可以是由色彩、肌理或明暗的变化构成某种类似轮廓和结构。关于美术作品中形状的赏析，学前儿童可以从规则的几何形状，不规则的自由形状，各种形状的组合及图形的融合方面进行。具体内容如下。一是对规则的几何形状的审美感知，主要指理解和把握规则的圆形、方形、三角形、菱形等。这些形状经常用来表现屋顶、红旗、门窗、电视等较为规则的物体。二是对不规则的自由形状的审美感知，主要指理解和把握由方向、弯曲度不同的弧线、曲线和波浪线等组成的各种自由形状或某个自然体。这类形状常用来表现河流、花、草、树木等。三是对各种形状的组合的审美感知，主要指理解和把握规则几何形状的组合，不规则形状与规则形状的组合等。这类形状既简单又复杂，在日常生活中经常见到，如熊猫、火车、桌子、房屋等。四是对图形的融合方面的审美感知，主要指理解和把握图形的局部融合和整体融合，如从海平面将要升起的太阳、雨后彩虹色的色条等。[②]

（4）空间

空间又称空间安排，指的是在一定的空间中安排和处理人、物的关系和位置，把个别或局部的形象组成一个整体。在空间审美方面适合学前儿童领悟的是四种创造空间方式，即“空间上的重叠或遮挡关系”，“空间中近大远小的形状关系”，“与地面相连的画面呈现靠底部则近，远离底部则远的位置关系”，“远山无褶、远水无波在视觉上体现对物体细节描绘程度变化的空间关系”。[③]

2. 欣赏美术作品中的艺术原理

“所谓艺术原理是自然中体现出的美的规律与本质，是艺术家在进行艺术创作过程中对艺术元素进行组织与安排的基本原则。”[④]一般，学前儿童在赏析艺术作品时，涉及的艺术原理内容包括焦点、运动、节奏、平衡和变化统一。

（1）焦点

“焦点”一词，顾名思义是引起人们的关注，起到强调的作用。通常在美术作品中，为了突出画面的重点会采用“对比性观察的”方法，聚焦欣赏者的注意，如色彩的对比、

① 边霞.幼儿园美术教育与活动设计［M].2版.北京：高等教育出版社，2016：81.

② 同①.

③ 徐韵，等.学前儿童艺术学习与发展核心经验［M].南京：南京师范大学出版社，2021：22.

④ 同③24.

疏密的对比、动静的对比、明暗的对比等是作者常用的艺术方法。另外，画面也会发挥其构图元素隐藏的“指示性”作用，于无声中引导欣赏者进行赏析的聚焦，如画面中人物眼神的方向指示，人物肢体语言的指示性，画面的线条流动性等。再者，画面本身呈现出浓厚的主题或情节色彩，会指引欣赏者关注主题内容和情节的发展走向，起到美妙绝伦的聚焦作用。

（2）运动

艺术原理中的运动，一般是采用线条与图形有规律的组合，而使静止的画面表现出视觉上的运动状态。“如指向一个方向的斜线，一种形状从大到小的渐进式排列，或通过图形组合的重复来表现位移等。”①通过作品中运用的艺术原理的特点，可引导学前儿童思考和发现艺术家是采用了哪些艺术手段实现这种动态效果的，提高学前儿童对艺术作品的深度欣赏能力。

（3）节奏

节奏，是指通过颜色、线条和形状等艺术元素内在规律的变化，引起视觉在画面上形成有秩序的、有规律的、连续的运动。这种运动给欣赏者的感觉，就像音乐乐章中跳动的节奏和音符一样，让人不禁产生韵律感。学前儿童比较常见的，如重复造型、散点构图等，结合不同动态线条的使用，使画面呈现出节奏感。

（4）平衡

平衡，是指从视觉上给人的重量感来说，艺术作品具有均衡的感觉，不会产生失重或偏重的不均衡感觉。从形式划分，平衡可分为对称式平衡和非对称式平衡。在中国传统的艺术作品中，对称式平衡较多，如宫殿庙宇的设计、华服罗被的设计、剪纸图案的设计等。但是，非对称式平衡在艺术作品也常常出现，突出的特点是：虽然画面中心两边的样式、形式、数量不同，但给欣赏者的感觉是在重量上相近，内容形式相近。

（5）变化统一

变化，是指由于构成艺术基本元素的变化，如颜色的明暗、色性的变化，线条粗细、长短、曲折的变化，空间位置上疏密、深浅、大小的变化等。统一，是指作品整体协调，形成一种统一的趋势或基调，给人舒服的质感，不会让人产生矛盾的不和谐之感。一幅作品总会呈现出变化的特点，不然会显得单调呆滞、不够生动活泼。对学前儿童来说，对变化统一的艺术原理欣赏较困难，因为这本身是审美中较高的境界，可引导学前儿童浅浅感受这种变化统一之美的妙处。

3. 欣赏作品中暗含的情绪情感

不管是对具象作品的赏析，还是对抽象作品的赏析，都要引导学前儿童捕捉艺术家所要传达的情绪情感状态。对具象作品的情感体验可以结合艺术家创作艺术作品的时代和生活背景，引导学前儿童结合自己的生活经验，理解画面要表达的情感，甚至与艺术

① 徐韵，等.学前儿童艺术学习与发展核心经验[M].南京：南京师范大学出版社，2021：26.

家产生情感上的共鸣。对于抽象作品的情感体验，可以从作品中呈现的色彩、线条、形状和空间布局等方面的变化，感知艺术家要传达的情绪情感。

（二）学前儿童美术欣赏活动的类型

学前儿童美术欣赏活动的对象，主要指艺术作品、自然景观和周围环境中的美好事物。引导学前儿童感受和领略这些艺术作品散发的艺术美，对提高学前儿童的审美能力，培养学前儿童的艺术素养，学前儿童当下及未来的生活都有巨大的价值。根据审美对象的不同，可以把学前儿童美术欣赏活动分为对绘画作品的欣赏活动、对雕塑作品的欣赏活动、对建筑艺术作品的欣赏活动、对工艺美术作品的欣赏活动、对民间美术作品的欣赏活动、对学前儿童美术作品的欣赏活动等六大类型。

1. 对绘画作品的欣赏活动

对绘画作品的欣赏活动以绘画作品为欣赏内容，在幼儿园比较常见，也是很重要的欣赏活动。选择适合学前儿童欣赏的大师级经典作品和优秀的民间美术作品，对组织学前儿童美术欣赏活动来说非常重要。首先，绘画是美术作品主要样式，也是学前儿童喜闻乐见的艺术作品形式；其次，绘画是二维平面的，一些经典的绘画作品可以采用图片的形式呈现，方便学前儿童欣赏，且对画面的影响不大；最后，大师级作品和优秀的民间绘画作品，不仅使学前儿童与大师进行对话，感受大师创造的艺术美，也能吸收优秀民间绘画作品中丰富的艺术营养价值，对学前儿童的艺术审美能力发展大有裨益。常见适合学前儿童欣赏的国外绘画作品有：凡·高的《星空》《向日葵》，米勒的《拾穗者》，米莱斯的《盲女》，毕加索的《格尔尼卡》，修拉的《大碗岛星期天的下午》等。适合学前儿童欣赏的中国水墨画有：齐白石的《蔬菜》《丝瓜》《鱼》《虾》，徐悲鸿的《奔马》，吴作人的《竹石熊猫图》《熊猫爬石》《熊猫》《黑天鹅》，吴冠中的《森林》《白桦》，傅抱石的《不辨泉声抑雨声》等。

2. 对雕塑作品的欣赏活动

“雕塑是最具有实体感和立体性的造型艺术类型，从表现形式来看，可分为圆雕和浮雕。雕塑的基本技术包括删削、挖凿掉多余部分的‘雕’和堆积捏制‘塑’两种。”① 根据以往的研究得出适合学前儿童欣赏的雕塑作品，是能唤醒学前儿童兴趣、活泼生动、激发学前儿童艺术想象力和创造力的作品。如雕塑《说唱陶俑》，人物造型的滑稽有趣，神奇姿态充满童趣，非常适合学前儿童美术欣赏活动。

3. 对建筑艺术作品的欣赏活动

建筑艺术作品既具有实用价值，也具有审美价值，建筑艺术作品的存在与人类文化发展一脉相承。适合学前儿童欣赏，具有中华民族文化代表性的建筑艺术作品有万里长城、故宫、天坛，江南的楼台亭榭等，它们具有鲜明的文化风俗和地域色彩。

① 边霞.幼儿园美术教育与活动设计[M].2版.北京：高等教育出版社，2016：95.

4. 对工艺美术作品的欣赏活动

工艺美术作品，是指集实用和审美价值于一体的生活中常用的艺术作品，如花瓶、杯碗、茶具、服装、地毯、坐垫等。

5. 对民间美术作品的欣赏活动

民间美术作品散落在民间，具有丰富的艺术样式，可进行选择，供学前儿童欣赏，感受人民生活习俗和民间文化底蕴，如糖人、年画、皮影、老虎鞋、蓝印花布等。

6. 对学前儿童美术作品的欣赏活动

学前儿童的美术作品对于学前儿童来说是最亲近的艺术作品，因为里面独特的艺术视角和艺术方法，凸显学前儿童天真、稚趣和充满想象力的内容，容易引起学前儿童的共鸣，在欣赏的时候，需要注意不应从成年人的视角进行解读，而应从学前儿童的心理和艺术发展能力感悟其中的美感和可以借鉴的奇妙之处。

三、学前儿童美术欣赏活动的目标

学前儿童美术欣赏活动的目标按层次划分，可分为总目标和年龄段目标。[①]

（一）学前儿童美术欣赏活动总目标

学前儿童美术欣赏活动总目标分为认知目标、情感目标、技能目标和创造目标。

1. 认知目标

①知道周围的自然环境、社会环境和具体的美术作品中都蕴含着美。

②初步了解一些美术作品的内容、主题及表现风格，知道美术作品是画家思想情感的表现。

2. 情感目标

①感受美术欣赏活动的乐趣，能积极参与美术欣赏活动。

②喜欢欣赏不同风格的美术作品。

3. 技能目标

①掌握简单的美术语言，能叙述和谈论对美术作品的感受。

②能体验作品的内容美和形式美，感受作品的情感。

③尝试运用画家创作的技巧和元素进行美术创作活动。

4. 创造目标

①用多种形式（如动作、表情等）表达自己的审美体验。

②对作品做出简单的评价。

---

① 边霞. 幼儿园美术教育与活动设计［M］. 2版. 北京：高等教育出版社，2016：71-73.

（二）学前儿童美术欣赏活动的年龄段目标

《3～6岁儿童学习与发展指南》从感受与欣赏的角度，提出“喜欢自然界与生活中美的事物”和“喜欢欣赏多种多样的艺术形式和作品”两个子目标，阐释学前儿童美术欣赏活动的年龄段目标。本书根据不同的活动、不同的教育对象，细化为每种类型活动的年龄段目标。①

1. 小班（3～4岁）欣赏活动目标

（1）认知目标

知道从自然景物、艺术作品中能享受到视觉艺术的美。

（2）情感目标

①喜欢观看、欣赏艺术作品。

②对美术作品、图书中的各种形象感兴趣。

③初步体验作品中具有不同“性格”的线条。

④通过欣赏教师及同伴的作品培养对欣赏的兴趣。

（3）技能目标

初步学会运用线条表现力度感、节奏感。

（4）创造目标

初步运用动作、表情等表达自己欣赏后的感受。

2. 中班（4～5岁）欣赏活动目标

（1）认知目标

通过欣赏作品，了解作品的主题和基本内容。

（2）情感目标

①能体验作品中的线条、形状、色彩、质地等。

②通过欣赏产生与作品一致的感受。

（3）技能目标

①感受作品的色彩变化及相互关系。

②感受作品中形象的鲜明性和象征性，并体验其情感。

③感受作品的构成，体验作品的对称、均衡、节奏。

（4）创造目标

通过欣赏，说出自己喜爱或不爱作品的理由，并对作品做简单的评价。

3. 大班（5～6岁）儿童欣赏活动目标

（1）认知目标

①通过欣赏，了解作品的形状、色彩、结构等美术要素。

②了解作品的表现手法、艺术风格和创作意图。

---

① 林琳，朱家雄.学前儿童美术教育与活动指导［M］.上海：华东师范大学出版社，2014：82-85.

（2）情感目标

喜欢各种不同风格的美术作品。

（3）技能目标

①能感受作品的色调、色彩之间关系的变化。

②能感受作品中形象的象征性、寓意性。

③能感受作品中的形式美。

（4）创造目标

在欣赏和评价他人的作品时，能讲述自己独特的观点。

案例分析

超级链接

儿童美术欣赏活动中的教育

对儿童进行美术欣赏活动的教育，并不是未来要把儿童培养成一个美术鉴赏家（这需要观察儿童身上未来展现的可能性），而是因为儿童的生活中充满“美”的元素，艺术与非艺术的界限日益模糊，对美的感受和欣赏能力的要求日益重要。争做一个“真、善、美”的未来中国公民，需要在学前期为提高儿童的艺术审美素养奠定基础。“在学前儿童中开展美术欣赏教育活动，不仅是可行的，而且有其他活动不可代替的功效。对开阔儿童的视野，提高儿童的艺术兴趣，发展儿童的创造力、想象力、情感体验能力和语言表达能力，培养儿童的自信心和积极的情感态度具有显著的作用。”[①]通过欣赏经典美术作品，与海内外艺术大师对话，提高儿童的审美基点，发展儿童具有现代审美素养的特质。再者，通过对祖国传统艺术作品的欣赏，能培养学前儿童的民族自豪感和自信心。

四、学前儿童美术欣赏活动的设计与组织

案例分析

学前儿童美术欣赏活动属于学前儿童美术教育活动的重要组成部分，在组织和指导集体教学活动时，自然也包含活动名称的确定、设计意图的撰写、活动目标的设定、重难点的分析、活动准备的安排、活动过程的展开等环节。

根据审美对象不同，学前儿童美术欣赏活动过程分为不同的程序，但是总体包括三个主要环节设计程序：一是感知部分→欣赏部分→创造部分；二是问题导入部分→观察讨论部分→技法教育与情感体验部分→表现部分→创造部分；三是整体感受，自由讨论→要素识别→形式关系分析→回到整体，再次深入感受→创造→儿童作品评议。这几个环节的选择具体要结合审美对象的内容和特点进行相应的选择与增减，不必拘泥于某一种固定不变的程序化模式。

① 边霞.儿童艺术与教育[M].南京：江苏凤凰出版社，2015：175.

五、学前儿童美术欣赏活动实践对教师和家长的要求

由幼儿园教师组织和引导的学前儿童美术欣赏活动，是学前儿童主要的有组织有目的的审美教育活动。所以，教师在这场重要的教育活动中负有艰巨的任务。同时，家长作为学前儿童美术教育活动重要的参与者，也发挥着重要的作用。

（一）教师需要提高自己的审美热爱程度与审美能力

第一，教师对美术欣赏活动的热爱与追逐，所营造出的一种宽松、自由的艺术氛围，对学前儿童自觉投身艺术审美活动，起到情感渲染的作用，使学前儿童也能感受到美术欣赏活动带来的轻松与愉快。第二，教师促进学前儿童的审美能力，使其从本能直觉向艺术领域的审美知觉上发展，教师需具有专业的审美知识与能力，只有这样才能在美术作品中形成与美术文本的对话，进而引导学前儿童与美术文本产生互动与对话。因为，教师不仅是学前儿童美术欣赏活动的组织者，也是学前儿童审美能力发展路上的引导者。对于学前儿童美术欣赏活动的目标能否有效实现，教师具备的审美能力高低起到至关重要的作用。

（二）教师采用以语言为主的方法时，要善于运用美术欣赏基本艺术美的语言

在美术欣赏教育活动中，以语言传递信息为主的方法主要包括讲授法、对话法和讨论法。

讲授法是以教师为主导，采用讲解和说明的方法，向学前儿童描述和解释美术作品中包含的美术知识和美术技能技法。

对话法是学前儿童美术欣赏教育过程的基本法，这里的“对话”指“针对艺术作品，教师、学前儿童与艺术作品三者的相互作用和相互交流”[①]。在运用对话法时，应注意教师和学前儿童处于平等的地位，鼓励学前儿童大胆表达自己对美术作品的感受和理解。同时，教师应多采用开放式提问和追问式互动，如多采用“你看到这幅画的感受是什么？”“你观察到了什么产生这个感受的？”。

讨论法主要是指以集体或小组为单位，围绕某个问题或主题展开讨论，重在发现问题和解决问题，最后形成结论进行表述。在运用讨论法时，需要学前儿童有充分的前期经验准备，不然学前儿童很难有效地进行讨论。

在语言传递信息为主的美术欣赏活动中，“教师除了要提高自己的美术欣赏能力，丰富自己的美术欣赏知识之外，还要适当地教给学前儿童一定的美术欣赏基本艺术语言与形式美的原理”[②]。“教师要将‘艺术元素’与‘艺术原理’转化为适合学前儿童年龄特点和理解水平的表达方式。”[③]如欣赏拉斐尔的《西斯廷圣母》（见图2-11），教师可以采

① 孔起英.幼儿园美术领域教育精要：关键经验与活动指导[M].北京：教育科学出版社，2021：117.

② 同①125.

③ 徐韵，等.学前儿童艺术学习与发展核心经验[M].南京：南京师范大学出版社，2021：48.

用遮挡法，把上面和右面的部分遮挡住，让学前儿童观察并说出感受，学前儿童会说出好像被抠掉了一块；然后撤去遮挡，显示出全部，这样再引导学前儿童进行观察并说出感受，这时学前儿童可能会说出感觉画面更稳了。其实，这就传递了平衡的艺术原理。

图2–11　拉斐尔的《西斯廷圣母》

（三）教师需要采用多通道的形式引导学前儿童感受美术作品之美

美术作品虽然是一种视觉上的造型艺术，但学前儿童在欣赏时，不是单单以视觉为独一的感官参与其中感知，而是涵盖其他感官，采用多通道的形式，以视、听、嗅、味、触等多种感知觉，实现整体感受与欣赏的过程。例如，欣赏徐悲鸿的《奔马图》（见图2–12）时，可以搭配《赛马》的音乐和《群马奔腾》的视频，通过视听的手段充分感受马在大草原上自由、欢快、悠闲的心情和马在草原上奔驰的气势。[①]

图2–12　徐悲鸿的《奔马图》

① 边霞．幼儿园美术教育与活动设计[M]．2版．北京：高等教育出版社，2016：149．

（四）家长应为学前儿童在公共空间欣赏美提供支持

拓展资源

学前儿童美术欣赏活动开展得是否顺利，关键是学前儿童前期经验的准备情况。如果学前儿童的美术经验比较匮乏，对某项美术活动的开展就会先天不足。为了弥补学前儿童美术欣赏经验的不足，在条件允许的情况下，家长应带领学前儿童多参观美术馆、博物馆、画廊等公共空间中的艺术品，增加学前儿童的美学体验，拓展美术欣赏活动中的审美资源，陶冶学前儿童美术审美情操。

超级链接

日常审美经验的建立

学前儿童审美素养的培养需要家庭、社会、幼儿园三方协同完成，美术活动的欣赏应重视日常生活的审美经验，把美育浸润到无意识中，对学前儿童产生无声胜有声的效果，增强学前儿童日常生活和经验美的感受与美的理解。如学前儿童日常生活所有器具本身具有的传统艺术之美。学前儿童接触的成年人会运用审美的语言向学前儿童描述事物之美；学前儿童所在的城市，具有学前儿童美术元素的点缀，形成良好的审美育人的园外场所。同时，在审美活动中强调美的理解与感受具有个体性的同时，应注重美的文化性、传统性和民族性，把审美教育和家国情怀相结合。在“美不美因人而异”的活动中，不能为了追逐潮流、新鲜感和个性化，不合时宜地伤害民族情感、破坏优秀传统文化和国家的荣誉，“新时代的美育应高举创新大旗，依据时代需求，在艺术实践中培育学生的创造美的能力，提升学生真善美的道德素养，最终促进国家与民族的文化传承、创新”。

（资料来源：孙献华.高校美育实践的新路径与新课程[J].江苏高教，2022（3）：102-105）

任务4　幼儿园美工区域的创设

任务说明

区域活动具有自由、自主的特点，更加体现个别化学习特征，学前儿童可以根据自己感兴趣的活动或材料进行自主选择，促进学前儿童个性化发展的需要。美工区域是学前儿童活动区域重要的组成部分，是学前儿童自主进行绘画和手工制作的重要场所。[①]美工区域也被称为“美术角”，是一个供学前儿童自由欣赏与创作的活动空间。[②]美工区域的空间规划水平和材料投放质量的高低，是影响学前儿童区域美术活动能否有效开展的前提，也是影响学前儿童美术创造活动能否深入开展的关键因素。

在空间布局上，应该注意将相对安静的美工区域与相对热闹的表演区域分开，同时注意美工区域不仅有足够学前儿童活动的空间，也要结合美工区域本身的特性，如接近水源、固定工具区，且要考虑美工区域的光线较好，便于学前儿童专注探索与相互交流。除了空间位置的布置外，在选用屏风、矮柜、橱柜进行隔断时，还应考虑是否方便学前儿童取放与使用材料、区域间学前儿童互动的需要及教师的指导与管理。在支持学前儿童开展美术活动的辅助性设施配备上，应考虑为学前儿童提供牢固且面积适宜的操作台、方便学前儿童自主操作的展示板、便于学前儿童观察的流程图等。在“幼儿园美工区域的创设”这一任务中，你需要结合所学，完成以下工作任务。

1. 课堂巩固

结合所学内容，对中班“我的动物朋友”主题中的美工区域创设案例进行分析，并完成工作表单1。

工作表单1

区域内容	操作材料	操作方法	指导要点	案例的适宜性分析与评价
狮子王	卡纸若干、水彩笔、油画棒	学前儿童可以用水彩笔或油画棒在纸上画上自己喜欢的狮子	1. 指导学前儿童仔细观察，找出特点，大胆下笔绘画 2. 提醒学前儿童在操作后按标记将材料放置到指定地点	
花花奶牛	镜子、卡纸、水彩笔、油画棒	学前儿童可以照照镜子，用水彩笔或油画棒在纸上画上花花奶牛	1. 适时为学前儿童提个醒，鼓励学前儿童细心找寻不同之处，大胆下笔绘画 2. 提醒学前儿童在操作后按标记将材料放置到指定地点	

① 李季湄，冯晓霞.《3～6岁儿童学习与发展指南》解读[M].北京：人民教育出版社，2013：67.

② 张念芸.学前儿童美术教育[M].3版.北京：北京师范大学出版社，2014：88.

续表

区域内容	操作材料	操作方法	指导要点	案例的适宜性分析与评价
超轻黏土变变变	超轻黏土若干、刮刀等塑性工具	学前儿童可以用超轻黏土通过揉、捏、压等方式进行创作	1. 指导学前儿童学习揉、搓、捏、压等技巧 2. 提醒学前儿童在操作后按标记将材料放置到指定地点	

2. 岗位实践

在“幼儿园完整儿童活动课程”① 中的“缤纷夏日”主题背景下，设计一个中班美工区域创设方案，完成工作表单2。

工作表单2

作为幼儿园教师的你，在使用《幼儿园完整儿童活动课程》中，需要以“缤纷夏日”为主题背景，设计一个中班美工区域创设方案。

区域内容	操作材料	操作方法	指导要点	材料照片

① “完整儿童”课程编委会.幼儿园完整儿童活动课程教师用书：中班：下[M]上海：华东师范大学出版社，2018：215.

学习支持

一、美工区域材料的投放

"材料是区域活动中儿童的操作对象，是儿童发展和活动的媒介，材料蕴含着教师的教育理念，也承载着教师的期望和智慧，材料的提供与投放是区域环境创设的关键。"[①]区域材料的投放不仅具有丰富性，为了保证每个学前儿童都能拥有使用材料的机会，区域材料投放还具有规范性，具体包括以下几大原则：材料的安全性，材料的丰富性和可探索性，材料使用的多样性，材料的相对稳定性和变化性，儿童参与材料的提供与投放。结合美工区域材料投放，是指"在美工区域活动中，教师根据相应的教育目的及幼儿的需要，有计划、有目的向美工区域中投入各种各样的绘画材料、手工材料和欣赏材料"[②]。

（一）美工区域材料投放的原则

1. 多样性原则

美工区域材料投放既包括固定日常使用的基本材料，也包括根据学前儿童美术活动发展需要、兴趣或主题推进，投放的辅助性材料和特殊材料。根据材料的结构化程度，既有固定了操作法的高结构材料，又有没有规定操作法的低结构材料。根据促进学前儿童发展美术发展水平的维度，既有绘画材料和手工制作材料，如绘画材料可以包括作画工具、颜料和用于作画的画面材料，手工制作材料可分为拼贴类、折纸类、剪纸类、撕纸类、染纸类和泥工类；[③]又有欣赏类材料，包括绘画作品、雕塑作品、工艺美术作品、建筑艺术、学前儿童美术作品、自然景物、周围环境。[④]从材料的来源上，既包括人类制造的材料，也包括自然材料；既包括幼儿园和教师购买的材料，也包括教师、学前儿童、家长收集的材料。

2. 层次性原则

由于美工区域是一种比较低结构化的活动区，具体体现为学前儿童结合自己的兴趣和生活经验，在看一看、画一画、做一做、玩一玩中，按照自己的美术发展水平和能力，自主地选择美术材料，进行感受美、表现美和创造美的活动。这些美术活动的特点决定了美工区域材料投放要具有层次性，一方面，体现为能够满足不同美术发展水平的活动需要，既能满足美术能力水平一般学前儿童活动需要，又能满足美术能力发展水平较高和较弱的学前儿童活动需要，使他们都能根据自己的兴趣需要，自由地感受美、表现美和创造美，最终促进学前儿童美术能力可持续发展。另一方面，体现为教师在材料投放时具有教育发展观，根据材料本身内涵的逻辑层次，进行难易度的分层投放，促进材料投放的有序化和系统化。以橡皮泥制作为例，美工区域分别提供了各种模具、糖纸、小

---

① 虞永平，王春燕.学前教育学[M].北京：高等教育出版社，2012：225-226.

② 何杰.基于符号互动论的幼儿园美工区域材料投放现状研究[D].桂林：广西师范大学，2021.

③ 赵力.深度学习视角下美工区域材料投放的行动研究：基于OCCP学习行为模型[D].上海：华东师范大学，2021.

④ 孔起英.幼儿园美术领域教育精要：关键经验与活动指导[M].北京：教育科学出版社，2021：39-40.

棒等，引导学前儿童制作各种图案的点心、各种糖和糖葫芦；彩纸、纸盘、纽扣、模具刀、塑料剪刀等，引导学前儿童不用模具制作蛋糕和其他糕点；小树枝、积木等，引导学前儿童进行以“美丽的公园”“秋天真美丽”为主题的结构游戏，从而使橡皮泥和积木、插塑玩具有机地结合起来。[①]

3. 自然性原则

儿童是大自然之子，对自然材料有天然的喜爱之情。在美工区域为学前儿童投放一些自然材料，能丰富美工区域的材料，而自然材料本身具有的真实性、生活性和低结构性，非常适合学前儿童的认知与操作特点；也能拉近学前儿童与自然之间的关系，促进学前儿童对自然环境的了解，陶冶学前儿童敬畏与热爱自然之情，升华学前儿童追求真善美的意识。因此，在美工区域投放自然材料是非常有必要的。比如，在春季可结合当下的主题，在美工区域投放一些春天的花朵，供学前儿童欣赏和创作；与秋季相关的主题可投放稻草、树叶、树枝、玉米叶、玉米须、玉米粒、稻谷等自然材料，结合排笔、水粉颜料、彩色卡纸、白胶、毛线、小皮筋、碎布、各色皱纸等，供学前儿童进行编织或造型创作，也可引导学前儿童进行合作剪贴，多人互助创作美工活动。

4. 动态性原则

“美术区角材料的投放不是一蹴而就、一成不变的，而是要根据美术教育目标和幼儿的发展需求，定期或不定期地进行调整、补充。”[②]一方面，学前儿童在与人、事、物的互动过程中主动构建自己的知识和经验，学前儿童的兴趣和需要也随着与美工区域材料发生互动逐渐改变。如学前儿童在玩色的过程中，发现把颜色稀释后滴在餐巾纸上会出现晕染的现象，进而产生想探索晕染作画的需要，这时，需要调整原来的绘画工具和材料，提供一些宣纸和水粉颜料等；在后期的玩色中，学前儿童带着自己的困惑和设想（什么时候在纸上印画时颜色不会相融呢？），这时可以追随学前儿童的问题和兴趣，拓展学前儿童的美术经验，提供一些湿拓画的工具和材料，减少原有的、不常用的绘画材料。另一方面，美工区域和主题活动存在密切的联系，随着主题的更新，为了促进学前儿童对主题内容深度和广度的把握，当学前儿童在进行个别化的美工区域互动时，需要结合主题进行动态调整。如在中班“缤纷夏日”的主题中，有趣的昆虫引发了学前儿童的好奇心，激发了学前儿童探索的欲望，尤其是夏天中让学前儿童产生紧张情绪的蜘蛛，让学前儿童充满兴趣。可在美工区域投放白色保丽龙球、毛根、油画棒，引导学前儿童把三根毛根中间缠绕后，形成“米”字形。以“米”字形为基础，继续用其他毛根连接，变成“蜘蛛网”，然后用涂色后的保丽龙球做蜘蛛身体，身体下面插入六条腿，最后将完成的蜘蛛放在“蜘蛛网”上。[③]

5. 安全性原则

安全关系着儿童生命与心理健康的发展，是任何活动组织与开展都必须严肃对待的

① 孔苒．美工区域活动的材料投放［J］．幼儿教育，2008（2）：41.

② 林琳，朱家雄．学前儿童美术教育与活动指导［M］．上海：华东师范大学出版社，2014：129.

③“完整儿童”课程编委会．幼儿园完整儿童活动课程教师用书：中班：下［M］上海：华东师范大学出版社，2018：221.

重要事项。由于受身心发展特点和认知思维发展水平的影响，学前儿童在生活中的自我保护能力较弱，且仍处于身心发展的敏感期，需要生活环境给予呵护和引导。所以，在美工区域的材料投放过程中，要坚持安全第一的原则不动摇，就要做到注意分辨材料是否存在有毒、有害、不卫生的情况，如果存在就要坚决摒弃。在购买相关操作材料时，要注意质量是否有保证，是否符合3～6岁儿童使用；在收集废旧材料时，要进行适当的清洁与消毒，防止有害细菌滋生，对学前儿童的身体产生有害影响。

6. 学前儿童参与性原则

教师与学前儿童就材料投放存在的问题展开讨论与交流，引导学前儿童大胆表达自己的兴趣和想法。教师听取学前儿童的意见，根据学前儿童的兴趣和需要，与学前儿童一起收集材料，作为美工区域的活动材料。收集采用集中式和分散式相结合的方式，满足学前儿童日常美工活动过程中的材料需要。学前儿童参与材料提供和投放既体现了以儿童为中心的教育观，关注学前儿童在美工活动中的主体性地位，又“可以提高儿童对材料的兴趣。每个儿童背后都有一个可利用的家庭和社区，让儿童参与材料提供和投放也是幼儿园、家庭、社区三者紧密结合的体现”①。

超级链接

美工区域材料的投放和环境的创设

美工区域是学前儿童感受美、表现美和创造美的区域，是最能体现学前儿童个性化对美的意象进行表达的地方。为了促进学前儿童美术素养的发展，教师应该秉持陈鹤琴“大自然、大社会，都是活教材”理念，在美工区域材料的投放上和环境的创设中走进大自然和大社会，把自然和社会中可利用的材料，与学前儿童一起进行收集，搬进教室，不仅拓展了区域材料的层次，节约了资源，也在无意识中培养学前儿童对祖国自然环境的热爱之情，对当下所处社会集体的认同感和归属感，使学前儿童的自然属性和社会属性，在生活的变化中趋向和谐统一。

图2-13　小班美工区域环境创设

图2-14　中班美工区域环境创设

① 虞永平，王春燕. 学前教育学[M]. 北京：高等教育出版社，2012：226.

图2-15　大班美工区域环境创设

（二）美工区域投放材料的类型

1. 绘画活动的工具

按性质和软硬程度，绘画工具材料可分为硬性材料和软性材料两大类。其中，硬性材料主要指马克笔、记号笔、油画棒等，易于学前儿童操作和使用，能满足学前儿童表达自己绘画意图，一般适合低龄学前儿童。软性材料主要指以毛笔为代表的绘画工具，对学前儿童手部肌肉的发育要求较高，在运用时需要学前儿童具有灵活的手部运动，一般适合大龄学前儿童。

2. 手工制作活动的材料

按性质与形态，材料可分为点状材料、线状材料、面状材料、块状材料等。

点状材料包括细沙、米、芝麻、豆子、纽扣、小珠子、瓶盖、果核、毛绒球、果壳等，便于学前儿童串联、黏结与拼贴技法使用，设计组合式的面型作品和立体作品。

线状材料包括稻秆、毛线、麻绳、吸管、树枝、橡皮筋等，适合学前儿童用于编织、盘绕、排列与拼接等制作技法中，形成组合式的面型作品和体型作品。

面状材料包括纸类、布类、羽毛类、水果皮、树叶、花瓣、面具等，适合学前儿童用剪、折叠、刻和粘贴等技法，形成线、面、体三种组合型的艺术作品。

块状材料包括泥块、面团、石块、瓜果、球类、纸盒等，适合学前儿童使用刮、镂、刻、剪、拼接等制作技法，形成具有多变型的手工作品。

（三）美工区域材料的投放

学前儿童美术能力的发展从狭义上主要包括绘画能力、手工能力和美术欣赏能力三个方面。而区域材料的投放不仅体现了教师的教育理念，也体现教师对促进学前儿童美术能力发展的教育机制，引导学前儿童积极参与美术活动，激发学前儿童对美术活动的思考与创造。美工区域主要是学前儿童对美术内容的表达和创造的空间，所以，美工区域的材料主要从促进学前儿童绘画能力发展的材料投放、促进学前儿童手工能力发展的材料投放两个方面，阐述小、中、大班三个年龄段区域材料的投放。

1. 小班美工区域材料的投放

（1）绘画材料投放

3～4岁小班幼儿的绘画能力主要处于涂鸦期的发展水平，幼儿反复地涂鸦主要为了满足其通过动作对纸、笔相互作用后，留下的运动轨迹的感知和探索，并进一步通过这些痕迹表达自己对生活的感知，最终满足幼儿动觉经验发展的需要，加强幼儿运动和视觉行为的协调性。所以，根据小班绘画水平的发展趋势，建议提供以下绘画材料与指导。

①常规材料投放。

纸：各种颜色、各种质地的纸。如白纸、卡纸、彩纸、素描纸、牛皮纸、刮画纸、宣纸、报纸、墙纸等。

笔：各种绘画笔。如以蜡笔、油画棒和水彩笔为主，配有记号笔、马克笔、毛笔等。

剪裁工具：儿童手工剪刀、大波浪剪刀、小波浪剪刀、花纹剪刀等。

颜料：手指画颜料、水粉颜料、丙烯颜料等。

粘贴工具：固体胶、胶水、透明胶、白乳胶、双面胶、透明胶带等。

卫生工具：儿童围裙或罩衣、小毛巾、海绵、水桶、纸巾等。

②辅助性材料与工具。

辅助性材料：吸管、印章、弹珠（较大）、毛根、纸巾筒、瓶盖、纸盘、纽扣（较大）、夹子、毛线、啤酒瓶、石头、白色手帕、废旧白T恤、面具等。

辅助性工具：打孔机、订书机、滚筒、牙刷、梳子等。

③特殊工具材料。

“特殊工具材料是根据教学活动需要和儿童兴趣临时或在一个阶段内投放到美术区域的一些工具材料。”① 例如，以秋天为主题的活动，可在美工区域投放树叶、树枝、谷物、瓜果与蔬菜等进行添画和拓印。也可以结合幼儿当下的兴趣，如幼儿对交通很感兴趣，与幼儿一起收集各种大小与质地的纸盒，教师指导幼儿制作停车场的涂鸦活动。

（2）手工材料的投放

小班时期的幼儿是以玩要为主要探究和体验的方式，通过对黏土的拍打、压平，感受黏土产生变化的过程。在纸艺活动中是通过撕一撕、贴一贴、简单的折一折和剪一剪，感受动手操作物品的快乐。所以，在提供小班手工活动的材料时，应注重吸引幼儿乐于、善于参与手工活动。

①常规材料投放。

纸：卡纸、彩色纸、白纸、打印纸、报纸、广告纸、图书纸等。

笔：水彩笔、铅笔、记号笔，马克笔等。

可塑性材料：轻黏土、橡皮泥、彩泥。

剪裁工具：儿童手工剪刀、大波浪剪刀、小波浪剪刀、花纹剪刀等。

① 林琳，朱家雄.学前儿童美术教育与活动指导[M].上海：华东师范大学出版社，2014：128.

粘贴工具：固体胶、胶水、透明胶、白乳胶、双面胶、透明胶带等。

②辅助性材料与工具。

辅助性材料：吸管、珠子（体积较大）、纽扣（较大）、小木棒、拓印模具等。

辅助性工具：尺子、泥工板、步骤图（如剪纸步骤图、折纸步骤图、泥塑步骤图）等。

③特殊工具材料。

结合当下主题活动的开展和幼儿手工制作兴趣的发展，可提供一些促进幼儿手工经验不断深入和拓展的材料，如自然材料中的稻草、麦秸、玉米须、坚果壳等，也可以是废旧材料中的牛奶盒、纸芯筒、旧袜子等，丰富幼儿对主题内容的认识，提升幼儿对身边材料再利用的节约意识。

2. 中班美工区域材料的投放

（1）绘画材料投放

到了中班以后，幼儿已从原来的涂鸦阶段过渡到了画线阶段。这个时候的幼儿视觉发展水平有了很大的进步，喜欢用圆圈和线条画出人的大概轮廓，即到了象征期，能凭借自己的感觉和经验画出物体的粗略形象。同时，幼儿对颜色的认知和画面上绘画对象的相互关系也越发地感兴趣。

①常规材料投放。

纸：各种颜色、各种质地的纸。如白纸、卡纸、彩纸、素描纸、牛皮纸、刮画纸、宣纸、报纸、墙纸等。

笔：各种绘画笔。如水彩笔、记号笔、马克笔、油画棒、蜡笔、毛笔等。

剪裁工具：儿童手工剪刀、大波浪剪刀、小波浪剪刀、花纹剪刀等。

颜料：手指画颜料、水粉颜料、丙烯颜料等。

粘贴工具：固体胶、胶水、透明胶、白乳胶、双面胶、透明胶带等。

卫生工具：儿童围裙或罩衣、小毛巾、海绵、水桶、纸巾等。

②辅助性材料与工具。

辅助性材料：吸管、印章、弹珠（较大）、毛根、纸巾筒、瓶盖、纸盘、纽扣（较大）、夹子、毛线、啤酒瓶、石头、白色手帕、废旧白T恤、面具等。

辅助性工具：打孔机、订书机、滚筒、牙刷、梳子、海绵刷等。

③特殊工具材料。

可与其他区域活动相结合而生成的美术创造活动，如阅读区域需要使用书签，则需要美工区域的幼儿提供。这时，需要在美工区域投放适合制作书签大小的硬卡纸，并为幼儿提供适合装饰书签的流苏，以及可以在书签上表征的绘画工具，使区域之间变成可联动的整体，幼儿的作品也增加了趣味性和功能性。

（2）手工材料的投放

到了中班时期，幼儿的手工发展处于基本形状时期，对手工制作的意图性更强。“这时的儿童由无目的的动作逐渐呈现出有意图的尝试。4～5岁的儿童常常在制作开始时就宣称，他将要做个什么，然后，才开始着手制作。"[①] 所以，这时手工材料的投放应满足幼儿按照自己想法进行尝试和表达的愿望，同时材料的提供符合幼儿运用能力的水平。

①常规材料投放。

纸：卡纸、彩色纸、白纸、打印纸、报纸、广告纸、图书纸等。

笔：水彩笔、铅笔、记号笔、马克笔、油画棒等。

可塑性材料：轻黏土、橡皮泥、彩泥、陶泥。

剪裁工具：儿童手工剪刀、大波浪剪刀、小波浪剪刀、花纹剪刀等。

粘贴工具：固体胶、胶水、透明胶、白乳胶、双面胶、透明胶带等。

②辅助性材料与工具。

辅助性材料：吸管、珠子（体积较大）、纽扣（较大）、小木棒、纸巾筒、豆类、牙签、火柴棍等。

辅助性工具：尺子、泥工板、泥工刀、棉签、拓印模具、步骤图（如剪纸步骤图、折纸步骤图、泥塑步骤图）等。

③特殊工具材料。

美工区域活动与幼儿园主题活动相结合，是促进幼儿经验整体性发展的有效形式。所以，在进行美工区域材料投放时，应考虑全班幼儿正在参与的主题活动进展需要。如在中班上学期主题活动"吃得香，长得棒"中，教师在美工区域投放了西红柿、红辣椒、胡萝卜、土豆、玉米、紫甘蓝、豆角、卷心菜、青菜、芹菜、莴笋等色彩不同的蔬菜若干，也投放"火车头"、超市蔬菜海报、彩色笔、剪刀、固体胶供幼儿自由剪贴绘制"蔬菜小火车"，还投放了各种颜色的豆豆、种子、花生壳、橘子皮、板栗壳等，鼓励幼儿制作谷物贴画。[②]

3. 大班美工区域材料的投放

（1）绘画材料投放

英国艺术教育家赫伯特·里德指出，5～6岁大班幼儿的绘画能力处于图形的象征主义阶段，"人像已经画得相当正确，但仍为概略的象征性图形"[③]，逐步形成了自己的图式模式。同时，这时幼儿的手部动作灵活性和手眼协调能力有了较大进步，对绘画材料工具的理解与使用更加清楚和熟悉。所以，这个时候的绘画材料投放要丰富多样，满足幼儿日益增强的美术绘画欲望。

①常规材料投放。

纸：各种颜色、各种质地的纸。如白纸、卡纸、彩纸、素描纸、牛皮纸、刮画纸、宣纸、报纸、墙纸等。

笔：各种绘画笔。如水彩笔、记号笔、马克笔、油画棒、蜡笔、排笔、毛笔等。

---

① 孔起英.幼儿园美术领域教育精要：关键经验与活动指导[M].北京：教育科学出版社，2021：184.

② "完整儿童"课程编委会.幼儿园完整儿童活动课程教师用书：中班：下[M]上海：华东师范大学出版社，2018：101.

③ 林琳，朱家雄.学前儿童美术教育与活动指导[M].上海：华东师范大学出版社，2014：40.

剪裁工具：幼儿手工剪刀、大波浪剪刀、小波浪剪刀、花纹剪刀等。

颜料：手指画颜料、水粉颜料、丙烯颜料等。

粘贴工具：固体胶、胶水、透明胶、白乳胶、双面胶、透明胶带等。

卫生工具：幼儿围裙或罩衣、小毛巾、海绵、水桶、纸巾等。

②辅助性材料与工具。

辅助性材料：吸管、印章、弹珠（较大）、毛根、纸巾筒、瓶盖、纸盘、纽扣、夹子、毛线、啤酒瓶、石头、白色手帕、废旧白T恤、面具、各种材质的布、纸盒、PVC管、透明雨伞等。

辅助性工具：打孔机、订书机、滚筒、牙刷、梳子、海绵刷、喷壶等。

③特殊工具材料。

由于大班幼儿生理成熟特点和认知水平的提升，对绘画工具材料逐渐熟悉，教师在美工区域进行材料投放时，不仅要考虑主题活动衔接的需要，也要兼顾大班幼儿绘画能力发展的需要产生的问题，为幼儿的创造性行为提供材料上的支持。例如，在大班上学期主题活动“特别的我”中，教师投放了各色印泥、普通中性笔等材料，供幼儿探索“我的指纹会画画活动”。幼儿在探索时，发现由于指纹印的重叠，出现了新的颜色，对此产生了困惑与兴趣，教师应及时调整材料的投放，增加更多的颜料，同时为幼儿提供观察统计表，供幼儿在进行颜色实验时，进行记录和分析。

（2）手工材料的投放

到了大班时期，幼儿手工创造能力发展到样式化时期。“这一时期，由于手部精细肌肉的发育，学前儿童手眼协调能力增强，又学习了一些基本的手工工具和材料的使用方法，因而他们的表现欲望很旺盛。他们喜欢用各种工具和材料进行制作，以表达自己的意愿。”[①]所以，这时应该投放多种类型的材料，且增加一些能调动幼儿创造欲望的低结构材料。

①常规材料投放。

纸：卡纸、彩纸、白纸、打印纸、报纸、广告纸、图书纸等。

笔：水彩笔、铅笔、记号笔、马克笔、油画棒等。

可塑性材料：轻黏土、橡皮泥、彩泥、陶泥。

剪裁工具：幼儿手工剪刀、大波浪剪刀、小波浪剪刀、花纹剪刀等。

粘贴工具：固体胶、胶水、透明胶、白乳胶、双面胶、透明胶带等。

②辅助性材料与工具。

辅助性材料：吸管、珠子（体积较大）、纽扣、小木棒、纸巾筒、豆类、牙签、火柴棍、各种绳类、各种毛线等。

辅助性工具：尺子、泥工板、泥工刀、棉签、拓印模具、步骤图（如剪纸步骤图、折纸步骤图、泥塑步骤图）、勾线针、编织工具等。

③特殊工具材料。

① 孔起英.幼儿园美术领域教育精要：关键经验与活动指导[M].北京：教育科学出版社，2021：186.

结合幼儿在手工制作中的需要，可提供一些自然材料和生活材料，以满足幼儿完成自己创造意图的需要。如自然材料中的竹条、狗尾巴草，生活材料中的扇子、鞋子、奶粉罐等。

二、美工区域活动指导

（一）小班美工区域活动指导

1. 绘画活动指导

①引导学前儿童认识美工区域材料和掌握常规工具的正确使用方法。

②鼓励学前儿童大胆涂鸦，尝试用波形线、锯齿线、各种封口与不封口的圆形、复线圆圈和涡形线等，能用简单的线条画出自己想画的人或事物。

③引导学前儿童认识三原色，并在小面积轮廓里，按照同一方向涂色，锻炼学前儿童对色彩的感知，促进手部精细动作的发展。

④引导学前儿童进行创意绘画活动，使学前儿童乐在涂涂、画画和玩玩活动中。

2. 手工制作活动指导

①引导学前儿童正确使用剪刀，能用剪刀沿直线剪、边线基本吻合。

②引导学前儿童认识可塑性材料和可塑性工具的使用方法，使其知道基本的安全卫生知识，不把可塑性材料放到嘴里，不用脏手揉眼睛。

③鼓励学前儿童积极参与手工制作活动，启发学前儿童习得一些基本的制作技能，如对折的方法、搓圆和压扁的方法等。

④引导学前儿童看懂简单的操作步骤图，并根据操作步骤图尝试制作作品。

（二）中班美工区域活动指导

1. 绘画活动指导

①鼓励学前儿童大胆用线条画画，采用点、线、面构图，画出自己想画的人、事、物。

②引导学前儿童正确使用颜料和颜料工具，帮助其掌握用笔蘸颜料的技巧。

③引导学前儿童选择辅助性材料，运用辅助性工具进行装饰和添画，并引导学前儿童学会将材料和工具进行整理与归纳。

④帮助学前儿童掌握平涂法、渐变法、叠加法、点彩法等几种涂色方法，引导学前儿童正确的坐姿和握笔。

⑤引导学前儿童根据脑海中的图式，进行简单的布局，合理地表现情节画的内容，知道先画主要内容，次要内容画在后面。

⑥引导学前儿童掌握简单的装饰规律，会用简单的纹样进行设计，如单独式、对称式、连续式。

⑦引导学前儿童根据物体的不同形状和纹理进行拓印，并根据画面的需要进行添画，

呈现不同形象的画面效果。

2. 手工制作活动指导

在纸工方面，学前儿童能基本对齐边线折纸，能沿轮廓线由直线构成简单图形且边线吻合；出现了运用目测剪（撕）出直线或曲线的发展需求。结合以上分析，建议手工制作的指导如下。

①引导学前儿童正确使用剪纸工具，注意剪刀使用安全，不伤到自己和他人。

②引导学前儿童叠正方形，尝试简单的窗花制作。

③引导学前儿童看懂剪纸、折纸和泥塑步骤图，并尝试按照步骤图的流程进行手工制作。

④引导学前儿童使用剪刀剪或手撕直线、曲线，并尝试剪或撕折线，鼓励能力强的学前儿童采用目测的方法进行剪或撕，完成纸工的制作。

⑤引导学前儿童正确使用各种泥工工具，注意安全和卫生，并养成整理和归纳的习惯。

⑥引导学前儿童积极采用各种辅助材料进行连接和装饰，提高同伴之间交流和合作的意识。

⑦鼓励学前儿童结合各种手工制作材料进行创意组合，大胆地制作，积极交流同伴间的制作经验。

（三）大班美工区域活动指导

1. 绘画活动指导

处于大班的学前儿童，绘画发展水平处于图式期（又叫“概念化期”），该时期的学前儿童不仅能结构完整地画出图像的轮廓，而且组织绘画内容和空间布局的能力不断发展，不再是单纯地进行绘画对象的罗列使其呈现在画面上，而是更加注重画面内容的情节关系和空间上的合理安排；同时，在色彩的感知上也越来越精细、认识多种颜色，对色彩的明暗度与饱和度也具有较大进步，识别能力不断提高；选择和表达色彩方面会有自己的设计思考，会使用物体的固有色涂色，也会尝试使用冷暖色和对比色，进行具有冲击力的画面创造。结合以上大班学前儿童绘画水平的发展，建议美工区域的绘画发展引导如下。

①鼓励学前儿童尝试使用不同的绘画工具和绘画颜料绘画。

②引导学前儿童回顾自身的生活经验，通过有目的的设计意图，尝试画出简单的情节画。

③引导学前儿童观察运用冷暖色和对比色的作品，尝试用对比色和冷暖色，感受色调带来的视觉冲击和美感。

④引导学前儿童正确使用绘画工具和材料，进行蜡笔和水彩晕染作画，并探索毛笔和墨汁的使用，进行水墨画的创造。

⑤为学前儿童提供已完成作品筐和未完成作品筐，尊重学前儿童的绘画作品，培养学前儿童有计划性地完成作品的能力。

⑥引导学前儿童观察和理解画面空间的远近构图关系，知道近大远小的原理，尝试用空间关系处理画面的形象。

2. 手工制作活动指导

5～7岁的学前儿童处于手工制作阶段的样式化期。该时期的学前儿童经过中小班的学习与练习，能掌握一些基本的手工工具和材料，同时他们手部精细动作得到发展，能灵活运用各种塑型活动需要的技能，不仅能搓出各种粗细、弯曲的棒状物，压出大小和厚度不一的球状物，团出各种大小不同的圆状物，也能逐渐掌握捏和尝试运用拉、雕塑等技能。在塑型活动中，学前儿童更加追求物体的细节部分，追求制作出形态各异、形象活泼的作品。在纸工活动中，学前儿童呈现出以自己画轮廓为主的按轮廓剪纸的能力，同时学前儿童的目测剪也有很大进步，有些学前儿童甚至出现了自由剪的情况（同学前儿童撕纸发展水平）。在折纸方面学前儿童出现了折双三角形和折双正方形及四角向中心折的变化，教师可在此基础上进一步引导学前儿童向组合折的方向发展。结合以上分析，建议大班促进学前儿童手工能力提高的指导方法如下。

①鼓励学前儿童大胆运用多种辅助材料（如点、线、块、面材料），采用泥塑技法（如搓、压、团、捏、拉、连接、镶嵌、刻），大胆进行有故事情节的创作。

②引导学前儿童熟练掌握泥塑工具，如使用挤压式模具进行泥塑作品的制作。

③引导学前儿童能看懂手工制作步骤图，如剪纸步骤图、折纸步骤图和泥塑步骤图。

④引导学前儿童综合运用折剪，剪出连续的图案，如窗花。

⑤引导学前儿童尝试运用多种折法，提高学前儿童的组合折纸能力，形成整体形象。

⑥引导学前儿童形成良好的手工操作习惯，学会整理和清洁相关手工材料和工具。

对点案例2-9

幼儿园小、中、大班美工区域材料投放与活动指导案例

表2-1　小班美工区域材料投放与活动指导

主题名称：让我试一试　　主题实施时间：5月6日—6月4日

区域名称	区域内容	操作材料	操作方法	指导要点	材料照片
美工区域	创意泡泡画	1. 低结构材料：吸管、纽扣 2. 高结构材料：剪刀、胶水	设计自己的泡泡画，综合运用各种材料进行呈现	1. 设计创意泡泡画 2. 挑选合适的材料自由创作	

续表

区域名称	区域内容	操作材料	操作方法	指导要点	材料照片
美工区域	方方圆圆印画	1. 低结构材料：颜料、纸笔 2. 高结构材料：方方圆圆材料	综合运用各种方方圆圆的材料进行印画，并在印画基础上添画	1. 明确创作主题 2. 综合运用各种方方圆圆材料进行印画及添画 3. 操作完毕后将材料放回原位	
	小弹珠滚画	1. 低结构材料：蓝色、黄色颜料 2. 高结构材料：大小不一的罐子、弹珠	选择适宜的罐子和弹珠，将弹珠裹上颜料放进罐子滚一滚	1. 引导学前儿童选择适宜的罐子，并放上白纸 2. 引导学前儿童小心地给弹珠裹上颜料，放入罐子滚一滚	

表2–2　中班美工区域材料投放与活动指导

主题名称：多彩的秋天　　主题实施时间：11月1日—11月26日

区域名称	区域内容	操作材料	操作方法	指导要点	材料照片
美工区域	落叶的舞会	1. 低结构材料：各种各样的树叶、纸 2. 高结构材料：水彩笔	设计树叶贴画并进行制作	1. 引导学前儿童根据美工区域提供的材料设计树叶贴画 2. 对设计有困难的学前儿童进行及时指导	
	柿子红了	1. 低结构材料：彩纸、纸盘 2. 高结构材料：固体胶、水彩笔	通过阅读操作说明，使用彩纸和纸盘制作秋天的柿子	1. 引导学前儿童仔细阅读操作步骤 2. 注意学前儿童的操作步骤，对操作有困难的学前儿童进行指导	
	湿拓画	1. 低结构材料：湿拓画画粉、画水、白纸 2. 高结构材料：塑料盆、颜料、挑棒	首先使用特定的湿拓画画水加入颜料，其次用挑棒挑出喜欢的图形，最后用白纸覆盖提起	1. 引导学前儿童在盒子中装适量的水，随后滴入喜欢的画粉颜色 2. 安全使用挑棒挑出美丽的纹理后，用白纸覆盖	

表 2-3　大班美工区域材料投放与活动指导

主题名称：神奇的大自然　　　主题实施时间：3月6日—4月7日

区域名称	区域内容	操作材料	操作方法	指导要点	材料照片
美工区域	泥巴艺术品	1.低结构材料：陶土 2.高结构材料：捏泥工具、彩笔、记号笔等	用陶土自主创作，并可使用捏泥工具进行辅助创作，创作完毕后可用彩笔画上喜欢的颜色	1. 引导学前儿童自主捏制泥巴艺术品，在捏制过程中融入自己的创作 2. 引导学前儿童在捏制完毕后使用小工具精细创作	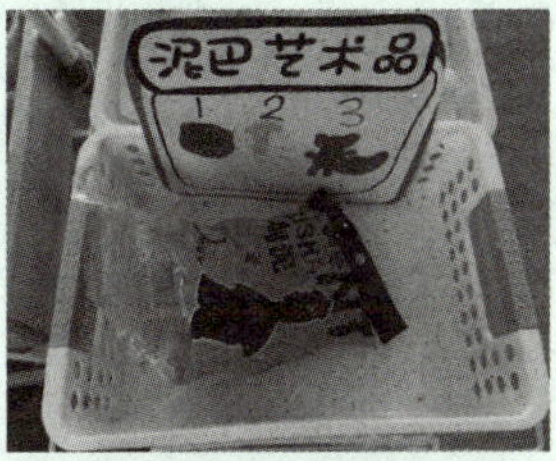
	风铃制作	1.低结构材料：纸杯、彩纸、纸盘、纸巾、毛线等 2.高结构材料：水彩笔、双面胶、黏土等	综合运用纸杯、彩纸、黏土、毛线等材料制作一个会动的风铃	1. 引导学前儿童挑选适宜材料制作风铃 2. 制作完毕后引导学前儿童将风铃挂在教室里或幼儿园中	
	春笋	1.低结构材料：白纸 2.高结构材料：水彩笔、记号笔	仔细观察春笋的外形特征，将其描绘在白纸上，并选择适宜的颜色进行涂色	1. 引导学前儿童仔细观察实物春笋 2. 引导学前儿童通过纸笔将春笋的样子画出来，并选择适宜的颜色进行涂色	
	美丽的大自然	1.低结构材料：白纸 2.高结构材料：水彩笔、记号笔	根据自己对美丽的大自然的以往经验，进行图画的绘制	1. 引导学前儿童回忆自己对美丽的大自然的以往经验 2. 引导学前儿童注意构图与色彩搭配，绘制美丽的大自然图画	
	风车	1.低结构材料：纸杯、彩纸、小棒子等 2.高结构材料：水彩笔、双面胶等	运用纸杯、彩纸等材料进行风车的制作，制作出风车的大致形状，再进行图案装饰	1. 引导学前儿童用纸杯、彩纸等材料制作出风车的雏形 2. 引导学前儿童综合运用彩笔、毛线、毛球等低结构材料进行风车装饰	

续表

区域名称	区域内容	操作材料	操作方法	指导要点	材料照片
美工区域	透明春天画	1. 低结构材料：塑封纸 2. 高结构材料：各色颜料、画笔	以塑封纸作为画纸，在塑封纸上用颜料描绘春天的美丽图画	1. 引导学前儿童选择合适的颜料颜色描绘春天的图景 2. 引导学前儿童在使用颜料时多加注意，穿好防护衣	
	大自然的树叶	1. 低结构材料：树叶、粘纸、纸盘 2. 高结构材料：记号笔、彩笔	以树叶为主体，在纸盘上通过黏贴、添画等形式创作大自然的树叶美工	1. 引导学前儿童自主设计画面，将树叶元素融入画面中 2. 引导学前儿童注意画面布局，通过粘贴、添画等形式创作大自然的树叶美工	
	风向标	1. 低结构材料：纸杯、吸管、彩纸、铁丝等 2. 高结构材料：双面胶、彩笔	知道风向标的大致构造和运作原理，运用纸杯、吸管、彩纸等材料自制风向标	1. 引导学前儿童了解风向标的构造和运作原理 2. 引导学前儿童用纸杯、彩纸等材料自制风向标 3. 制作过程中注意安全操作	

（资料来源：由宁波市实验幼儿园陈佳瑞、徐璐提供）

项目三　学前儿童音乐教育的实施

项目情境

从古代的“礼、乐、射、御、书、数”发展到现代的“完人教育”，音乐始终与人类的教育活动紧密相连，通过教育活动培养出符合社会需求的人才，进而推动了人类社会的进步和发展。随着生活水平的不断提高，人们在物质需要得到满足的前提下，开始关注更深层次的精神需求，音乐这一艺术形式与人们生活的融合度也越来越高。对于学前儿童来说，音乐是激发他们生命与智慧活力的甘泉，是他们全面健康与和谐发展不可或缺的精神食粮。幼儿园教师不仅要具备一定的音乐素养和技能，更要具备实施音乐教育的能力。

项目描述

本项目从音乐的本质与特征、学前音乐教育的特点切入，结合幼儿园音乐教育的主要内容形式，介绍歌唱活动、韵律活动、打击乐演奏活动、音乐欣赏活动、音乐游戏的儿童能力水平和教学实施策略，帮助职前幼儿园教师涵养音乐教育素养、锤炼音乐教育岗位能力。在本项目中，你需要以多种方式回应与学前儿童音乐教育相关的理论或实践问题。

知识引入：音乐与学前儿童音乐教育

一、音乐的本质与特征

马克思主义的艺术理论认为，艺术是人类社会生活在人脑中主观反映的结果，因此，音乐也只能是人类对现实存在的一种特殊形式的主观反映。无论怎样特殊形式的音乐现象，都能在现实存在中找到根源，但音乐并非对现实生活的直接模仿，也并非照搬照录，而是经过了音乐家的加工改造与艺术概括。即使是学前儿童对现实生活的游戏性模仿，也充满了他们对该模仿事物独特的认识与情感。音乐作为人类特有的文化现象与艺术形式，是人类在社会实践中不断发展的产物。音乐反映社会生活，但不是对社会生活的直接描绘，而是音乐家把个人对社会生活的理想、态度、体验等高度概括后再运用有组织、有意识的具体音响形式表现出来的结果。因此，从本质上讲，音乐是一种社会生活审美性的主观反映。与文学、绘画、雕塑等其他艺术形式相比，音乐是由声音的运动与静止共同构建成的艺术。作为一门独立的艺术，音乐具有以下几个方面的特征。

（一）音乐是声音的艺术

音乐是通过有机组合的声音材料塑造艺术形象，反映现实生活，表达人们思想感情的艺术。高低、长短、强弱、音色不同的声音构成音乐的节奏、旋律、速度、力度、音色、和声、调式、曲式等音乐表现手段。音乐不是杂乱无章地将各种声音进行堆砌，而是根据一定的审美情感、审美理想、审美需要等，创造性地选择、组合各种声音，最终达到恰当地、富有美感地表现特定内容的艺术。因为，音乐艺术具有不确定性的特点，所以，对听觉有一定的要求。敏锐的音乐听觉的获得既需要先天的条件，又需要后天的训练，而音乐教育是培养音乐听觉最便捷的途径。

（二）音乐是听觉的艺术

音乐是以音响为物质手段的艺术，而音响的感知只能诉诸听觉，因此，音乐是以听觉感知为主要感知手段的听觉艺术。感受音乐就是通过听辨出声音的高低、长短、强弱、音色不同构成的音乐表现手段，借助这些表现手段，体会音乐表达的思想与情感。与造型艺术、语言艺术等艺术形式不同，音乐只能通过声音形象引起欣赏者的主观联想和想象，但是倾听音乐的听觉刺激能唤起欣赏者多方面的兴奋，如肌肉的运动，思维、想象、联想的产生，以及各种相应的情绪、情感的体验等。

（三）音乐是时间的艺术

音乐形象是以流动的音响展现在一定的时间中的。音乐作为听觉的艺术，具有需要在时间的流动过程中展开和完成艺术形象塑造、完善组织结构的特征，故音乐不像视觉艺术那样，可以较长时间地保存在那里供人欣赏，一旦演奏、演唱结束，音乐就不复存在了。音乐的这一特征要求人们在欣赏音乐时必须具备优秀的专注力、良好的听觉和听觉记忆等。所以，音乐具有较强的时间性，这既是音乐的特点，又是音乐的局限。从作曲来看，作曲家为了加深人们对音乐旋律的记忆，常常在乐句、乐段中使用重复、反复、变奏、回旋等手段。这些都是因为音乐有较强的时间性特点，重复、反复、变奏、回旋等手段能使欣赏者的某种情感体验在时间流动中不断得到积累和强化，使其能长久地沉浸在审美享受的状态中。

（四）音乐是情感的艺术

造型艺术以直接再现外部现实生活为基本特征，而音乐艺术恰恰相反，音乐擅长的是内心的表现，表现人的感情与意志。声音与人的感情直接相关，特别是人声。如《乐记》中所描述的："人心之动，物使之然。感于物而动，故形于声。"所以，声音最具有传达人的情感的功能。音乐这种流动的音响，最擅长的是通过情感的直接抒发和体验达到审美活动的目的，具有以情动人、以情感人的艺术魅力，故被人们公认为情感的艺术，正如俄国作曲家斯特拉文斯基所说："音乐就是情感，没有情感就没有音乐。"如倾听《国际歌》《义勇军进行曲》等音乐，就能激发起悲壮、激动之情；倾听歌曲《歌唱祖国》，庄严和自豪之情也会油然而生。因为情感本身具有微妙性、模糊性和不可描述性，所以音乐能让欣赏者获得比其他艺术更多、更自由地利用个人体验的机会。

（五）音乐是表演的艺术

文学、绘画等艺术只要一经作者创作完成，就可以供欣赏者直接欣赏。音乐虽然是人类社会生活的反映，但这种反映不是再现性的，而是表现性的。由于音乐所用的材料和结构具有非语义性，只有通过表演这一中间环节，才能把作品的意象、意境表达出来，无论是哪位音乐家、剧作家写下的曲谱、剧本等，都只有通过表演这一途径才能展现艺术美，才能为听众和观众所欣赏与感受。

超级链接

音乐的形式美与内涵美

音乐的形式美，是指音乐中声音的高低、力度的强弱、节奏的快慢、旋律的张弛等要素表现的音响美，以及曲式结构的重复、变化造成的矛盾、冲突和有机统一的美等方面。音乐的内涵美，主要体现在音乐作品蕴含的真善美的意蕴和思想情感。音乐的审美是形式美与内涵美的高度统一。音乐的结构美、音色美等形式美，只有与适当的情感内容结合起来，也就是与内涵美结合起来，才能形成一种风格美和意境美。没有内涵的音响形式是没有生命的，即使有一些形式美（如和谐、悦耳），也只是单调机械的东西。只有充溢着内涵美的音乐，才能像鲜艳开放的花朵那样生机盎然。把握音乐的形式美与内涵美是音乐教师必备的音乐素养。

（资料来源：徐韵，等.学前儿童艺术学习与发展核心经验[M].南京：南京师范大学出版社，2021：240-246）

二、学前儿童音乐教育的主要特点

（一）学前儿童音乐教育是源于审美的情感教育

学前儿童心中潜存着一些人类永恒的情感，诸如感激、同情、关爱、友谊、亲情，这些需要通过教育尤其充满情感特质的音乐教育开发、唤醒与提升。

学前儿童音乐教育首先是一种审美感染的过程。在教育过程中，充分挖掘音乐中的审美因素与美的力量，将学前儿童音乐审美情感与能力的培养作为音乐教育的核心，引导学前儿童对音乐进行审美式的体验、探究、表现和创造。而学前儿童音乐教育的认知与教育功能，是在审美功能的基础上获得发展的。学前儿童天性喜爱音乐，丰富多样的音乐活动对学前儿童有着天然的亲和力，是学前儿童满足情感需要、自由表达真实情感的最佳方式。因此，学前儿童音乐教育要选择美好的音乐，用美好的音乐感染学前儿童，使学前儿童体验到人类蕴含于音乐中丰富多彩的情感体验。同时，学前儿童音乐教育要善于运用多种音乐与非音乐的形式，感染与打动学前儿童的情感，满足学前儿童情感交流与沟通的需要，丰富与陶冶学前儿童的情感世界，满足学前儿童审美的情感需求，帮助学前儿童获得更高级的审美快乐与享受。

教师在把握音乐教育这一特点时，尤其关键的是要正确处理音乐教育中审美能力的培养与知识技能教育之间的关系。教师要在音乐教育中克服那种“过分强调技能技巧和标准化要求”的偏向，摒弃单一的灌输式教学方式，同时也不要片面排斥音乐知识技能的学习。教师应善于激发学前儿童感受美、表现美的情趣，丰富他们的审美经验，使他们体验自由表达和创造的快乐，在学前儿童大胆表现的过程中逐渐提升他们音乐活动的能力。在此基础上，根据学前儿童的发展状况和需要，教师再对其音乐表现方式和技能技巧给予适时、适当的指导。

（二）学前儿童音乐教育是以游戏为主要方式的快乐教育

心理学研究表明，人有一种先天性的行为趋避倾向——趋向积极的情感体验而回避消极的情感体验，学前儿童尤其如此，对于那些能带给他们快乐并使之获得成功体验的活动，他们总是乐此不疲，并能表现出不凡的创造性。因此，音乐活动应始终让学前儿童感到轻松、快乐。快乐的音乐活动是学前儿童音乐兴趣培养的基础，是音乐的审美功能及认知、教育功能发挥作用的前提。

游戏是学前儿童的重要生活方式，是他们认识与把握世界的主要手段。苏霍姆林斯基曾经说过：“学前儿童只有生活在游戏、童话、音乐、幻想、创作世界中时，他的精神生活才有充分价值。没有了这些，他就是一朵枯萎的花朵。”游戏既是学前儿童音乐教育的重要内容，也是开展音乐教育的手段和形式。学前儿童音乐教育是以游戏为主要方式的快乐教育，主要包含两层意思：一是将学前儿童音乐活动与游戏的方式紧密相连，让学前儿童在教师有组织的游戏中快乐进行；二是在学前儿童音乐活动中渗透自由、愉悦、非功利、创造、平等的游戏精神，使学前儿童在进行音乐艺术活动时，精神状态是自由自主、无拘无束的，是快乐且充满审美幻想与创造的，这种本真的精神状态实际上就是游戏的内在品质——游戏精神的彰显。

因此，学前儿童音乐教育应是轻松愉快的，是学前儿童愿意参与的，是学前儿童在快乐的游戏与轻松愉快的活动中不知不觉地感受音乐的美、享受大胆参与和自由表现的乐趣并学习一些粗浅的音乐知识和技能技巧。正如著名日本音乐教育家铃木先生在《爱的才能启发》一书中说的“学前儿童的音乐教育应该从游戏般的快乐心情开始，再以游戏般的快乐心情引导到正确的方向”。的确，学前儿童还不能把音乐活动当作一种有意识、有目的的审美创造活动，他们只是为了满足活动的需要或因为自己喜欢才去进行音乐活动。游戏是学前儿童一种特殊形式的审美活动，学前儿童热衷于追求游戏过程中的快乐，所以，只有以游戏为手段的音乐教育才能真正满足他们的心灵需要。

（三）学前儿童音乐教育是以学前儿童为主体的创造教育

学前儿童的生命应在主动与自由中获得充分发展，学前儿童音乐教育强调学前儿童在音乐活动中的主体性，反对那种偏重音乐知识技能学习与训练的“标准化”教育，要求在教育过程中充分尊重、发扬与完善学前儿童的主体性，着力发展学前儿童在音乐活动过程中的创造性。音乐家舒曼曾将音乐称为“一种最崇高的心灵语言”。学前儿童音乐教育就是要努力创造一个发展学前儿童“心灵语言”的音乐情境，创设让学前儿童敢唱、想唱、有机会唱并积极应答的音乐环境，让学前儿童在音乐活动中自由表现、相互交流，大胆抒发自己的心声，提高参与音乐活动的兴趣与能力。

因此，在学前儿童音乐教育过程中，教师应努力成为学前儿童音乐活动的支持者、合作者与引导者，尊重学前儿童的个体经验与音乐偏好，尊重学前儿童对音乐的独特理解与创造性的表现，努力创设各种条件引导学前儿童自主探索并运用自己喜爱的方式大胆地表达自己的情感、理解和想象，肯定和接纳学前儿童个性化的审美感受与表现方式，分享学前儿童创造的快乐。

（四）学前儿童音乐教育是丰富学前儿童生活的生活化教育

音乐源于生活，生活是教育的根，是音乐的源泉。学前儿童音乐是一种源于学前儿童生活的艺术，所表现的是学前儿童经常接触到的生活，要表达的是学前儿童真实的思想与情感，而并不是单纯的机械化技能与技巧。让音乐成为学前儿童的一种生活方式，是学前儿童音乐教师应该努力实现的理想与目标。

因此，教师在选择学前音乐教育内容时，应尽量与学前儿童的生活紧密相连，并将音乐渗透到学前儿童的生活中，让音乐丰富学前儿童的生活，让音乐滋养学前儿童的心灵。

任务1　学前儿童歌唱活动的实施

任务说明

叶圣陶先生曾说："音乐是世界的语言。"我们也常听人说："语言的尽头是音乐，音乐的尽头是情感。"确实如此，有时，语言达不到的效果，音乐却可以达到。歌唱是人们表达和交流情感最自然的方式。歌唱活动不仅能给学前儿童带来无穷的乐趣，对学前儿童的发展也具有重要价值。它能培养学前儿童的乐感（节奏感、旋律感、结构感、乐感、速度感、力度感），提高学前儿童的音乐创作能力。与此同时，歌唱活动还潜移默化地陶冶学前儿童的情操，启蒙学前儿童的心灵，完善学前儿童的品格。

3～6岁儿童的歌唱能力存在一定差异，教师在活动实施中，既要注重不同年龄段方法技能上的共性问题，也要注意不同年龄段歌曲选材、基本素质和能力培养方面的特性问题。所以，在"学前儿童歌唱活动的实施"这一任务中，你需要结合所学，完成以下工作任务。

1. 课堂巩固

扫码听歌曲，为歌曲设计歌唱活动目标，完成工作表单1。

工作表单1

歌曲音频	年龄段	活动目标
大雨和小雨		
买菜		
颠倒歌		

2. 赛场直通

小组合作参与全国职业院校技能大赛学前儿童教育技能赛项，完成教育活动设计赛卷，填写工作表单2。

工作表单2

赛卷材料：

①教学活动设计（1课时）（书面作答）：设计1课时（15分钟）集体教学活动的教案。教案格式完整规范，语言清晰、简洁明了，目标设计、内容选择、方法运用等符合学前儿童年龄特征和领域特点。

②模拟教学（1课时）（口头作答）：根据教学设计，进行模拟教学，教学活动过程要自然流畅，师幼互动充分，活动效果好，在10分钟内完成。

活动名称	
活动目标	
活动准备	
活动过程	
反思与评价	
教学改进	
小组成员	

学习支持

一、学前儿童歌唱能力的发展

歌唱是学前儿童最常见和最喜欢的音乐活动形式。在歌唱活动中，学前儿童不仅可以获得充分的满足感和成就感，还可以通过这种方式表达自己的感受和体验。了解不同年龄段学前儿童歌唱能力的水平和特点，是开展学前儿童歌唱活动的基本前提。根据现有研究，学前儿童歌唱能力的发展主要表现在以下几个方面。

（一）歌词方面

3～4岁：在歌词的表现上，这个年龄段的学前儿童虽然语言有了很大的发展，可以掌握相对较短的句子或较长歌曲中比较完整的片段，但由于思维认知的限制，他们在理解歌词的意思上仍存在一定的困难。此外，听力和发音能力也相对较弱。所以，他们听不懂歌词，往往会口齿不清。

4～5岁：这个年龄段的学前儿童对歌词的掌握能力有了进一步提高，一般能较为完整、准确地再现熟悉歌曲的歌词，对歌词的聆听、理解、记忆和识别能力有了很大提高，唱错字、发错音的情况有所改善。

5～6岁：这个年龄段的学前儿童唱歌的技巧和水平有了明显提高。首先，随着语言的发展，他们能记住更长、更复杂的歌词，也能进一步提高对词语含义的理解，在歌词的发音和吐字咬字方面也变得更加完善。

（二）音域方面

3～4岁：学前儿童唱歌的音域一般为c^1～a^1，其中，舒适轻松的音域区间为d^1～g^1。学前儿童音域发育存在个别差异，音域稍宽的学前儿童可以达到c^2的高音，偏低可达到a的低音；音域较窄的学前儿童只能唱3个音左右。

4～5岁：学前儿童唱歌的音域较以前有了拓展，一般可以达到c^1～b^1，但个别学前儿童仍存在较大差异。

5～6岁：学前儿童唱歌的音域基本可以达到c^1～c^2，有的学前儿童甚至更宽。

（三）旋律方面

3～4岁：在旋律感知方面，这个年龄段的学前儿童存在差异性和不精确性，最明显的表现是“走音”。相当一部分学前儿童有音准问题，经常不能准确地唱出歌曲的旋律，唱歌有点像“念歌词”。这种“走音”的情况在没有乐器伴奏或独自唱歌时尤其严重。当然，这种现象也会因为歌曲音域过宽、音调过高或过低、旋律难度过大而发生。

4～5岁：因为这个年龄段的学前儿童接触的歌曲越来越多，他们对旋律的感知、识别能力逐渐提高，对音准的把握能力有了一定进步。在乐器或录音的伴奏下，大多数学前儿童基本能唱准旋律合适的歌曲。当然，在个别学前儿童中，旋律感、音准仍然是歌唱能力发展中最困难的一种。

5～6岁：随着歌唱经验的不断积累，学前儿童旋律感的发展，尤其是音准方面的进步更加明显。他们不仅能轻松掌握小三度、大三度、纯四度、纯五度音程，还能更准确地唱出旋律的音高，而且在级进、小跳、大跳时不会感到太困难。这个时候，学前儿童已经初步建立了调式感。

（四）节奏方面

3～4岁：这个年龄段的学前儿童基本能有节奏地演唱歌曲，特别是对于走步、跑步、心跳、呼吸等对应的节奏——四分音符、八分音符组成的歌曲节奏更容易感受和掌握。

4～5岁：在节奏方面，随着学前儿童听觉分辨能力逐渐提高，这个年龄段的学前儿童对歌曲节奏的把握和表现能力都有了很大发展。他们不仅能掌握四分音符和八分音符的节奏，还能更准确地再现二分音符的节奏，甚至带附点的节奏。

5～6岁：这个年龄段的学前儿童不仅能准确表现$\frac{2}{4}$拍、$\frac{4}{4}$拍歌曲的节奏，而且对三拍子歌曲及弱起节奏有一定的理解和把握，能较好地掌握附点节奏和切分节奏歌曲的演唱。

（五）呼吸方面

3～4岁：由于这个年龄段的学前儿童肺活量小，呼吸较浅，控制呼吸的能力还没有很好地发展，经常不能按乐句进行呼吸和演唱。有的学前儿童会在唱每一个字时都进行呼吸，有的学前儿童会在一个乐句没唱完时就中途换气，经常会因为呼吸打断句子、打断词意（一般会在强拍后面或时值较长的音后面自由换气）。

4～5岁：这个年龄段的学前儿童对声音的控制能力有了进一步提高，逐渐学会使用较长的呼吸，一般可以在教师的指导下学习按乐句和情绪的要求进行呼吸，打断句子、打断歌词的呼吸现象有了明显改善。

5～6岁：这个年龄段的学前儿童呼吸比以前保持的时间更长，可以根据音乐的情感要求更自然地进行呼吸。与此同时，其演唱时的音量也显著增加。

（六）表情方面

歌唱的表情大致有三种：声音表情、面部表情和身体动作表情。声音表情，是指在演唱中正确运用各种音乐的表现手段，如速度、力度、音色、咬字等，以此表达歌曲的思想和情感。面部表情，是指唱歌时与歌曲情绪相一致的面部表情。身体动作表情，是指唱歌时配以适当的体态和手势等动作。

3～4岁：在成年人的引导，特别是在幼儿园良好教育的影响下，学前儿童能利用速度、力度、音色等方面的明显变化表达自己熟悉、理解的歌曲的情绪和内容。

4～5岁：学前儿童对音乐的感受能力增强。他们在把握歌唱的速度、力度和音色变化方面有了一定的进步，能更加细致地表达歌曲的情感。

5～6岁：学前儿童在唱歌方面可以用更加自然的声音和表情进行演唱。他们在唱歌时，声音和表情变得更加丰富，对歌曲内容的理解和情感的体验在一定程度上得到了增强。他们能根据歌曲内容唱出强弱的变化，还能很好地掌握速度。这个阶段的学前儿童有一定的控制能力，能控制呼吸、发声器官和自己的情绪，表达出与歌曲情绪一致的感受。

（七）合作协调方面

3～4岁：在集体唱歌的合作与协调中，3岁左右的学前儿童还不会相互配合，缺乏合作意识，常常出现有的学前儿童唱得快，有的学前儿童唱得慢，有的学前儿童声音特别突出等情况。到3岁末时，学前儿童基本能整齐地开始和结束，音量、音色、音高、速度与集体保持和谐。

4～5岁：随着音乐活动和歌唱活动的积累，这个年龄段的学前儿童不仅能更协调地参与集体歌唱，而且会注意声音的音色、表情、力度、语速等方面，与集体保持一致。

5～6岁：这个年龄段的学前儿童已经积累了一定的合作歌唱经验，培养了较强的合作协调意识和技巧。他们会有意识地控制自己的声音，会敏感地注意到集体歌唱中的不协调及其产生原因。

（八）创造性表现方面

3岁以后，学前儿童创作的“轮廓”已经逐渐清晰，并开始丰富和完善。他们会逐渐形成比较清晰的创意表达意识，且创意表达技巧会得到一定的发展。

3～4岁：学前儿童自我表达的欲望增强，可以为短小、重复的歌曲填词。

4～5岁：学前儿童创造力会有一定的提升，积累了一定的歌曲创作和演唱表达经验，有一定的创作表达意识。他们会通过替换歌词或对歌曲的旋律进行改编重新演唱一首歌；他们也会自发地改变歌唱的形式和表达。

5～6岁：学前儿童可以在教师的指导下对歌曲的处理提出更多独创性意见。他们可以为歌曲创编表演动作，改变歌唱的形式。有些歌唱能力好的学前儿童，能对熟悉歌曲的节拍和节奏进行改变，甚至能独立哼唱出一个比较完整的新曲调。

总之，随着学前儿童年龄的增长和歌唱活动经验的积累，他们对歌唱活动的积极态度和最初的兴趣爱好逐渐得到巩固，歌唱技巧进一步发展，对歌曲结构感受日益合理和完善。他们能从音高轮廓漂浮不定到准确地再现音高、音域由窄到宽、节奏由单调散漫到丰富有条理、调式调性感受从模糊到准确……对学前儿童歌唱能力发展特点的了解是“知”，是基础，是前提；活动的开展是“行”，是重点，是关键。幼儿园音乐教育以学前儿童为中心，必须以知促行，以行促知，做到知行合一。

二、学前儿童歌唱活动的目标

幼儿园歌唱活动的目标，应主要着眼于指导学前儿童学习用自然、好听的声音正确演唱歌曲，尝试用歌声表达自己的思想、抒发内心的情感体验。教师也要注意到，歌唱活动应符合音乐活动的特性，让学前儿童通过歌唱愉悦身心的同时，也能表现歌曲的音乐特征。

（一）学前儿童歌唱活动的总目标

①喜欢参加歌唱活动，能感受歌曲中的美，并能从中感受联想周围环境、生活中美的事物。

②能用自然、好听、基本准确的音调和节奏参与歌唱活动，并能尝试运用速度、力度、音色、节奏、节拍等表现手段表达自己的情感。

③尝试用独唱、领唱、齐唱等不同演唱形式参与歌唱活动，感受其中的美。

④乐于尝试各种有关歌唱的创造性活动。

（二）学前儿童歌唱活动的年龄段发展目标

在开展歌唱活动时，要依据《幼儿园教育指导纲要（试行）》及《3～6岁儿童学习与发展指南》中的相关要求，根据各阶段学前儿童歌唱能力的发展特点，制定相应的发展目标。

1. 3～4岁儿童歌唱活动的发展目标

①喜欢自哼自唱或模仿有趣的动作、声调，能用自然的声音基本合拍地演唱。

②能倾听音乐伴奏，逐步对歌曲的开始和结束做出正确的反应。

③初步感受、理解歌词内容，表达出歌曲的基本情绪。

④尝试仿编（替换）歌曲中某一乐句的歌词进行演唱。

2. 4～5岁儿童歌唱活动的发展目标

①能用基本准确的音调和节奏演唱歌曲。

②能认真倾听音乐伴奏，较准确地接前奏、间奏，演唱时注意与集体声音和谐一致。

③能按歌曲的情绪特点进行演唱，初步表达出$\frac{3}{4}$拍歌曲的特点。

④尝试为熟悉的歌曲仿编或续编歌词。

3. 5～6岁儿童歌唱活动的发展目标

①歌唱时声音自然、好听，音调、节奏基本准确，能初步运用速度、力度、音色等表现手段表现情感。

②敢于大胆地独唱、领唱，演唱时注意与伴奏及集体的歌声和谐一致。

③能初步感知、表达$\frac{2}{4}$拍、$\frac{3}{4}$拍、$\frac{4}{4}$拍等歌曲的节拍特点。

④尝试创编歌词表达自己的情感。

超级链接

歌唱关键经验维度

歌唱关键经验包括节奏、旋律和描述，主要包括合拍做动作、具有旋律轮廓线地歌唱、用身体动作描述音乐内容与形式、用语言描述音乐内容与形式四项。这提醒我们，在设计歌唱活动目标时，要根据学前儿童和音乐材料的特点，重点强调某一项或是几项关键经验。我们要学习和坚持马克思主义科学方法论，提高辩证思维能力，善于抓住关键，找准重点，这样才能更加科学地促进学前儿童音乐能力发展，进而完成幼儿园音乐教育的目标。

（资料来源：王秀萍.幼儿园音乐领域教育精要：关键经验与活动指导[M].北京：教育科学出版社，2015：88）

对点案例3-1

歌唱活动目标表述

1. 小班歌唱活动：合拢张开

①通过对小手能做的事情的语言描述与动作表达，感受歌曲的歌词内容。

②边唱歌边做小手躲猫猫与爬的游戏，体验身体动作与音乐的合拍特征。

③乐于边歌唱边进行动作表演，在愉快的情绪中结束活动。

2. 大班歌唱活动：五只小青蛙

①通过对《五只小青蛙》图片的观察与描述，感受歌曲的歌词内容。

②通过对教师示范动作的模仿，体验身体动作与音乐的合拍特征。

③创编青蛙捉虫子、吃虫子的动作，合拍地表演歌曲的身体动作。

三、学前儿童歌唱活动的内容与材料

（一）学前儿童歌唱活动的内容

歌唱在儿童音乐教育中占有重要地位，是儿童音乐活动的主要内容和基础。学前儿童歌唱活动的内容主要包括歌曲（含节奏朗诵）、歌唱表演形式及歌唱知识技能。

1. 歌曲（含节奏朗诵）

歌曲是一种具有旋律、歌词和声音表现的音乐艺术形式。在学前儿童音乐教育中，歌曲所占比例最大。歌曲是学前儿童最喜欢并且易于理解和接受的音乐内容。同时，歌唱活动方便易行，每个学前儿童都拥有天生的、自然的“嗓音乐器”，不受任何客观条件的限制，随时随地都能开展歌唱活动。教师在设计歌唱活动时，要选择优秀的儿歌，力求教学形式多样，实践方法灵活，注意引导学前儿童把握歌曲的主要内容和情感，进入歌曲的意境，真正掌握每一首歌曲。

节奏朗诵是一种艺术语言与音乐相结合的艺术表现形式，能使学前儿童在欢乐的情绪中加深对语言和节奏的感受与理解。与歌曲相比，节奏朗诵似乎没有清晰可辨的旋律，但它体现了音乐艺术形式美的特点。通过声音和音调的变化，学前儿童不仅表达出一系列有韵律感、节奏感和结构感的词语，还能感受和体验固定节拍、节奏、强弱、速度和音调高低、乐句结构等几乎所有的音乐形式元素。从这个角度来看，节奏朗诵和歌曲除了存在旋律的不同之外，在其他方面都是相似的。节奏朗诵的具体内容可以是诗歌、歌词、童谣、游戏语言，也可以是短语、拟声词、无意义的嗓音音节，甚至可以是嘴唇、牙齿、舌头和气息振动发出的一些声音。例如，针对学前儿童熟悉的诗歌《春天花儿开》具有朗朗上口且押韵的特点，教师组织学前儿童进行了创编节奏活动。“春天花儿开，小草钻出来”的诗句，学前儿童创编的节奏各不相同，有的学前儿童拍的节奏是“春天｜花儿｜开，小草｜钻出｜来”；有的学前儿童拍的节奏是“春｜天｜花儿开，小｜草｜钻出来”。通过这种形式的练习，学前儿童对节奏的感知、理解能力得到了显著提升。

对点案例3-2

《花儿好看我不摘》的节奏型

1=C $\frac{2}{4}$

公 园 里 | 花 儿 开 | 红 的 红 | 白 的 白 | 花 儿 好 看 | 我 不 摘 ‖

2. 歌唱表演形式

歌唱表演形式，是指参加歌唱活动的人数、合作方式及唱歌时伴随的表演方式（如动作表演、乐器伴奏等）的总和。学前儿童在学前阶段就能掌握歌唱表演的主要形式（包括节奏朗诵形式）：独唱、齐唱、接唱、对唱、领唱齐唱、轮唱、合唱和表演唱等。

①独唱：一个人独立地歌唱或独自歌唱。

②齐唱：两个或两个以上的人在一起整齐地演唱完全相同的曲调和歌词。

③接唱：包括个人对个人的接唱、个人对小组的接唱及小组对小组的接唱。常见的形式是半句、半句的接唱或一句、一句的接唱。

对点案例3-3

《大鼓和小鼓》的接唱形式

［日］小林纯一　词
［日］中田喜直　曲
陈永莲　译配

1=C $\frac{2}{4}$

3 3 1 1 | 5 5 | 3 3 1 1 | 5 5 5 |
敲 起了 大 鼓 嗵 嗵， 敲 起了 小 鼓 咚 咚 咚。

6 5 3 3 | 5 3 2 2 | 5 5 | 1 1 1 ‖
敲 起了 大 鼓 嗵 嗵，敲 起了 小 鼓 咚 咚 咚。

方案一：甲（敲起了大鼓）乙（嗵嗵）甲（敲起了小鼓）乙（咚咚咚）（敲起了大鼓，敲起了小鼓）乙（嗵嗵咚咚咚）。

方案二：甲（敲起了大鼓嗵嗵）乙（敲起了小鼓咚咚咚）甲（敲起了大鼓）乙（敲起了小鼓）甲（嗵嗵）乙（咚咚咚）。

④对唱：形式上与接唱类似，内容上更强调问答式的呼应，包括个人对个人、个人对小组（或集体）、小组与小组之间的问答式歌唱。

对点案例3-4

《小鸡小鸡在哪里》的对唱形式

1=C $\frac{4}{4}$

1 1 3 3 | 2 2 1 – | 3 3 5 5 | 4 4 3 – |

（问）小 鸡 小 鸡 在 哪 里？（答）叽 叽 叽 叽 在 这 里。

（问）× × × 呀 在 哪 里？（答）老 师 我 呀 在 这 里。

6 6 5 3 | 4 5 3 – | 6 6 5 3 | 2 2 1 – ‖

（问）小 鸡 小 鸡 在 哪 里？（答）叽 叽 叽 叽 在 这 里。

（问）× × × 呀 在 哪 里？（答）老 师 我 呀 在 这 里。

⑤领唱齐唱：一个人或几个人演唱歌曲中比较主要的部分，另外集体演唱歌曲中配合的部分。

对点案例3-5

《我爱我的小动物》的领唱齐唱形式

佚　名 词曲

1=C $\frac{2}{4}$

5 6 5 4 | 3 1 | 2 1 2 3 | 5 – |

（领）我 爱 我 的 小 猫，小 猫 怎 样 叫？

3 3 3 | 5 5 5 | 3 3 2 2 | 1 – ‖

（齐）喵 喵 喵 喵 喵 喵，喵 喵 喵 喵 喵。

⑥轮唱：两个小组（或声部）一先一后按一定间隔开始演唱同一首歌曲。

对点案例3-6

《闪烁的小星》的轮唱形式

1=C $\frac{4}{4}$

（一声部）	1	1	5	5	6	6	5	-	4	4	3	3	2	2	1	-
	一	闪	一	闪	亮	晶	晶，		满	天	都	是	小	星	星。	
（二声部）	0	0	0	0	1	1	5	5	6	6	5	-	4	4	3	3
					一	闪	一	闪	亮	晶	晶，		满	天	都	是

⑦合唱：包括多种形式，其一，可以是一个声部（或小组）哼唱旋律，另一声部（或小组）以相同的节奏背诵歌词；其二，可以是一个声部（或小组）唱歌词，另一个声部（或小组）唱同一旋律的衬词；其三，可以是一个声部（或小组）唱歌词，另一个声部（或小组）在第一个声部（或小组）休止或延长处用拟音演唱填充式的词曲；其四，可以是一个声部（或小组）唱歌词，另一个声部（或小组）唱固定音型式的词曲或延长音；其五，可以是两个声音（或集体）同时演唱两首互相和谐的歌曲；等等。

合唱：萤火虫

对点案例3-7

《欢乐颂》的合唱形式

		3	3	4	5	5	4	3	2	1	1	2	3	3·	2	2	-
方案一：	一声部：（演唱）	蓝	天	高	高，	白	云	飘	飘，	太	阳	公	公	在	微	笑。	
	二声部：（衬词）	啦	啦	啦	啦	啦	啦	啦	啦	啦	啦	啦	啦	啦	啦	啦。	
方案二：	一声部：（哼鸣）	呜……………………………………。															
	二声部：（朗诵）	蓝	天	高	高，	白	云	飘	飘，	太	阳	公	公	在	微	笑。	

⑧歌表演：一边唱歌一边做身体动作的表演。这些身体动作可以是有明确节奏的，也可以是没有明确节奏的；可以是表现歌词内容的，也可以是表现歌曲情绪内容的；可以是有移动的活动空间的，也可以是站着或坐着表演的；可以是手、脚配合或整个身体配合完成的，也可以是只用手或脚或者某个单一声部进行表演的。

对点案例3-8

《小小蛋儿把门开》歌表演动作建议

1=E $\frac{2}{4}$

1 3 | 1 3 | 1 5 5 | 5 – | 3 5 | 3 5 | 3 2 2 | 2 – | 1 3 |

小 小 蛋 儿 把 门 开， 走 出 一 只 小 鸡 来。 毛 茸

1 3 | 5 4 4 | 4 – | 5 5 4 4 | 3 3 2 2 | 7 5 6 7 | 1 – ‖

茸 呀 胖 乎 乎， 叽 叽 叽 叽 叽 叽 叽 叽 唱 起 来。

动作建议：

“小小蛋儿”：双手抱在胸前做蛋的样子。

“把门开”：做打开门的样子。

“走出一只小鸡来”：向前跨一步，双手从上向下打开身体两侧做鸡翅膀。

“毛茸茸呀胖乎乎”：双手放在身体两侧，指尖向外，屈膝走。

“叽叽叽叽叽叽叽叽唱起来”：双手食指、拇指相对放在嘴前，做小鸡嘴巴状，模仿小鸡唱歌，转一圈。

3. 歌唱知识技能

歌唱，是学前儿童用自己的歌声表达歌曲的思想和感情。唱歌是一种需要学习的技能，在学前儿童歌唱活动中，学前儿童应逐步掌握以下最基本、最简单的知识和技能。

（1）正确的歌唱姿势

身体和头部保持直立，两眼保持平视，两肩放松不紧张，两臂自然下垂或自然放在腿上；唱歌时不要靠在椅背上，坐椅子的1/2或1/3。

（2）正确的发声方法

下巴自然放松，嘴巴自然张开，自然地向前发音；不要大声喊叫，也不要刻意控制音量等。

（3）正确的呼吸方法

自然呼吸，均匀用气，不发出吸气声；呼吸时，不要抬头或耸肩；一般不在句子中间呼吸换气。

（4）正确的演唱技能

首先，准确地辨别、理解并形成清晰的音响表象；其次，在熟练掌握的基础上轻松自如地演唱。

（5）自然、恰当的表达技能

自然而舒适地歌唱；有理解、有感情地歌唱；自然恰当地运用声音表情、面部表情和身体动作表情，不要做作。

歌唱表情

我们在谈论歌唱表情时，一般人可能会考虑演唱者在演唱时的一种显性面部表情和身体体态（包括身体姿势和动作）。事实上，如果我们要评估一个人的歌唱是否有吸引力，以及有什么样的感染力，不仅仅是在谈论演唱者的身体和面部表情，还在谈论演唱者的声音表达。一个人的歌唱是否具有一定的表情，需要涉及两个方面的问题：一是演唱者内心是否有一定的情感体验，以及演唱者是否有表达这种情感体验的欲望；二是演唱者是否掌握了用歌唱表达感情的知识和技巧，即是否运用吐字、发音、呼吸间续变化和速度、力量变化等演唱技巧进行演唱，只有运用一定的歌唱技巧，歌唱传达的内心情感才能被称为“声音表达”。当然，对于学前儿童来说，这些技能的使用程度是非常低的。

（资料来源：张丽丽.歌曲演唱中的情感体验与表现[J].郑州航空工业管理学院学报（社会科学版），2016，35（3）：184-187）

（6）正确、默契的合作技能

注意倾听自己和别人的歌声，不超前也不拖后；在与同伴一起唱歌时，不使自己的歌声突出，要与别人保持整齐一致；轮流唱歌时，也能和其他人或另外声部保持和谐衔接；演唱时，要努力保持各声部在音量、音色、节奏等方面的协调，以及内心情感体验、声音表达、面部表情（包括眼神交流）、肢体动作表达的沟通与协调。

（7）嗓音运用、保护的知识技能

不要长时间和剧烈运动后大喊大叫和歌唱；不要在污浊的空气环境及迎风环境中歌唱；不要在感冒或喉咙发炎时歌唱；唱歌时，要注意保持身体、情绪、表情、嗓音的舒适状态，在有感到不舒服时，一定要注意暂停、休息或自我调节等。

（二）学前儿童音乐歌唱活动的材料

1. 歌曲的选择：歌词方面

（1）内容与文字要有趣并易于理解

学前儿童年龄小、生活经验比较有限，对事物和语言的理解能力较弱。所选歌词的内容和文字表达要注意几个方面。一是歌词要让学前儿童容易理解，并且要让学前儿童充满兴趣。否则，很难引起学前儿童的兴趣和情感共鸣。二是要选择学前儿童熟悉和喜爱的歌词内容，如动物、植物、自然现象、交通工具、学前儿童自己的身体部位、学前儿童自己的生活和活动、学前儿童熟悉的成年人等。三是歌词的文字要生动有趣，如使用押韵、重复等手法，运用拟声词、对比词、感叹词、无意义音节等。另外，根据学前儿童的年龄特点和心理特点，短小的歌词篇幅学得更快、记得更快，这也为他们提供了更多创编歌曲的机会。四是歌词要有潜在的情感价值，如《欢乐歌》中爱的熏染和感化，《我的好妈妈》中对美德的赞美，《螃蟹歌》中对美好生活的体验，等等。

（2）歌词内容应适用于动作表现

学前儿童天性好动，情绪外露，所以唱唱跳跳、唱唱玩玩是他们最喜欢的音乐表现活动。学前儿童的活动，总体上是没有分化的，说和唱都常常伴随着动作。如果歌词本身适合动作的表达，那么这首歌更容易被学前儿童喜爱和接受。此外，边唱边做动作，不仅有助于学前儿童记忆歌词、发展节奏和动作协调性，还有助于学前儿童更好地表达情绪情感。以歌曲《走路》为例，歌词内容："小鹿走路跳跳跳，小鸭子走路摇摇摇，小乌龟走路爬爬爬，小花猫走路静悄悄。"两句简单的歌词包含了四个生动的动物形象，学前儿童可以快速加入身体律动并快乐地歌唱，还能快速地记住歌词。

（3）歌词结构应简单、多含重复

"结构简单"主要是指句子所含词汇少，语法结构简单；"多含重复"主要是指句子在长度、语言朗读节奏结构等方面多含相同或相似。例如，在歌曲《碰一碰》中，歌词内容："问：找一个朋友碰一碰……，碰哪里？答：鼻子碰鼻子！"当音乐重复多次时，学前儿童可以自由编唱："小脚碰小脚！"也可以用身体部位或其他熟悉的物体替换鼻子和脚。学前儿童创编歌曲时，可以随意编造任何不合常理的东西。此外，简单重复的歌词更容易让学前儿童理解和记忆。像《碰一碰》《我爱我的小动物》中的歌词，除了动物名称和动物声音不同外，其他歌词都是完全相同的。学前儿童唱这样的歌曲，语言记忆的负担很轻，可以有更多精力享受唱歌和做动作的乐趣。

2. 歌曲的选择：曲调方面

（1）乐曲音域比较窄

乐曲音域不宜过宽，要符合学前儿童的生理特点。为了保护声带，学前儿童唱得太高或太低都不合适。一般来说，适合每个年龄段的音域是3～4岁为c^1～a^1（六度），4～5岁为c^1～b^1（七度），5～6岁为c^1～c^2（八度）。偶尔会有音高超出上述范围，但一般不会多次出现或在高音处停留很长时间。

（2）节奏比较简单

在为4岁以内儿童选择歌曲时，歌曲的节奏应以二分音符、四分音符和八分音符为主，也可以适当添加附点音符，如歌曲《拔萝卜》。对于4～6岁儿童，歌曲的节奏可以包含少量的十六分音符，还可以增加附点音符的频率，以及切分音、弱起等一些难度较大的节奏。对于4岁以内儿童，选择歌曲的节奏最好以$\frac{2}{4}$拍和$\frac{4}{4}$拍为主；对于3～4岁儿童，也可以选择$\frac{3}{4}$拍的歌曲；为4～6岁儿童选择歌曲，除了以上拍子外，还可以多添加$\frac{3}{8}$拍和$\frac{6}{8}$拍的歌曲。

（3）旋律的线条较为平稳

学前儿童一般不适合唱旋律起伏太大的歌曲，应选择旋律较为平缓柔和的歌曲。4岁以内儿童唱歌一般多以三度以内的音程为主，不适合唱小二度音程。4～6岁儿童可以唱四度、五度、八度音程，但不宜唱六度、七度音程及连续大跳的音程。

（4）曲调结构短小工整

学前儿童不适合唱篇幅长、难度大的歌曲。4岁以下儿童歌曲应包含2～4个乐句，总长度一般为8小节。4～6岁儿童歌曲可以包含6～8个乐句，总长度可以增加到16～20个小节。

3. 内容、形式、情绪与风格的丰富性与多样性

拓展资源

为学前儿童选择的歌曲，题材应广泛，包括反映学前儿童喜爱的动物、植物和自然变化的歌曲，反映学前儿童日常生活、游戏、学习等主题的歌曲，以及反映学前儿童熟悉的场景、节日、成年人劳动生活的歌曲；形式要多样，独唱、齐唱、对唱、接唱、轮唱、双声部合唱等形式的演唱都要让学前儿童有所感受；情绪要丰富，每个年龄段的学前儿童都应该感受和表达活泼欢快、优美抒情、静谧甜美、雄浑有力的歌曲，从而丰富学前儿童的艺术体验，提升学前儿童的歌唱表现力。根据班级的实际情况，教师还可以选择一些风格独特的民歌和外国儿歌、童谣，组织学前儿童进行歌唱体验和表演。此外，幼儿园歌唱活动要注重学前儿童歌唱能力的发展，帮助学前儿童体验正确的共鸣位置和美好自然的声音，帮助学前儿童掌握正确的发音方法（咬字吐字），掌握好呼吸和歌唱之间的情绪表达。

四、学前儿童歌唱活动的设计与组织实施

学前儿童歌唱活动主要从活动材料设计、活动流程设计两个方面进行设计和组织实施。活动材料设计方面包括动作、歌词、媒介、情境设计等等；活动流程设计方面包括一般的环节设计和多元教学策略。

（一）活动材料设计

1. 动作设计

动作设计是在学前儿童掌握歌曲旋律和歌词后，在理解的基础上，用动作帮助表达歌曲的内容和性质，边唱边表演，即歌表演。歌表演有助于学前儿童加深对歌词的理解，加强动作与音乐之间的协调配合。

对于歌词在歌曲中反复出现，表达某种动作的歌曲，教师可以将歌词与动作表演结合起来，帮助学前儿童记忆歌词。当学前儿童熟练掌握了歌词后，再配上曲调，就更容易学习了。

对点案例3-9

《头发肩膀膝盖脚》的动作设计

《头发肩膀膝盖脚》歌词是："头发肩膀膝盖脚、膝盖脚、膝盖脚，头发肩膀膝盖脚，头发肩膀膝盖脚。"这首歌的歌词看起来相当简单，但在重复中有一定的难度，方向的变化，就足以让学前儿童反应一段时间。

分析：教师在处理歌词时，首先带领学前儿童玩动作游戏，让学前儿童熟悉身体各个部位的名字；其次加深难度，让学前儿童以变化的速度快速指出身体的各个部位，在紧张有趣的游戏中，激发学前儿童的学习兴趣；再次按照歌词的顺序进行讲解，并逐渐加快节奏，让学前儿童感知和体验反复的动作规则；最后用唱歌发出指令，让学前儿童逐渐熟悉歌曲的整体形象。在教师有趣的动作设计下，学前儿童很容易就记住了歌词。伴随着教师的歌唱，学前儿童自然就熟悉了曲调。

2. 歌词设计

歌词设计就是对歌词进行改编、续编、创编。改编就是教师直接提供歌曲的第一段歌词，边唱边表演，以引起学前儿童兴趣并帮助学前儿童理解、记忆“歌词的表达结构”，然后再请学前儿童创造性地提出另一种形象，将歌词填入歌曲。续编就是学前儿童在理解歌词表达结构和内容情节的基础上，想象添加符合前情的后续内容，教师整理提炼后形成后续歌词。创编就是教师提供某种具体情境让学前儿童用语言表达，教师将学前儿童的语言提炼成歌词并唱出来。

3. 媒介设计

（1）图片

纯用语言呈现的歌词很难引起学前儿童的共鸣，通过直观的画面激发学前儿童对歌词内容的兴趣是一种非常有效的手段。但是，图片设计的核心是图片本身能吸引学前儿童，没有吸引力的图片不具备激发学前儿童兴趣和思考的功能。歌唱教学中呈现的画面一般分为两类：全镜头和分镜头。全镜头画面是描述段落或歌曲内容的一幅图片；分镜头画面是指一个乐句的歌词用一张或几张图片构成对一首歌曲内容的说明与解释（见图3-1）。

资源拓展

歌曲《我爱你》的图形图谱

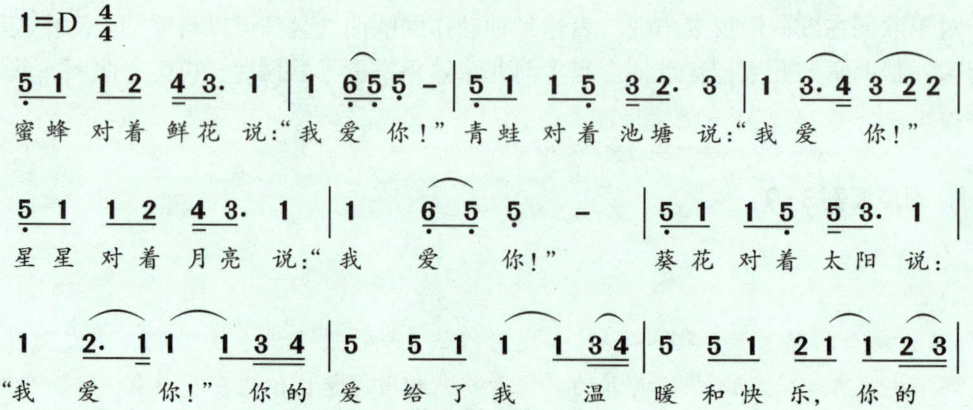

1=D $\frac{4}{4}$

5 1 1 2 4 3· 1 | 1 6 5 5 - | 5 1 1 5 3 2· 3 | 1 3· 4 3 2 2 |
蜜 蜂 对 着 鲜 花 说：“我 爱 你！” 青 蛙 对 着 池 塘 说：“我 爱 你！”

5 1 1 2 4 3· 1 | 1 6 5 5 - | 5 1 1 5 5 3· 1 |
星 星 对 着 月 亮 说：“我 爱 你！” 葵 花 对 着 太 阳 说：

1 2· 1 1 1 3 4 | 5 5 1 1 1 3 4 | 5 5 1 2 1 1 2 3 |
“我 爱 你！” 你 的 爱 给 了 我 温 暖 和 快 乐，你 的

1 1 2 3 1 1 2 3 4 | 3 2· 2 2 1 2 2 3 4 | 5 5 5 1 6 5· 1 |

爱　给了我　勇气和　力量。　我要　对你　大声　地呼　喊：

1 2 3 3 3 4 | 5 5 5 1 6 5· 1 | 1 2 1 1 1 — ‖

“我　爱　你！”我要　对你　大声　地呼　喊：“I　Love　You！”

图3–1 《我爱你》的图形图谱

（2）视频

视频在铺垫、激活、唤醒学前儿童生活体验方面具有独特的优势。例如，在学习理发师、按摩师、建筑师、画家等关于社会角色的歌曲时，如果给学前儿童提供1分钟左右的视频，根据歌曲学习内容的需要，对视频中社会角色的服装、工作环境、工作性质等进行描述和讨论，学前儿童进入相应的歌曲学习就会更加自然轻松，学习兴趣也会增加。另外，视频设计的关键是简洁和突出主题。无论是教师拍摄，还是用视频素材剪辑，如何让视频内容完全契合歌曲教学内容，都是教师需要考虑的问题。

4. 情境设计

学前儿童形象思维的特点决定了情境道具设计在幼儿园歌唱教学中的重要地位。学前儿童年龄越小，对情境和道具的要求越高。因此，小班的歌唱教学几乎离不开情境设置和道具的辅助。中、大班对情境和道具的需求会有所减弱，但仍有需求。幼儿园歌唱教学情境的设置其实包括了道具的设计。幼儿园歌唱教学中常见的情境设计包括以下几种。

（1）游戏情境

歌唱教学中的游戏情境设计是指设计与歌曲内容直接相关的游戏情境。例如，在“小老鼠上灯台”唱歌活动中，教师在活动的最后一个环节设计了模拟灯台的情境，教师扮演老猫，学前儿童扮演小老鼠。游戏玩法：“小老鼠”钻过山洞，过桥到灯台旁边，然后边唱边做靠近灯台的动作，当歌唱完的时候“老猫”大叫一声，“小老鼠”赶紧逃回家去。

（2）生活情境

关于劳动、洗漱、睡觉等生活活动的歌曲用生活情境的设计方式最能让学前儿童身临其境。例如，在“洗澡”唱歌活动中，整个活动的过程就是洗澡情境的设计：先拿出浴球洗全身，然后把浴球放好，跳进大浴盆在水边玩耍洗澡，最后做睡觉的准备。

（3）故事情境

故事情境的设计类似于故事角色扮演，主要区别在于故事设计比故事角色扮演需要更多的背景和道具。例如，在“挠痒痒”歌唱活动中，活动开始时，教师戴着树的头饰，穿着绿色的连衣裙，扮演一棵大树；学前儿童每人有一个毛毛虫指偶，扮演毛毛虫。这些道具提供了完整而真实的角色扮演场景，很容易让学前儿童融入歌曲中。

（二）活动流程设计

案例分析

1. 歌唱活动的一般环节

（1）导入新歌

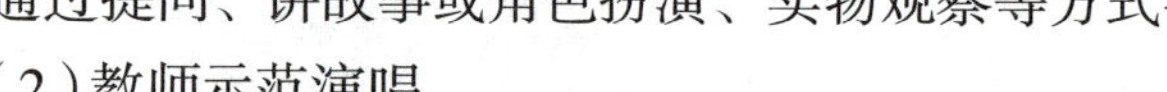
通过提问、讲故事或角色扮演、实物观察等方式导入新歌。

（2）教师示范演唱

示范演唱的过程中，教师要注意用正确的歌唱技巧，满怀真情进行演唱，使学前儿童受到音乐艺术的感染。

（3）围绕新歌展开教学活动

引导学前儿童理解歌词，掌握歌词，通过各种方式让学前儿童熟悉旋律，运用整体教唱法让学前儿童学唱。

（4）表演唱

在学会唱新歌的基础上，采取边唱边表演边伴奏等形式巩固所学新歌。

（5）创造性演唱

通过创编动作、创编歌词、创编伴奏、创编丰富的演唱形式创造性地演唱歌曲。

超级链接

发声练习策略

幼儿歌唱能力的发展离不开发声器官的灵活性，所以，歌唱前的发声练习尤为重要。第一，幼儿要有正确的呼吸方式，教师可以用吹蜡烛、吹纸片、吹气球、吹哨子等游戏帮助练习。幼儿嘴巴动作幅度要大，要尽量夸张，发出“a——pu”的声音。第二，教师可以引导幼儿大胆释放情绪，在游戏中放开嗓音笑或哭。幼儿在情绪宣泄的同时，胸肌、膈肌、腹肌的运动能得到增强。第三，教师可以引导幼儿模仿生活中的声音，如汽车的喇叭声（嘀嘀嘀）、火车的鸣笛声（呜呜呜）、敲鼓声（咚咚咚），以及各种小动物的叫声（“汪汪”指代小狗，“嘎嘎”指代鸭子等）。比如，幼儿都特别喜欢手机游戏《愤怒的小鸟》，在课堂上，教师可以让幼儿学愤怒的小鸟的叫声和被打的小猪的声音，然后再让幼儿用一只手做弹弓，另一只手做打弹弓的动作，用嗓音模仿打出去的小鸟炸弹的声音“wu——”和打中小猪的声音“pa”，通过这样的游戏，既练习了幼儿的气息，又练习了幼儿横膈膜的力度。

（资料来源：缪思捷.5～6岁幼儿多声部歌唱的教学实践研究[D].上海：华东师范大学，2012）

2. 多元歌唱教学策略

多元歌唱教学策略有利于学前儿童“多渠道参与”“多角度感受”。首先，要本着促进学前儿童全面健康发展的原则，尝试从多方向、多角度挖掘和拓展学前儿童歌唱活动资源，并对这些资源进行分类筛选，建立五大优秀歌曲库：优秀儿歌资源库、国内外童谣资源库、优秀动画片歌曲资源库、优秀传统文化歌曲资源库、流行儿童歌曲资源库。其次，结合国内外音乐教学经验，对不同类型的歌曲进行分析、尝试、反思和创新，总结出一系列多元歌唱教学策略。

（1）优秀儿歌的教学策略

案例分析

传统经典儿歌是人类社会在不断发展进步的过程中积累的佳作。这类歌曲不仅具有鲜明的儿童特色和较高的艺术性，而且内容和形式极为丰富。

①角色探究法。对于有情节、有角色的歌曲，可以让学前儿童在探索歌曲中不同角色的表达和情感，激发学前儿童的学习兴趣，如歌曲《黄鼠狼拜年》。

②音画转换法。借助学前儿童能理解的图片和符号，帮助学前儿童理解歌曲。通过互动，学前儿童可以有效地记忆歌词，表达情感。

③情境交互法。借助歌曲表达的意思设置情境，让学前儿童参与情境，通过在情境中游戏、谈话学习歌曲，如《老师，让我亲亲你》《祝福歌》等。

④畅想生成法。在简单理解歌词意思的基础上，不要直接教歌词，而是通过引导学前儿童进行大胆的想象或迁移到以往的知识和经验上，过滤和组织创编歌词生成歌曲，从而激发学前儿童的创新精神，如《摇篮曲》《小河之歌》《蒲公英的故事》等歌曲。

（2）国内外童谣的教学策略

案例分析

为培养学前儿童接纳、尊重多元文化与艺术，在歌唱教学中，学前儿童不仅要学会轻松地演唱中国优秀的儿歌，还要学习和了解国外童谣。

①游戏合作法。根据歌曲的民俗特点，创设具有相应背景的游戏情境。通过参与游戏活动，感受欢快的氛围，让学前儿童在合作、交流中大胆、自由地演唱歌曲。如捷克民歌《跳吧跳吧》、威尔士民歌《欢度节日》、英国民歌《伦敦桥》等。

②填充创造法。在了解各国童谣特点及其背景的基础上，通过创作、填词或旋律学唱歌曲，让学前儿童在循序渐进的参与中不知不觉地学会歌曲。

③对比鉴赏法。运用多媒体展示歌曲的背景和风格。通过与国内童谣进行对比，学前儿童可以演唱不同风格和特色的国外童谣，充分表达自己的理解和感受。让每个学前儿童都能得到不同程度的熏陶，培养和发展自己的艺术潜能。

④唤醒自主法。通过为学前儿童提供不同形式的演唱方式，可以唤醒学前儿童自主学习的兴趣，积极探索和发现不同演唱形式的效果，丰富学前儿童的音乐体验，如《新年好》《铃儿响叮当》《小布谷鸟》等。

（3）优秀动画片歌曲的教学策略

案例分析

很多优秀的动画片中都有适合学前儿童学唱的歌曲，资源十分丰富。不同题材、不同风格的动画片，歌曲的风格也是不同的。动画片中的歌曲韵味、旋律及歌词的语言都有极强的感染力，旋律和歌词大都通俗易懂、朗朗上口，不仅能激发学前儿童的学习兴趣，还能引导、拓宽学前儿童对歌唱活动的认知和理解。

①发掘笑料——多种表演法。寻找动画片歌曲中诙谐有趣的内容，并以此为切入点，引出教学内容，让学前儿童通过表演，熟悉旋律与歌词体验幽默情绪，感受歌曲的风格。如《蔬菜进行曲》《开心往前飞》《我还有点小糊涂》《黑猫警长》《少年英雄小哪吒》《大头儿子小头爸爸》《蓝精灵》《我是一条小青龙》等。

②层层切入——多渠道参与法。不同题材、不同主题的动画片歌曲有着不同的语言特色。对学前儿童来说，语言特点突出是有极大吸引力的，尤其是一些简单、有趣、易模仿的词或音节。针对语言特色突出的歌曲，如《邻居家的豆豆龙》《百变马丁》《阿呦阿呦》，采用多渠道参与法，能使学前儿童充分体验歌曲的风格，并用自己理解的方式表达出来。

（4）优秀传统文化歌曲的教学策略

案例分析

中华优秀传统文化博大精深，艺术性和思想性极高。根据中华优秀传统文化进课堂的要求，可以让学前儿童感受古诗词与音乐结合的美妙，还可以让学前儿童体验中国戏曲的风格和韵味，感受中华优秀传统文化的内涵。

①诗韵交融法。将诗词与旋律相结合，让学前儿童体验诗词美的同时，感受旋律带来的音乐美，使诗与曲相互衬托，相互交融，提升学前儿童对传统诗词的欣赏能力，如《读唐诗》《静夜思》《咏月》《春晓》《朝代歌》《春夜喜雨》《明日歌》等。

②角色体验法。中华优秀传统文化丰富多彩，针对不同歌曲内容，了解不同的角色内涵。通过欣赏、演唱优秀传统文化歌曲，初步了解歌曲中的人物和故事内容；通过角色扮演，理解歌曲内容，拓宽学前儿童的音乐知识领域，提升学前儿童对优秀传统文化音乐的认知，如《唱脸谱》《悯农》《采茶舞曲》《咏鹅》《宝贝中国范》《十二生肖歌》《中华小戏迷》等。

（5）流行儿歌的教学策略

案例分析

可以尝试改编吸纳一些流行儿歌，如《勇气大爆发》《让爱住在我家》《向阳花》《听我说谢谢你》《小孩子大梦想》《给我一个拥抱》《星星不说话》，让学前儿童与环境互动、与社会文化互动、与时代脉搏一起跳动。还可以充分利用媒体资源，让学前儿童学习健康、有趣的流行歌曲。

歌唱活动课时安排及教学内容

学习一首歌曲，幼儿需要经历歌词内容感受、歌曲节奏与旋律感受、身体动作表现与嗓音表现等众多环节的学习过程，除了活动目标直接指向合拍做动作的一些小班歌曲外，其他歌曲的教学任务一般很难在1个课时内完成，大多需要2个课时；难度大的歌曲，包括少数即兴创编歌词的歌曲，有可能需要3个课时。常规2个课时歌唱教学内容分配如下。

1. 第一课时的教学内容

第一课时的教学内容包括歌词内容感受、节奏与其他音乐形式元素的感受、不脱离榜样或脱离榜样的身体动作表现。幼儿园音乐活动的成功与否取决于这三个环节，这三个环节是对歌词进行幼儿化表征的具体开展，完全处于幼儿生活体验的层面，一般不涉及音乐体验（使幼儿听歌或观看教师示范，教学任务的指向也是音乐作品的内容）。首先，歌词内容的语言描述。由于歌词具有概括、简明的特点，仅仅采用让儿童理解歌词的字面意思和念歌词的教学方法，很难激发幼儿参与音乐学习的积极性。为了激发幼儿用肢体动作表达歌词的欲望（幼儿积极参与音乐活动的主要指标），教师需要用视觉媒体生动直观地展示歌词内容。然后，教师根据视觉媒体的观察，让幼儿表达自己的观点。教师的视觉媒体设计越精准，幼儿的语言描述就越丰富，幼儿的学习热情就越高。其次，歌词内容的动作探究。事实上，在视觉媒体的语言描述中，也展开了对歌词内容动作的探索。同样地，教师的视觉媒体设计越准确，幼儿的运动探索就越活跃、越丰富。最后，肢体动作的语言描述。当幼儿用肢体动作表达歌词内容时，他们需要描述这些动作的状态和意义。这种描述对梳理幼儿的思维、提升幼儿行动目的性等方面有很重要的价值。

2. 第二课时的教学内容

第二课时的教学内容包括身体动作表现与嗓音表现。首先，合拍做动作。在教学过程中，教师最好不要直接用音乐术语评价和询问幼儿的行为，例如，“你不合拍”，“你的动作应该合拍”，“你的速度怎么这么不稳定”，等等。幼儿很难从语言的角度理解节奏、速度不稳定等特点。合拍做运动等音乐经验是通过教师的示范和幼儿的积极实践获得的。例如，幼儿正在学习《理发师》这首歌的表演动作，其表演的一些动作是不协调的，所以教师只能从理发师的角度指导幼儿的动作。指导语言可能会是：“真正的理发师不会刷得那么用力那么快，这会让顾客不舒服。你能轻轻地、慢慢地刷吗？一下一下地刷呢？”其次，用语言描述音乐形式。在教师的指导下，幼儿可以充分地用动作表达歌词的内容，教师需要幼儿用语言描述肢体动作中与音乐元素相关的内容、语言描述身体动作的表现特征，如动作是重还是轻，是快还是慢，是由高到低还是由低到高，是重复还是不重复的动作。从表面上看，幼儿对动作特征的描述，都是围绕着音乐元素的表现特征展开的。

嗓音表现，是指有表现力的歌唱，用声音表达歌曲的快慢速度、歌曲的强弱力度、歌曲的悲喜情绪，从而达到用声音描述歌曲内容形象的目的。这也是幼儿可以将注意力集中在旋律上的活动环节。在这个环节中，幼儿的活动请尽量去掉动作（导致幼儿无法唱歌的动作除外）来唱歌，引导幼儿注意歌曲的旋律和声音的表现。在嗓音表演过程中，对具有突出音乐形式表现特征的声音进行语言描述，目的是通过对声音表现特征的描述了解相关的音乐形式表现特征。

（资料来源：王秀萍.幼儿园音乐领域教育精要：关键经验与活动指导[M].北京：教育科学出版社，2015：118-119）

五、学前儿童歌唱活动实施的策略

（一）循序渐进发展学前儿童歌唱能力

学前儿童歌唱能力的发展应渗透歌唱活动全过程，无论教师采用哪种教学组织模式，是新歌学习还是复习歌曲，教师都应以学前儿童喜爱与接受的方式，全面地、循序渐进地促进学前儿童歌唱能力发展，使学前儿童能正确地、舒适地、有感情地歌唱。教师在歌唱活动中应逐步培养学前儿童用自然、动听的声音正确演唱歌曲的能力与习惯，主要包括以下几个方面的要求。

1. 培养学前儿童正确的歌唱姿势

教师应注意培养学前儿童舒服与挺拔的歌唱姿势。歌唱活动比较适宜的站姿是：两脚分开，左脚稍前，右脚在后，两脚跟距离约5厘米。这样的站姿，既站得稳，有挺拔感，又有利于用气。教师应提醒学前儿童不要立正或两脚尖并拢，否则不易站稳，又显僵硬。学前儿童一般是两脚平分与肩同宽站立，这种站姿左右虽稳，但前后不稳，不利于挺拔与气息的运用。无论是站还是坐，整个身体都要挺拔，不要松垮。两肩平展放松，带动后背、胸及两臂一起放松，而脖子在随之放松的同时应保持直立，头部摆正，这样能保持气息顺畅。学前儿童养成正确歌唱姿势的关键在于教师正确的示范与具体的指导，教师不要提太多的语言要求，重在利用自己的榜样示范作用，随机引导学前儿童体会并养成这一习惯。

2. 培养学前儿童运用正确的发音方法

教师应培养学前儿童尽量用“头声”歌唱，避免追求歌唱的音量；要引导学前儿童尽可能用弱声与优美的声音歌唱，追求优美的音质。教师应引导学前儿童自然地轻声歌唱，歌唱时，下巴放松、嘴巴自然打开；教师要引导学前儿童安静、柔和地歌唱，不大声喊叫与过分轻声，尽量保持“头面部共鸣”与“向前唱”的发音。

需要强调的是，童声训练的首要目标是获得干净、柔和的声音，而不是追求演唱的音量和力度。幼儿歌唱发声法权威哈蒂警告说：“一般幼儿在他们未受到相当好的训练之前，绝不允许他们大声歌唱。否则，美好的音质就会消失。”这一提法值得引起教师的警觉。

3. 培养学前儿童良好的音准感

音准是整个学前儿童期的难点，但科学的培养能有效增强学前儿童的音准感。首先，清晰、准确的听觉表象是形成与培养音准感的重要前提。因此，教师不要急于让学前儿童马上跟着教师演唱，应积极创设情境，引导学前儿童先反复专注地倾听正确、优美的歌唱，再进行跟唱。其次，教师可以通过“回声歌”的方法训练学前儿童的音准。“回声歌”，即教师演唱一句或一小段歌曲，学前儿童用较弱的声音进行回应。再次，教师应认真倾听学前儿童的演唱，及时发现学前儿童发音错误并及时予以纠正。此外，在学前儿童已经较熟练演唱歌曲的基础上，教师有时可以采取无伴奏演唱的方法组织歌曲的复习，既可以减少学前儿童对琴声伴奏的依赖，又能培养学前儿童的内在旋律感与音准感。

（二）多种形式培养学前儿童歌唱能力

集体教学活动并不是学前儿童积累歌唱经验的唯一场域，教师可以利用多种活动形式培养学前儿童的歌唱能力。

1. 晨间户外活动中的歌唱

教师选择活泼、积极、向上的歌曲在晨间户外播放，能使学前儿童拥有一整天的好心情。教师要选择节奏感强、旋律简单重复、内容富有趣味性的早操歌曲，容易吸引学前儿童随乐演唱。

2. 生活活动中的歌唱

幼儿园生活活动主要有入园、离园、进餐、午睡、喝水、散步、如厕等环节，教师可以在这些环节播放《上学歌》《水果歌》《摇篮曲》《喝水歌》《排队歌》《如厕歌》等简单歌曲。这些歌曲对学前儿童的活动情绪和活动秩序有潜移默化的影响，还可以让学前儿童养成一种听觉习惯，不知不觉地伴随着旋律哼唱。

3. 区域游戏活动中的歌唱

在音乐区或表演区中，学前儿童可以自主歌唱，也可以根据教师提供的音乐支架、图谱支架、道具支架、设备支架等进行表演唱。教师应充分创造条件，给予学前儿童自由、自主表达的机会。

4. 节庆活动中的歌唱

幼儿园、家庭、社区可以举办各种歌唱活动，比如，元宵节、六一儿童节、国庆节的歌唱音乐会、合唱表演会、音乐剧表演会；家庭中的家庭音乐会、家庭音乐沙龙、家长歌唱活动助教、亲子歌唱表演等；社区组织的歌唱表演活动等。

超级链接

新闻：甬上娃娃云春晚

合唱：春夜喜雨

宁波市市级机关第二幼儿园七点童声合唱团的幼儿，用稚嫩而鲜活的歌声、活泼可爱的动作表演《春夜喜雨》。这是一首二段体小调歌曲，节奏欢快，抒发了人们对春夜细雨的喜爱和赞美之情。第二乐段演唱衬词，在中高音区进行，通过六度、八度的跳进音程，把喜悦的情感推进了一步。几处弱拍上附点音符的运用显得活泼而有趣味。之后，歌曲通过合唱及轮唱的方式进行反复，合唱使歌声更加和谐，情绪更加浓厚；轮唱使情绪更加欢快，仿佛让我们听到一场密集的及时雨，感受到幼儿的喜悦心情。末尾朗诵整首诗，把大家意犹未尽的愉悦之情尽情地抒发出来。

节目指导教师高攀介绍，《春夜喜雨》这首歌曲来自谷建芬老师的《新学堂歌》，歌曲不仅保留了谷老师作品旋律优美且易学易唱的特点，而且抓住了古诗词的韵味和意境，在清新的旋律中，让幼儿与古代圣贤轻松对话，深刻感受中华优秀传统文化的魅力。待凌冬离去，雪融草青，春雨一定带来新的相逢，将温暖延续。

（资料来源：甬上娃娃云春晚[EB/OL].（2023-01-04）[2023-05-05].https://xr.nbwbw.com/info.html?news=317454_1）

任务2　学前儿童韵律活动的实施

任务说明

德国著名音乐教育家奥尔夫说过，“音乐教育应开始于动作”。确实，在学前儿童音乐活动中，身体动作和音乐往往是密不可分的，动作是学前儿童表达和再现音乐的一种最直接、最自然的手段。韵律活动就是在音乐的伴奏下以协调性的身体动作表现音乐的活动。学前儿童正从动作思维逐渐过渡到形象思维，随音乐“做动作”符合他们的“胃口”。韵律活动既能满足学前儿童对音乐的参与、探究的需要，获得表现和交流的快乐体验，又能促进学前儿童身体运动能力和协调性的发展，促进学前儿童音乐感受力、表现力和创造力的养成。

有人认为，韵律活动就是教学前儿童跳舞，你是怎么想的？不同年龄段的韵律活动组织有何共性和差异呢？在“学前儿童韵律活动的实施”这一任务中，你需要结合所学，完成以下工作任务。

1. 岗位实践

幼儿园周五下午的教研活动聚焦韵律活动的教学问题：在韵律动作的教学过程中，教师开始是让幼儿听音乐自主创编动作，到总结梳理的时候却还是把幼儿创编的动作引导到自己预设的动作套路中来，最后幼儿的动作整齐划一，失去了个性。教师该如何启发与引导学前儿童创造性的动作表现呢？请说说你的办法，完成工作表单1。

工作表单1

教研问题：教师如何启发与引导幼儿创造性的动作表现	
看法1	
看法2	
看法3	
看法4	
小结 （思维导图）	

2. 赛场直通

小组合作参与全国职业院校技能大赛幼儿教育技能赛项，完成教育活动设计赛卷（第七套），填写工作表单2。

工作表单2

赛卷材料：

1. 教学活动设计（1课时）（书面作答）：设计1课时（30分钟）集体教学活动的教案。教案格式完整规范，语言清晰、简洁明了，目标设计、内容选择、方法运用等符合幼儿年龄特征和领域特点。

2. 模拟教学（1课时）（口头作答）：根据教学设计，进行模拟教学，教学活动过程要自然流畅，师幼互动充分，完整表现韵律动作，在10分钟内完成。

小海军

常福生 词
柴本尧 曲

1=D $\frac{2}{4}$
自豪地

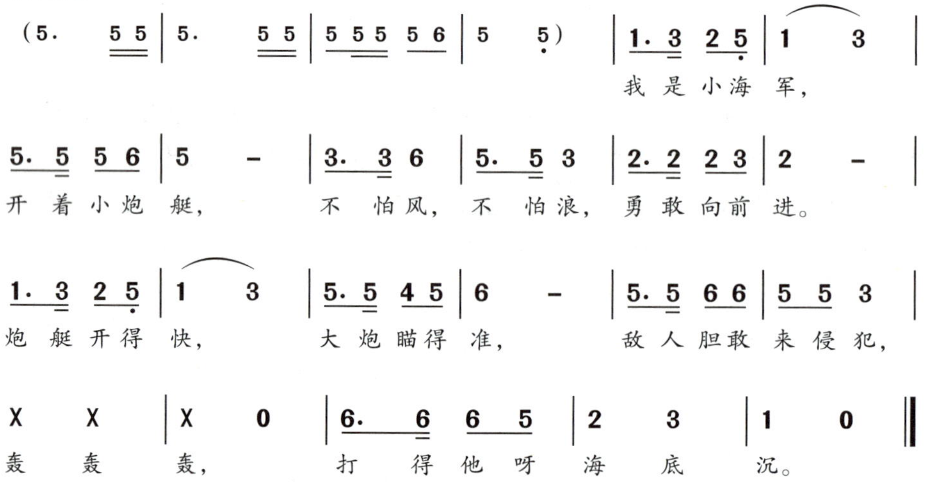

(5. 5 5 | 5. 5 5 | 5 5 5 5 6 | 5 5) | 1. 3 2 5 | 1 3 |
我是小海军，

5. 5 5 6 | 5 – | 3. 3 6 | 5. 5 3 | 2. 2 2 3 | 2 – |
开着小炮艇，不怕风，不怕浪，勇敢向前进。

1. 3 2 5 | 1 3 | 5. 5 4 5 | 6 – | 5. 5 6 6 | 5 5 3 |
炮艇开得快，大炮瞄得准，敌人胆敢来侵犯，

X X | X 0 | 6. 6 6 5 | 2 3 | 1 0 ||
轰轰轰，打得他呀海底沉。

活动名称	
活动目标	
活动准备	
活动过程	
反思与评价	
教学改进	
小组成员	

学习支持

一、学前儿童韵律能力的发展

学前儿童韵律能力的发展有一个渐进的过程，体现出一定的年龄段特点。学前儿童韵律能力的发展主要包括基本动作、随乐能力、合作协调、创造性表现四个方面。良好的音乐教育能全面促进这些方面的发展。

（一）基本动作

3～4 岁儿童身体的基本动作进入初步分化的随意动作阶段。这个阶段的学前儿童能逐步学会自由地运用手、臂和躯干做各种单纯动作，如拍手、跺脚等；能逐步学会用较快的速度做动作。由于平衡和保持重心能力的发展，这个阶段的学前儿童还可以学会一些简单的联合动作，如一边拍手一边摇头。随着躯干和下肢肌肉力量和平衡能力的发展，3 岁末期，学前儿童已经可以比较自由地做一些单纯的连续移动动作。在这个基础上，上下肢联合的简单复合动作也在这个阶段出现，如一边走路一边做吹号、打鼓的模仿动作。跳跃动作对 3 岁儿童还较难。

4～5 岁儿童能较多地掌握移动动作。这个阶段的学前儿童身体大动作、手臂动作、下肢动作有了更好的发展，可以比较自由地做连续的移动动作，如跑步、跳步，还有手腕、手指、膝盖等部位的动作。学前儿童上下肢联合的复合动作也得到逐步发展，平衡能力和动作的控制能力有所增强。

5～6 岁儿童的动作控制能力更强，可接受较大难度的动作和动作组合。该年龄段的学前儿童能做比较精细的手腕、手指动作，可以随心所欲地调整上肢和躯干的动作速度与幅度，做出比较复杂但更加协调的联合动作，如采茶等。除此之外，他们还可以学会较多稍复杂的连续移动动作，如秧歌十字步、跑跳步、交替步等。

（二）随乐能力

3～4 岁儿童除学会有节奏地跟随音乐做动作外，还初步学会对音乐的总体结构做出反应，如能等待前奏，随音乐整齐开始动作、整齐结束动作。

4～5 岁儿童能合拍地跟着音乐节奏做四二拍或四四拍的动作，而且能随着音乐自如地调整自己的动作。

5～6 岁儿童能自如地表现音乐的节奏、节拍，对比较复杂的节奏、节拍有初步反应，如附点节奏、切分节奏、三拍子节奏等。

（三）合作协调

3 岁儿童能很快学会找朋友跳舞。3 岁末，儿童可学会两个甚至更多人之间的合作表演方式，如许多小蚂蚁一起搬豆子、大家一起拔萝卜等。

4～5 岁儿童开始注意运用动作与同伴合作、交流。例如，在韵律活动中调整位置以避免撞到他人，会与同伴合作表演动作，会主动邀请同伴共舞。

5～6岁儿童合作意识与能力增强，能用表情、动作、眼神与同伴交流、合作，追求与同伴一起参与韵律活动的快乐。

（四）创造性表现

3～4岁儿童可以用身体表现自己的日常生活或熟悉的成年人的日常生活，如做游戏、洗衣服、炒菜等。他们会用与他人不同的动作表现熟悉的事物，如动物、植物、交通工具等。在此基础上，学前儿童还能创造性地运用动作表现音乐性质，如听到欢快的音乐学做小鸟飞、听到舒缓的音乐学做毛毛虫等。

4～5岁儿童开始尝试用一些基本的舞蹈动作进行简单的创编，且主动创编的意识大大增强。

5～6岁儿童的创造性表现更为灵活、多样、新颖。

二、学前儿童韵律活动的目标

学前儿童韵律活动的价值追求主要体现在，引导学前儿童感受并喜爱生活和艺术中身体动作表现的美，让学前儿童喜欢韵律活动，满足学前儿童用自己喜欢的方式进行肢体表现的愿望，发展学前儿童动作的节奏感和协调性，培养学前儿童随乐运动能力及创造性地运用身体动作表现生活经验与情绪情感的能力。

（一）学前儿童韵律活动的总目标

①喜欢参与音乐伴随下的律动、舞蹈等肢体活动，能感受并表现音乐的节奏及基本情绪的变化。

②能通过身体动作感知与表现音乐速度的快慢、力度的强弱、音调的高低，以及段落曲式等基本要素，并能随音乐的变化变换动作。

③乐于尝试各种动作创编活动，在跟随音乐的身体律动中培养听觉的专注力、动作的反应力和控制力，提高想象力和创造力。

（二）学前儿童韵律活动的年龄段发展目标

在开展学前儿童韵律活动时，要依据《幼儿园教育指导纲要（试行）》及《3～6岁儿童学习与发展指南》中的相关要求，根据各阶段学前儿童随乐动作能力的发展水平，制定相应的发展目标。

1. 3～4岁儿童韵律活动的发展目标

①喜欢观看常见动物优美的动态，及舞蹈、戏剧等表演。

②喜欢模仿有趣的动作，能跟随熟悉的音乐做简单的身体动作，能用简单的动作、姿态模拟自然界的事物和生活经验情境。

③能听辨、记忆简短的音乐，随音乐进行游戏或动作。

④尝试根据简单的歌词或音乐创编动作。

2. 4～5岁儿童韵律活动的发展目标

①能专心观看自己喜欢的文艺演出，有模仿和参加的愿望。

②经常唱唱跳跳，喜欢参加律动、舞蹈、表演等活动，能用拍手、踏脚等身体动作敲打节拍和基本节奏。

③能随音乐合拍、较协调地做动作，能感知、记忆音乐，随音乐的变化而变换动作。

④能为熟悉的歌曲、乐曲自由创编动作，能通过即兴表演表现自己的心情与生活体验。

3. 5～6岁儿童韵律活动的发展目标

①有自己喜欢的艺术表演形式。在艺术欣赏时，常常用动作等方式表达自己的理解；愿意和别人分享、交流自己喜爱的艺术作品和美感体验。

②能随音乐合拍、有韵律感地做动作，能感受、记忆音乐的基本情绪变化，并及时地随音乐的变化变换动作。

③能用律动或简单的舞蹈动作创造性地表现自然、生活的情境或抒发自己的情感。

④喜欢与同伴共同舞蹈，能初步运用身体动作、表情、眼神与同伴交流配合，能与同伴共享活动空间。

对点案例3-10

大班音乐活动：中国拉面馆

康康舞曲

活动目标

①感受音乐《康康舞曲》欢快热烈的风格特点，了解制作拉面的步骤。

②能随乐合拍地做出“揉面”“切面”“拉面”“煮面”的动作，结合故事情境创造性地表现“拉面”，尝试合作创编不同口味的拉面造型。

③喜欢参与音乐活动，乐于运用肢体表现与创造。

分析：上述目标紧扣大班5～6岁幼儿随乐动作发展特点和韵律活动发展目标，突出《康康舞曲》的音乐特点及幼儿创造性表现制作拉面的重点，既有乐于运用肢体随乐表现与创造的情感发展目标，也有合乐做动作表现拉面情节、创编拉面造型的能力发展目标，还有认真倾听、合作学习的品质发展目标。

三、学前儿童韵律活动的内容与材料

（一）学前儿童韵律活动的内容

学前儿童韵律活动的教育内容一般包括韵律动作及其组合、韵律活动的知识技能、韵律活动的常规要求等三个方面。

1. 韵律动作及其组合

（1）基本动作及其组合

基本动作，是指学前儿童在日常生活中的常用动作。学前儿童律动常用的基本动作一般有头、肩、臂、手指、腿、脚的活动，以及由走、跑、跳跃等组成的各种简易步法。奥尔夫音乐教学实践中的四个基本声势动作——击掌、捻指、拍腿、跺脚，常被运用于基本动作组合中。

（2）模仿动作及其组合

模仿动作是指学前儿童模仿一些事物的外形或活动状态所做的动作。例如，模仿动物的形象和动作，如小狗开心时的跳跃、小猫睡醒后伸懒腰、小鱼在水里自由地游动等；模仿日常生活的情形，如穿脱衣物、整理进餐、清洁打扫等；模仿自然的现象，如电闪雷鸣、小草钻地、花儿绽放等；模仿劳动的动作，如除草施肥、放羊牧马、耕种灌溉等。模仿动作组合，是指用一系列模仿动作表现出一定的情节，如种子睡觉—种子发芽—幼苗长成大树—大树开花结果。

（3）舞蹈动作及其组合

舞蹈动作经过多年的演化和进步，已经有了程式化的动作类型，更适合5～6岁儿童学习。幼儿园学习的舞蹈动作主要是一些基本舞步，如3～4岁学习的小碎步、小跑步，4～5岁学习的蹦跳步、垫步、踵趾小跑步、侧点步，5～6岁学习的进退步、溜冰步、交替步、跑跳步、秧歌十字步等。除此之外，还有少量简单的手和臂的舞蹈动作，如4～5岁学习的手腕转动（翻手腕花）、5～6岁学习的提腕压腕等。舞蹈动作的组合有表演舞、集体舞和自娱舞。

超级链接

舞蹈的表演形式

舞蹈是动作的艺术，是以经过提炼加工的人体动作作为主要表现手段，运用舞蹈语言、节奏、表情和构图等多种基本要素，塑造舞蹈形象，表达人们思想感情的一种表演艺术。

表演舞，是一种带有表演性质的舞蹈形式，在一般歌曲表演或舞蹈动作组合的基础上加工而成。表演舞通常在节日活动或文艺演出活动中被采用，一般有人数限定，可以适当采用一些舞蹈道具等辅助材料。表演舞组合中的动作以舞蹈动作为主。这种组合比较讲究动作的组织结构，其中，有的含有一定的简单情节，如《小卓玛上学》；有的仅表现为一种情绪，如《哈达献给解放军》《筷子舞》等。

集体舞（含邀请舞）组合，是幼儿园舞蹈律动的一种重要表现形式，是由许多幼儿参加的、有一定的队形和动作规定，并可交换舞伴的一种舞蹈形式，有利于幼儿交流和分享音乐感受。集体舞组合以舞蹈动作为主。这种组合比较讲究动作的组织结构，教育重点在于适应空间变化和人际交流合作。因此，这种组合中的动作一般比较简单，也比较少，同一动作反复进行是比较常见的结构手法。

自娱舞组合，重点在于自娱自乐。因此，自娱舞组合在结构类型和结构方式上都比较自由，可以一个人跳，也可以几个人一起跳。舞伴之间的交流配合方式也十分自由和即兴。

以上各种组合及舞蹈，除表演舞适宜大班幼儿学习外，其余各种组合及舞蹈均适合各年龄班幼儿的学习。

（资料来源：吕耀坚，孙科京.幼儿艺术教育与活动指导[M].2版.北京：北京师范大学出版社，2014：294）

2. 韵律活动的知识技能

（1）掌握动作的知识和技能

①身体部位运动的方式，如手臂挥动时的运动路线是直线还是曲线。

②身体部位运动的方向，如头部运动时是向上、向下、向前、向后，还是向左、向右。

③重心控制，如无论静止还是移动，臀部都尽量向里向上收，而不应向下沉或向后撅。

④参与运动各身体部位的配合，例如，脚做垫步，手做手腕转动；又如，在做摘苹果和放苹果的动作时，两眼要一直看着手，头部要自然地配合眼睛运动。

（2）变化动作的知识和技能

①变化动作的幅度，如手臂画圈时，可以画大圈，也可以画小圈。

②变化动作的力度，如走步时可以重重地踏脚，也可以轻轻地踮着脚走。

③变化动作的节奏，如在做采茶动作时，可以快快地采，也可以慢慢地采，还可以快采几次再慢采几次。

④变化动作的姿态，如在做踏点步时，动力腿可以点在主力腿的前面，也可以点在主力腿的旁边，还可以点在主力腿的后面；在做挤奶动作时，可站成弓箭步做挤奶动作，也可以蹲着或跪着做挤奶动作。

（3）组织动作的知识和技能

①按情节内容组织，如小熊饿了慢慢走，小熊吃饱了蜂蜜高兴地跳舞。这种组合方式最容易引起较小年龄学前儿童的兴趣，也容易被他们掌握。

②按身体部位的某种秩序组织，如自下而上地踏脚、屈膝、扭胯、耸肩、摆头。这种组织方式有利于发展学前儿童的秩序感。

③按音乐重复与变化的规律组织，即按相同的音乐做相同的动作，按不同的音乐做不同的动作。这种组织方式有利于学前儿童感知音乐的结构。

④按对称的原则组织，如在右边或向右做一个或一组动作之后，再在左边或向左做一个或一组相反的动作。这种组织方式有利于提高学前儿童的均衡和对称意识。

⑤按主题动作组织，即在一个韵律动作组合中，某一个特定的动作反复出现或反复

变化出现。这种组织方式有利于发展学前儿童的整体统一意识。

3. 韵律活动的常规要求

在韵律活动中，只有保持良好的秩序，学前儿童才能获得更大的身心愉悦。引导学前儿童遵守韵律活动的常规，不仅能使活动正常、顺利地进行，还能培养学前儿童的纪律性和责任感。常规要求一般包括以下几点。

（1）韵律活动开始和结束部分的常规要求

①根据音乐信号起立和坐下。

②根据音乐信号开始活动和结束活动。

③活动结束后整理活动现场。

（2）韵律活动进行过程中的常规要求

①在规定的范围内活动。

②在没有队形要求的情况下，找比较空旷的地方活动。

③在自由移动的情况下，不与他人或场内的障碍物相撞。

④在自由结伴的活动中，迅速、安静地在规定的时间内寻找、选择和交换舞伴，分组和分配角色；热情而有节制地与舞伴交流、合作。

⑤在自由律动的过程中，尊重他人的学习速度和表达意愿；在集体舞蹈过程中，安静倾听和独立思考教师的讲解。

（二）学前儿童韵律活动的材料

学前儿童韵律活动的材料包括动作、音乐和道具的选择。

1. 动作的选择

为学前儿童选择韵律动作时，需要考虑动作类型和动作难度两个方面。

（1）动作类型的选择

动作类型包括基本动作、模仿动作和舞蹈动作。3～4岁儿童关心的不是动作本身，而是动作表现的熟悉事物，所以，应主要为他们选择模仿动作，如生活动作、劳动动作，以及做各种模仿动植物、交通工具、自然现象的动作等。同时，他们对跟随音乐做熟悉的基本动作也有兴趣。因为，跟随音乐做熟悉的基本动作既轻松又有节奏感。所以，可以较多地选择基本动作，如走步、拍手、点头、摸脸蛋、拉耳朵、用手指点等。另外，有些基本舞步，如小碎步、小跑步等，结合学前儿童熟悉的事物，将其作为模仿动作的语汇提供给学前儿童，也是能被学前儿童欣然接受的。

4～6岁儿童仍然对模仿动作有浓厚的兴趣。因此，为他们选择韵律动作仍应多选模仿动作。但是，随着年龄增长，以及韵律活动经验的增加，许多学前儿童特别是女孩会对动作的形式美产生兴趣。因此，在为中、大班学前儿童选择韵律动作时，可以逐步增加舞蹈基本动作的内容，以满足他们发展的需要。

（2）动作难度的选择

动作难度的选择，应从大的整体动作到小的精细动作，从单纯动作到复合动作，从不移动动作到移动动作。3～4岁儿童最容易接受的是不移动的单纯上肢大肌肉动作，随后逐步学会单纯的下肢动作。只有在此基础上，才能逐步学会做简单的上下肢联合移动动作。3～4岁儿童还比较容易接受连续重复的动作。动作变换一般应在段落之间进行，偶尔也可以在乐句之间进行。

4～6岁儿童可以较多地学习移动动作，其中，包括含有腾空过程的跑、跳动作和复合动作；还有手腕、手指、脚腕、眼睛、肩膀、膝盖等部位比较精细的动作。随着学前儿童记忆和反应能力的提高，动作变换可以较多地在乐句之间进行，甚至偶尔可以在乐句之内进行。

需要指出的是，当学前儿童结伴做动作时，由于要注意相互间的配合，做同一种动作的难度便相应提高了。因此，在为各年龄班学前儿童选择结伴韵律时，应考虑学前儿童是否具有单独做动作的基础动作反应能力，如做"扶老公公走路"的动作时，要先学会"老公公走路"的动作。

2. 音乐的选择

为学前儿童选择韵律活动的音乐，需要注意以下几点。

（1）选择节奏清晰、结构工整的音乐

人的生命运动本身是有规则、有秩序、有节奏的运动。因此，节奏清晰、结构工整的音乐，能激发学前儿童进行韵律活动的欲望，也更容易让学前儿童用动作来表现。

（2）选择旋律优美、形象鲜明的音乐

除少数特殊需要的动作以外，为学前儿童选择的韵律活动音乐应该是优美动听的。这样的音乐容易引起学前儿童的好感，激发他们参加韵律活动的欲望。同时，形象鲜明是音乐能吸引学前儿童的重要条件之一，特别是对于模仿动作和表现情节、情绪的舞蹈来说，音乐形象鲜明更为重要。

（3）选择不同节奏、不同性质、不同风格的音乐

这有助于扩大学前儿童的音乐眼界，提高他们对音乐做出动作反应的能力。比如，可以为同一个动作选择不同的音乐，以锻炼其迁移能力；可以为不同的动作选择同一音乐，使用时根据具体要求改变音乐的某一种或几种要素，如节奏、音区、速度、力度等，以锻炼学前儿童的应变能力。

（4）注意音乐速度的选择

在为3岁左右的学前儿童伴奏时，应先用音乐跟随学前儿童的动作；待学前儿童逐步学会用动作跟随音乐后，再选用中等速度的音乐，有研究认为，以每分钟120～130拍的速度为宜；待学前儿童控制动作的能力增强后，可采用稍快或稍慢的速度和突然变化或逐渐变化的速度。

3. 道具的选择

在学前儿童韵律活动中，大部分情况下不需要使用道具，但在需要使用时，选择道具应注意以下几点。

拓展资源

一是能增加活动的趣味性，增强动作的表现力，但不会妨碍学前儿童

做动作或移动，不会使学前儿童因过度兴奋而游离于活动之外，也不存在潜在的人身伤害危险。因此，选择的道具不宜过大、过重，使用技巧不宜复杂。

二是能增强学前儿童的美感，引发和丰富学前儿童的想象、联想。因此，所选道具不宜粗制滥造，也不宜过于讲究、逼真。可以向学前儿童提供某种线索，让他们自己选择道具；或向学前儿童提供某种材料，让他们自己制作道具等，这对发展他们的想象能力和动手能力大有裨益。

此外，选择道具应当尽量使用学前儿童身边普通甚至是废旧的物品，让学前儿童自己决定怎样利用它们进行活动。这样，有利于培养学前儿童的审美敏感性、环保意识和创新能力。

四、学前儿童韵律活动的设计与组织

案例分析

（一）学前儿童韵律活动的一般环节

学前儿童韵律活动一般包括以下几个环节，教师在设计和组织时，要遵循从简到难、循序渐进的原则，合理把握每个环节设计与指导的关键点。

1. 活动导入环节

在导入韵律活动时，教师可借助故事、儿歌、猜谜等手段，将学前儿童引入音乐表现的游戏情境中。除此之外，教师还可以带领学前儿童做一些与本次活动相关的简单律动，为后面的动作迁移做准备，同时起到导题激趣的作用。

2. 感受音乐环节

引导学前儿童感受音乐的情绪、理解音乐的主题和内容，感知音乐的乐句和乐段，这对学前儿童随乐动作的感觉非常重要。教师可以通过简单有趣的动作示范，让学前儿童先动起来；也可以设计小游戏，让学前儿童参与律动，感受音乐。

3. 动作学习环节

根据学前儿童的年龄段特点，设计基本动作、模仿动作或舞蹈动作，动作要简单、有重复，可以与歌词相对应，也可以与旋律相适宜，不宜过分追求动作的整齐划一，这样会陷入只关注动作本身的陷阱。

4. 学前儿童创编动作指导环节

只学习教师预设的动作，不加入学前儿童设计的动作，不符合韵律活动发挥学前儿童创造力、用动作表现音乐的目标追求。学前儿童常常有动作创编的愿望，但不知道如何创编或动作比较贫乏。教师在指导学前儿童创编动作时，可以在示范基础动作的基础上，引导学前儿童结合生活经验探索动作的精髓。如韵律活动“小木偶”，小木偶的动作是从人的动作转化而来的，但要引导学前儿童注意区分小木偶的动作和人的动作异同：小木偶的关节无法像人那样灵活，它的动作是僵硬的、一顿一顿的。可以以人的动作为基准，探索小木偶走路、刷牙、招手的动作。

另外，针对学前儿童动作经验匮乏的情况，可以借助多媒体设备多渠道丰富学前儿童的感性、表象经验。当学前儿童说出自己的想法、表现个性化的动作时，教师应当及时予以鼓励、总结、归纳、引导，把学前儿童的想法和动作配合音乐做一做，让学前儿童体验成长的快乐。

5. 队形变化表演环节

集体舞中的队形变化是学前儿童记忆和操作的一大难点。为了减轻学前儿童的队形记忆压力，教师可以制作队形图谱（实物型贴地图谱或图片型展示图谱），帮助学前儿童了解自己在集体中的位置和将要进行的队形变化，从而有更多精力享受随乐动作和与同伴共享舞蹈空间的乐趣。学前儿童初次学集体舞队形时，可以先从坐圆圈开始，再逐步过渡到站圆圈、走圆圈及其他非圆圈状态的队形。在围圆圈时，可面向圆心、面向圆上。在面向圆心状态下，适宜做向上、下、前、后方向的上肢运用，或做前进、后退的舞步。在面向圆上状态下，适宜做向圈里、圈外方向的上肢运动等。

超级链接

基本动作教学步骤

1. 先模仿再创编

幼儿的模仿能力是比较强的，先模仿再创编可以体现在年龄段的层级当中，如3～4岁幼儿更侧重于动作模仿，5～6岁幼儿更侧重于动作创编。在实际教学中，需要尽可能为幼儿提供创造性的学习机会。在幼儿对某一动作进行模仿后，教师可以采用情境教学法发散幼儿的思维引发其思考，促使其进行知识迁移，借助之前的动作经验进行自由创编。

2. 先单一动作再组合动作

单一动作即一个动作；组合动作即两个或多个动作的组合，包括动作本身属于组合动作的性质或由几个单一动作连续进行形成的组合。在进行基本动作练习时，需要引导幼儿先进行单一动作的练习，降低组合动作的难度，同时，注重幼儿兴趣的培养，以引导性互动方式，引导幼儿主动参与、探索、创造，根据幼儿的需要灵活调整活动。

3. 先上肢再下肢

幼儿进行动作模仿时，会大量使用自己的身体动作，而使用频率最高的便是四肢的动作，上、下肢的动作也是最丰富的。幼儿身体的正常发展严格服从头到尾原则，即身体各部位的发展必须从头部延伸到身体的下半部，上肢发育早于下肢。[①] 幼儿在稳定且专注的状态下熟悉了音乐、熟悉了上肢动作、熟悉了故事与动作的匹配、熟悉了动作与音乐的协调之后，再加入下肢动作为幼儿提供活动下肢的机会、增加律动的趣味性。

① 刘金花.儿童发展心理学：修订版[M].上海：华东师范大学出版社，2006：41.

（二）学前儿童韵律活动的多种模式

案例分析

1.“教师示范—学前儿童模仿—反复练习”的韵律活动模式

①采用学前儿童感兴趣或与生活经验相关联的事物导入活动。

②设计学前儿童容易接受的方法反复示范新的动作或动作组合，并用学前儿童容易接受的方法分析讲解动作要领或动作组合的结构等。

③使用多种练习方法相结合的方式，让学前儿童在反复练习的过程中逐步达到熟练掌握。

超级链接

舞蹈动作教学步骤

1. 整体感受作品

①教师用简单明了、生动有趣的语言向学前儿童介绍舞蹈的名称。

②熟悉、欣赏音乐。通过反复、仔细倾听音乐旋律，引导学前儿童分析作品的旋律特点，可用有节奏的体态（如点头、拍手、踩脚等）表达自己对音乐的节奏、节拍、力度、速度及情绪的感受和理解。

③启发学前儿童根据自己对作品的理解创编动作。

2. 教授动作

教师可根据学前儿童创编情况，进一步教授学前儿童舞蹈动作。

（1）简单动作整体教

学前儿童可模仿教师的动作，在和教师一起练习的过程中逐步掌握舞蹈动作。

（2）复杂动作分解教

对一些较复杂的舞蹈动作，教师要把一个动作分解成几个部分教给学前儿童，比如，先教手的动作，再教脚的动作，并伴以形象化的语言帮助学前儿童理解和掌握，如教“踵趾小跑步时”就可边示范边说“脚跟脚尖　跑跑跑跑”，使学前儿童很容易理解和模仿。在把分解的几部分分别教完后，教师再把这些动作一起配合起让学前儿童练习。

（3）不同角色分别教

在舞蹈中出现不同角色时，可把这些角色分开来教，然后再合起来随音乐练习。

3. 队形变化

当舞蹈中有队形变化时，一般情况下，教授舞蹈动作先不考虑队形变化，在学前儿童基本掌握了舞蹈动作后再教授队形的变化。

4. 随音乐进行完整练习

随音乐进行完整练习是学习舞蹈的最后一个环节，为了增加学前儿童的兴趣，可以运用一些道具、饰物进行表演，以渲染气氛，使整个舞蹈教学活动在生动活泼、富有感染力的氛围中结束。

2.“引导—探索—创编”的韵律活动模式

案例分析

①引导学前儿童根据真实事物或个人相关生活经验谈话导入活动。

②让学前儿童在观察具体事物的外部形象或运动状态后，立即用自己的动作创造性地进行表现的活动。

③组织学前儿童倾听、分析、体验音乐，并组织学前儿童进行讨论，将自己创编的动作与音乐进行合理配置。

④加入音乐，引导学前儿童结合音乐的旋律、节奏等随音乐做动作。

⑤相互观摩并借鉴学前儿童的创编，继而对学前儿童创编的动作进行整理和归纳。

3.“基本动作复习或练习—创造性发展”的韵律活动模式

案例分析

①从复习某个熟悉的队形开始练习新队形的学习活动，或直接从感知、理解新队形开始的新队形学习活动。

②教给学前儿童某种变化基本动作和某个组合动作的方法，并组织学前儿童跟随音乐练习他们在基本动作基础上创造出来的各种新动作。

③带领学前儿童跟随音乐将创编出的组合连贯起来，并进行独立的表演。

超级链接

创新韵律活动教学策略

幼儿园教师应该具备促进自我成长的专业能力，而创新正是专业发展的第一动力。抓住了创新，就抓住了专业成长的“牛鼻子”。当前，幼儿园韵律活动存在组织难度大的问题，当代幼儿园教师应该以创新发展理念为指导，主动探求多样化的韵律活动教学策略。可以学习并实践以下五种教学策略。

1. 角色扮演

角色扮演因形式多样、特点鲜明，能激发幼儿学习兴趣、提高幼儿学习能力、培养幼儿主动性和创造性，而成为被广泛认可和使用的一种教学方法。在韵律活动中实施角色扮演法，是指创设一个具体的情境，让幼儿选择适合自己的角色，借助体态语言或口头语言诠释音乐、表现音乐。通过具体情境中的角色体验，帮助幼儿想象角色行为，感受角色情感，体会角色的深层品质。

2. 戏剧冲突

戏剧冲突是戏剧的灵魂，是表现人与人之间、人与自然之间及人物内心多种观念、愿望和情感冲突的特殊艺术形式。戏剧是一门综合艺术，幼儿园开展戏剧活动有助于实现幼儿对自我及外部世界的认知，实现语言、社会、艺术等领域的发展。在韵律活动中巧设冲突，能让学习的进程紧扣幼儿心弦，不断激发幼儿的有意注意，让幼儿成为韵律活动的主体，增强其对音乐内容的情感体验。

3. 游戏互动

游戏蕴藏着发展的需要和教育的契机，在韵律活动中融入游戏元素，旨在强调把非理性因素的发展作为幼儿主体性发展的重要内容，重视培养幼儿的情感、意志、灵感、直觉等。在韵律活动中采用游戏互动，会将传统的传授式教学、认知式教学、抽象化教学转变为探究式教学、交往式教学、形象化教学，幼儿的交往技能、自我概念、人格等都得到了发展，促进了韵律活动的深入发展。

4. 层级递进

幼儿园韵律活动通常会通过游戏任务帮助幼儿理解音乐并进行创造性表现，但是组织难度较大。其难点就在于对韵律活动的环节、空间站位、动作等方面的层级递进处理，尤其是游戏任务的难度应在幼儿的最近发展区内，以保证幼儿获得充分的兴趣体验。游戏任务难度过高或过低都不适于幼儿的兴趣持续，游戏任务难度过高容易让幼儿产生畏难情绪；难度过低则容易让幼儿产生厌烦心理，对游戏的掌控和自主性体验不能得到很好的满足。因此，在韵律活动设计过程中，应根据幼儿身心发展特点及活动目标将韵律活动做层级分解，包括空间站位层级分解、动作层级分解、师幼互动层级分解、音乐层级分解、预令层级分解，教学环节要渗透动作、空间等方面的层级递进。

5. 领域融合

课程结构应当具备完整性，将不同领域的知识与精神渗透在韵律活动中。在教学实践中，关注幼儿人格的培养，使韵律活动的内涵更丰富。如在“疯狂动物城”活动中，小动物一边念着“找、找、找朋友，找到朋友嘿”去找朋友，一边变鬼脸逗乐朋友。这个韵律活动发展了幼儿的语言能力，在找朋友的游戏中渗透社会交往技能，在同伴共舞站位的环节集合了集体舞的空间智能，在情境设计中隐含了健康的自护能力。

（资料来源：颜瑶卿.幼儿园有效开展韵律活动的策略[J].学前教育研究，2017（12）：67-69）

五、学前儿童韵律活动的策略

（一）在日常生活中积累表象与经验

学前儿童的生活经验是其用动作表达音乐理解的基础，因此，成年人要充分利用多种资源，创造条件让学前儿童积累关于自然美、生活美、艺术作品美的表象，如记录一程植物生长、参加一次节庆活动、观看一场文艺演出、逛一次动物园等。成年人要在多样化的活动中，引导学前儿童寻找美的画面、美的旋律、美的表情、美的动作，并尝试用自己的语言、动作、表情等表达这些美的感受。学前儿童只有感受了真实事物，才有助于提高肢体表现力；只有在引起强烈感动后创造的作品，才会是更有灵性的作品。成年人可以在起床后、玩耍前、伏案工作间，播放几分钟律动音乐，呼唤学前儿童一起舞动。日积月累，学前儿童的音乐感受和动作类型会越来越丰富。

超级链接

陶行知的生活教育

陶行知（1891—1946）是中国20世纪最伟大的教育家之一，他继承和发展了杜威的教育哲学。他立足中国国情提出的“生活教育理论”，对中国教育理论和教育实践影响深远。

陶行知的“生活教育理论”是杜威学说的深刻思考和修正。陶行知认为，生活就是教育，“从定义上说，生活教育是给生活以教育，用生活来教育，为生活向前向上的需要而教育。从生活与教育的关系上说，是生活决定教育。从效力上说，教育要通过生活才能发出力量而成为真正的教育”。也就是说，“生活教育是生活所原有，生活所自营，生活所必需的教育”。所以，“生活即教育。到处是生活，即到处是教育；整个的社会是生活的场所，亦教育之场所。……我们要想受什么教育，便须过什么生活”。陶行知的“生活教育理论”最独特的地方在于，反对把教育和生活看作两个东西，而是主张“二者本身就是一个东西，就是一个统一体”，因此，“生活主义包含万状，凡人生的一切所需要皆属之。其范围之广，实与教育等”。

作为新时代的教师，我们在研究解决教育问题时，要自觉把马克思主义中国化最新成果贯穿研究和教学全过程，转化为清醒的理论自觉、坚定的政治信念、科学的思维方法；坚持以学生为中心的研究导向，树立为学生做教育的理想，努力做出经得起实践、人民、历史检验的教学成果。

（二）关注学前儿童对音乐的动作理解与表达

《3～6岁儿童学习与发展指南》指出：“幼儿对事物的感受与理解不同于成年人，他们表达自己认识和情感的方式也有别于成年人。幼儿独特的笔触、动作和语言往往蕴含着丰富的想象和情感，成人应对幼儿的艺术给予充分的理解和尊重。”学前儿童在韵律活动中的动作学习不是生硬地模仿和照搬，动作学习建立在对音乐感受和理解的基础上，教师不能进行千篇一律的训练。教师在示范时，尊重学前儿童对动作的想法，动作从学前儿童中来，再从学前儿童的动作中提升。教师在引导学前儿童进行动作创编时，要先向学前儿童提供一种或几种改变原有动作的思路，然后请学前儿童结合自己的生活经验，创编属于自己的动作。如教师可以根据动作方位的变化启发学前儿童想出向上、下、左、右、前、后等不同方位的动作；也可以保持动作方式，变化空间水平状态，站着做、蹲着做、跪着做、躺着做；还可以保持动作方式，变化节奏做，快节奏做或慢节奏做，小幅度做或大幅度做，小力度做或大力度做，移位或不移位，对称或不对称等。在学前儿童进行动作表达时，教师应诚恳地支持、鼓励、信任学前儿童，运用表现性评价，不过分计较学前儿童动作表达的结果，保护学前儿童音乐创造的信心与勇气。

（三）巧用图谱支撑学前儿童的动作学习

运用图谱、图示、图标等符号开展韵律活动是一种常用的手段。这些视觉材料可以提示学前儿童组合动作的顺序、帮助学前儿童了解舞蹈队形等，支持学前儿童音乐表达的流畅性和完整性。当然，图谱不一定是完整的，它需要有更多可以与学前儿童互动的空间。例如，在动作创编环节，教师可以结合学前儿童创作的肢体动作，用简洁性和速画型的符号填充或替换原有的框架，用指向性箭头符号和数字表示这一动作的方向和次数。又如，在涉及队形变化的环节中，为了确定、明晰集体讨论出的队形变化，教师可以用展示图谱或贴地图谱方式帮助学前儿童理解当前的位置和变换后的位置。展示图谱一般为静态的画面，常用里外两个圆圈提示学前儿童需站成里外两圈，用不同的小几何图形分别表示男生、女生，用标有颜色的小箭头提示学前儿童下一步怎么走；贴地图谱是直接在地面上用不同颜色的小圆点标出学前儿童的几种位置，学前儿童只需要记住自己的“小点点”即可。

（四）教师的个人状态是支持学前儿童韵律活动的要点

教师要用积极的情绪状态和体态投入音乐，以情感带动情感，以动作带动动作，激发学前儿童的音乐表达热情。当教师用亲切、热情的语气，清晰地表达指导语言时，学前儿童也会在愉悦、澄澈的心境中明确理解活动的内容，有效地做出回应，提升韵律能力。2020年9月9日，习近平总书记向全国广大教师和教育工作者致以节日祝贺和诚挚慰问。他说：“希望广大教师不忘立德树人初心，牢记为党育人、为国育才使命，积极探索新时代教育教学方法，不断提升教书育人本领，为培养德智体美劳全面发展的社会主义建设者和接班人做出新的更大贡献。”①教师是学前儿童成长过程中的重要他人，学前儿童年龄越小，教师对他们的影响就越大。教师要用真善美的人格魅力影响学前儿童。

① 在教师节到来之际，习近平向全国广大教师和教育工作者致以节日祝贺和诚挚慰问[EB/OL].（2020-09-09）[2023-10-20].http://www.xinhuanet.com/politics/2020-09/09/c_1126470281.htm.

任务3　学前儿童打击乐演奏活动的实施

任务说明

音乐的灵魂来自节奏，学前儿童对节奏有着天生的敏感和兴趣。穆希德说："当给幼儿一个简单的乐器时，他们使用它就像玩积木和画笔那样自然……孩子们听到的声音和他们用身边的东西（乐器）创造出来的声响成为他们音乐经历的一部分。由于使用简单乐器，他扩展了他在音调和节奏方面的体验，又开发了一种新的表达方式。"学前儿童特别喜欢敲敲打打，丰富多样的打击乐器、多声协奏的音响效果、生动活泼的演奏形式都是打击乐演奏活动的魅力所在。学前儿童的打击乐演奏活动主要是感受音乐作品的节奏，将节奏型用不同的乐器组合表现出来。另外，不同的乐曲有着不同的风格，表达的情感也各不相同，打击乐演奏活动也是对音乐作品情感和风格的表达。不同年龄段的儿童在音乐感知、乐器操作、协调合作等方面的能力不同，打击乐演奏活动教学的目标和策略也要因此改变。

在"学前儿童打击乐演奏活动的实施"这一任务中，你需要结合所学，完成以下工作任务。

1. 课堂巩固

①小组合作，任选一则视频，从乐器操作、随乐演奏、合作协调、创造性表现等方面分析视频中幼儿的打击乐演奏能力，完成工作表单1。

工作表单1

视频资源	乐器操作情况	随乐演奏情况	合作协调情况	创造性表现情况

②小组合作，扫码听乐曲并分析，思考乐曲适合哪个年龄段的幼儿演奏，并为乐曲设计配器方案，完成工作表单2。

工作表单 2

音频资源	乐曲分析	配器方案
大马大马告诉我		
虹彩妹妹		
土耳其进行曲		

2. 岗位实践

我们发现，幼儿园的打击乐演奏活动开展频率非常低。教师“怕教”，幼儿仅仅能在表演区随意敲击乐器，很难获得更有益的演奏能力。我们如何在《3～6岁儿童学习与发展指南》理念的指导下创造条件，让幼儿感受打击乐演奏活动的魅力？请小组合作，围绕该问题开展教学研讨活动，完成工作表单3。

工作表单 3

教研问题：如何在《3～6岁儿童学习与发展指南》理念的指导下创造条件，让幼儿感受打击乐演奏活动的魅力	
看法 1	
看法 2	
看法 3	
看法 4	
结论 （思维导图）	

学习支持

一、学前儿童打击乐演奏能力的发展

学前儿童进入幼儿园，会接触一些常规的打击乐器，如串铃、响板、三角铁、铃鼓、木鱼、双响筒、铃鼓等。学前儿童在探索这些打击乐器的过程中，兴趣会得到较大的满足。在教师的提示和指导下，他们能获得一些基本的打击乐技能。由于学前儿童小肌肉尚未发育完全，他们对乐器的操作会受到一定的局限。

（一）3～4岁儿童打击乐演奏能力的发展

3～4岁儿童对乐器的演奏较为生疏、困难。打击乐演奏要求乐器的音响和音乐能协调一致，而3～4岁儿童随乐意识比较薄弱，演奏经验也零碎有限，主要表现为随意摆弄乐器，发出的声响与音乐无关，无法用准确的节奏和适合的乐器完成打击乐演奏。另外，打击乐演奏活动更多是一种集体活动，3～4岁儿童的动作发展和自控能力较差，同伴之间配合以达到音响和谐也存在一定的困难。但是，对同一种乐器进行演奏表演，形成同时开始、同时结束的基本技能是切实可行的。还可以在区域游戏中发展学前儿童独立演奏乐器的能力。3～4岁儿童对乐器的认知和探索可以从音色的不同、力度的不同、速度的不同等方面进行感知和表达。

（二）4～5岁儿童打击乐演奏能力的发展

4～5岁儿童对比3～4岁儿童有较大的进步，特别是在乐器操作和演奏技能方面。他们的模仿能力增强了，会模仿成年人或教师的演奏方法，探索一种乐器的多种演奏方式，基本能掌握打击乐器的常规演奏技巧，如铃鼓的拍、晃、摇等。在乐器演奏的过程中，他们对乐器音色、力度、速度的调整和控制能力也有所提高。另外，4～5岁儿童对节奏的听觉分辨能力有了进一步的提高，他们能初步跟着节奏进行演奏，特别是简单的二拍子、四拍子或三拍子的音乐。在合作协调性方面，4～5岁儿童也能基本掌握整齐进拍和集体结束。这个年龄段的学前儿童在演奏的过程中能基本掌握2～3个不同乐器声部之间的合作，还开始懂得看指挥、理解指挥的手势含义。在创造性表现方面，4～5岁儿童可以在教师的提示和引导下，用打击乐器将基本的节奏型表现出来，如 $|\times\times\times\times|$、$|0\times0\times|$、$|\underline{\times\times}\times\underline{\times\times}\times|$ 等。

（三）5～6岁儿童打击乐演奏能力的发展

5～6岁儿童演奏水平和能力呈阶段性提高，其使用和掌握的乐器种类越来越多，越来越丰富。除了用大肌肉操作的打击乐器之外，这个年龄段的学前儿童还能尝试一些用小肌肉操作的打击乐器，如需要双手合作操作的三角铁、双响筒等。在演奏方法上，5～6岁儿童能尝试用不同的方式进行演奏，也会根据音乐的元素进行思考和探究，如根据音乐的速度、力度、音色等的不同选择不同的演奏方式。在合作协调方面，5～6

岁儿童能和同伴进行更好的配合与协调，表现力更加丰富。5～6岁儿童能在多声部的演奏中更加主动地完成打击乐合奏的要求，不仅能准确地演奏好自己的声部，也能关注到整体效果，对指挥的手势和眼神暗示也能更好地理解。在创造性表现方面，5～6岁儿童会更加积极主动地参与为音乐配器，还能尝试自己制作打击乐器，甚至喜欢自己即兴指挥。

二、学前儿童打击乐演奏活动的目标

学前儿童打击乐演奏活动的价值追求主要体现在学前儿童演奏过程中身体各部分的协调，自己与同伴及与指挥间的合作与协调，对乐器操作、有节奏地演奏及音乐整体音响效果的追求，对演奏状况的把握等方面，从而锻炼与提升学前儿童的节奏感、创造力、自制力、合作协调等能力。

（一）学前儿童打击乐演奏活动的总目标

①喜欢参与打击乐演奏活动，乐意探索乐器的不同演奏方法和尝试创造性的表现；积极体验并享受与他人合作演奏的快乐。

②能认识、辨别各种常用打击乐器及音色特点，了解有关打击乐器的一些基本知识。

③掌握一些简单的节奏型，能理解指挥的手势含义并与指挥相配合。

④熟练掌握一些常用打击乐器的演奏方法，能学习并掌握使用、整理和保护乐器的一些简单规则。

⑤能在集体的演奏活动中有意识地控制、调节自己奏出的音色，使其与集体的演奏相协调。

（二）不同年龄段学前儿童打击乐演奏活动的发展目标

在开展学前儿童打击乐演奏活动时，要依据《幼儿园教育指导纲要（试行）》及《3～6岁儿童学习与发展指南》中的相关要求，根据各阶段学前儿童的节奏感及演奏能力的发展水平，制定相应的发展目标。

1. 3～4岁儿童打击乐演奏活动的发展目标

①了解2～3种简单易掌握的打击乐器音色及演奏方法，知道乐器的名称。

②能用拍手、踏脚等身体动作及简单的乐器为简短的歌曲、乐曲合拍地伴奏。

③以齐奏为主，能整齐地开始和结束。

④体验操作乐器的乐趣，养成正确使用乐器、轻拿轻放乐器的习惯。

2. 4～5岁儿童打击乐演奏活动的发展目标

①了解4～5种打击乐器的名称、音色及演奏方法。

②能用拍手、拍肩、踏脚等身体动作和可敲击的物品敲打节拍与基本节奏，为歌曲、乐曲进行伴奏，学习用两声部轮奏、合奏的形式进行演奏。

③尝试根据音乐的特点进行配器，创编节奏型，体验创造性参与演奏活动带来的快乐。

④能看指挥，动作协调地合拍演奏，注意倾听演奏的声响效果。

⑤养成正确使用乐器、有序收放乐器的习惯。

3. 5～6岁儿童打击乐演奏活动的发展目标

案例分析

①能运用各种身体动作和多种打击乐器演奏较为复杂的节奏，声音和谐、好听。

②尝试根据音乐的性质、节拍、节奏特点进行配器，创编节奏型，制定演奏方案，在集体演奏时能与他人协调一致。

③能集中注意看指挥，根据他人即兴指挥的动作迅速准确地做出演奏反应；演奏动作自如、协调；愿意倾听自己与同伴演奏的声响效果，并努力保持和谐。

④养成正确使用乐器、爱护乐器的良好习惯。

⑤愿意学习当指挥，尝试做出“准备”“开始”“结束”等基本指挥手势。

超级链接

打击乐演奏关键经验维度

打击乐演奏关键经验可以分成节奏关键经验和描述关键经验。

1. 节奏关键经验

节奏关键经验包括合拍做动作（用身体动作表达出音乐节拍的稳定特质）、合句段结构做动作（用身体表达出音乐形象的细节）、合拍演奏（用打击乐器表达出音乐节拍的稳定特质）、合句段结构演奏（用打击乐器表达出音乐形象的细节）。节奏关键经验被分为动作合乐与演奏合乐两个类别，动作合乐是演奏合乐的基础。在一个具体的打击乐演奏教育活动中，动作合乐是音乐感受环节完成的一个标志，将一个音乐作品的音乐形象由动作表现向演奏表现迁移，是打击乐器演奏教育活动的价值所在，迁移成功的标志即演奏合乐。

2. 描述关键经验

描述关键经验包括用动作描述音乐内容与形式（包括对音乐内容的动作探究与对音乐元素、音乐情绪特征的动作表现）、用语言描述音乐内容与形式（包括用语言描述身体动作、音乐内容、音乐元素与情绪特征）。在打击乐演奏教育活动中，描述关键经验，是指对音乐的内容与形式进行动作和语言的描述，在所有音乐活动类型和所有音乐教育过程中，这两项描述经验都如影相随。

（资料来源：王秀萍. 幼儿园音乐领域教育精要：关键经验与活动指导[M]. 北京：教育科学出版社，2015：224-225）

三、学前儿童打击乐演奏活动的内容与材料

(一)学前儿童打击乐演奏活动的内容

学前儿童往往会把打击乐器当作声音悦耳的玩具，对演奏打击乐器表现出极大的兴趣。幼儿园的打击乐演奏活动是指在乐曲的伴奏下，学前儿童能有节奏地敲打乐器，为乐曲添彩。打击乐演奏活动丰富多样，可以是现成的器乐曲和歌曲，也可以是为其他音乐、舞蹈进行伴奏。打击乐演奏活动的教学内容主要包括乐器种类及操作方法、基本演奏技能、演奏方式。

1. 打击乐器种类及操作方法

广义上的打击乐器可以是学前儿童自己的身体、专门的打击乐器、自制的打击乐器、生活中会发声的生活物品等。这里主要介绍专门的打击乐器和自制的打击乐器。

常见的打击乐器种类繁多，适合学前儿童学习和操作的常用打击乐器，一般有大鼓、单面鼓、小锣、小镲、三角铁、木鱼、串铃、棒铃、铃鼓、响板、双响筒、蛙鸣筒、木琴、铝板琴等。常见的打击乐器可以按照乐器的音高、乐器的材质(音色)、乐器的声响特征进行分类。

按照乐器的音高分类，常见的打击乐器可以分为固定音高的打击乐器和非固定音高的打击乐器。如木琴、铝板琴等是固定音高的打击乐器，碰铃、串铃、铃鼓、鼓类、三角铁、响板、木鱼、双响筒、蛙鸣筒、沙球、镲、锣等是非固定音高乐器。

按照乐器的材质(音色)分类，常见的打击乐器可以分为木质乐器、金属乐器、皮制乐器三类。木质乐器有响板、木鱼、双响筒等，金属乐器有碰铃、三角铁、串铃、锣、镲等，皮制乐器有大鼓、铃鼓等。

按照打击乐器的声响特征分类，常见的打击乐器可以分为明亮、柔和乐器(碰铃、三角铁等)，干脆、圆润乐器(响板、木鱼、双响筒等)，摇动时有一种颤音效果的乐器(铃鼓、串铃等)，特色乐器或加强乐器(大鼓、锣、镲等)。

资源拓展

常见的打击乐器及演奏方法

1. 碰铃

碰铃(见图3-2)，又名“小铃”，音色清脆、明亮，声音能延长。小铃常用于优美、悦耳的乐曲，气氛活泼，敲击不宜过多、过重，以一小节一次为宜，或用在乐段、乐句的末尾。

演奏方法：两手各持一只小铃，若是软绳则用绳索牵在手指上，互相碰击。如需奏断音，奏后将铃贴在衣服上，音即止。

2. 三角铁

三角铁（见图3–3）的音色比小铃更清脆、明亮，延长音也更长。音量略大于小铃，但也能演奏弱音。三角铁也常用于优美活泼的乐曲，像小铃一样，可以一小节打一次，也可与小铃交替运用，或同时运用。

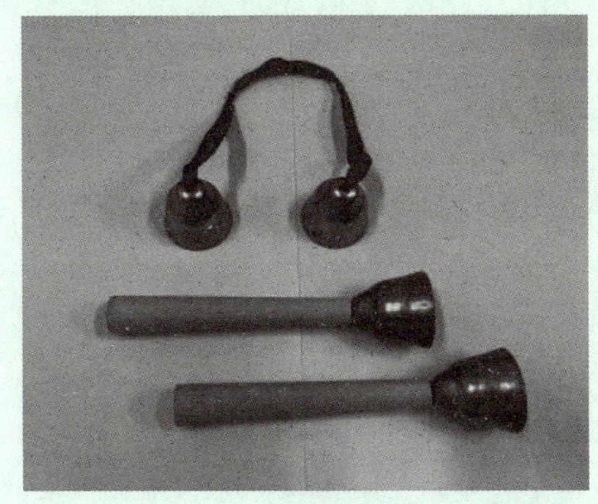

图3–2 碰铃

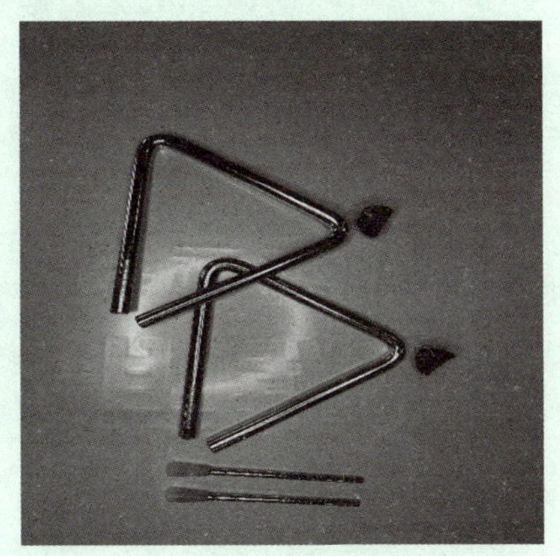

图3–3 三角铁

演奏方法：左手食指套在绳索上，拇指与中指捏住三角铁，右手持打锤敲击。当敲奏“颤音”或“震音”时，可将打锤放到三角铁里边转圈敲打；如需演索断音，奏后将右手握住三角铁或将三角铁贴在衣服上止音。

3. 串铃

串铃（见图3–4）是由一组小铃铛串在一起构成的乐器，音色比较清脆、明亮。串铃常用于欢快、活泼与热烈的乐曲，像碰铃一样，既可演奏强拍，也可演奏弱音。

演奏方法：双手各执一铃，随音乐上下摇震，让小铃铛相互撞击发出音响；或是右手执一串铃，与左手掌敲击发出音响。

4. 响板

响板（见图3–5）由一对手掌大小、贝壳形状的扁木片构成。两个木片上都拴有细绳，可套在拇指上。响板无固定音高，音色清脆透亮，不仅可以直接为歌舞打出简单的节拍，而且可以奏出各种复杂而奇妙的节奏花样，别有一番特色。

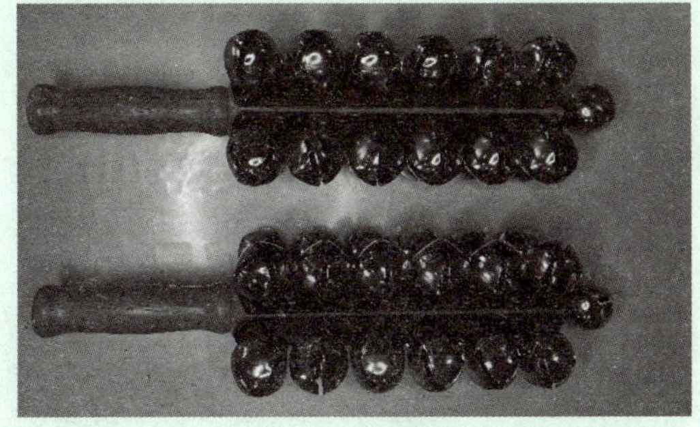

图3–4 串铃

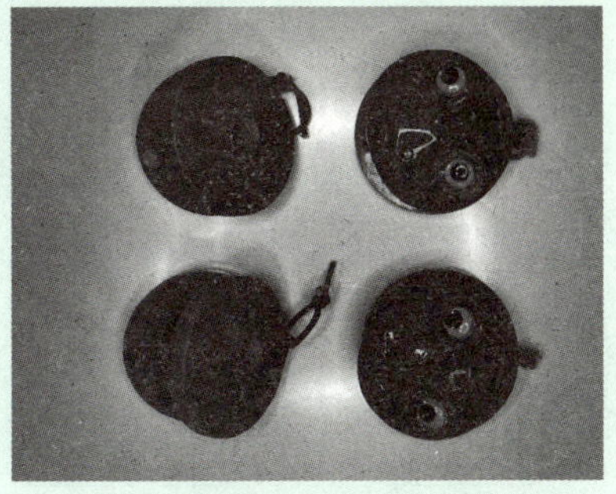

图3–5 响板

演奏方法：响板的演奏方法有两种，一种是拍奏，演奏时，将响板平放在左手掌上，右手掌拍击响板，使之发声，该演奏方法适宜年龄小的幼儿使用；另一种是捏奏，将两片响板像贝壳一样相对着挂在拇指上，用其他四根手指轮流弹击其中一片响板，使之叩击在另一片上发出音响。

5. 双响筒

双响筒（见图3–6）又名“双响梆子”，音色清晰，能先后奏出纯五度音程，双响筒的直径大小不同，奏出的音响音高均不同。双响筒演奏方便，在$\frac{2}{4}$拍音乐中，可“左右、左右”地演奏×× ××的节奏以表现马蹄声或跳跃活泼的舞曲气氛；在$\frac{3}{4}$拍音乐中，可“左右右”敲击。

演奏方法：左手握住双响筒的木柄（根音在左边，五度音在右边），右手持木棒，按拍左右敲。

6. 木鱼

传统的木鱼呈团鱼形，腹部中空，头部正中开口，尾部盘绕，其状昂首缩尾，背部（敲击部位）呈斜坡形，两侧呈三角形，底部椭圆；木质槌，槌头橄榄形。新型木鱼（见图3–7）形态似鱼，常用于轻快活泼的乐曲中，有时可独奏简短的乐句，还可用来模仿马蹄声的音响效果。

演奏方法：把木鱼平放在左手掌心，右手持小槌，敲击在木鱼的背部。

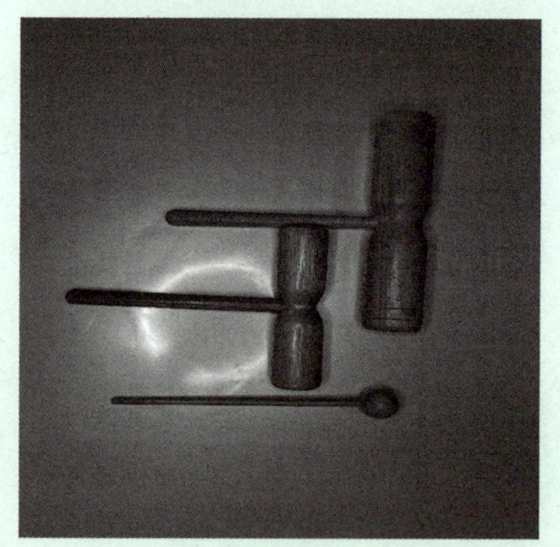
图3–6　双响筒

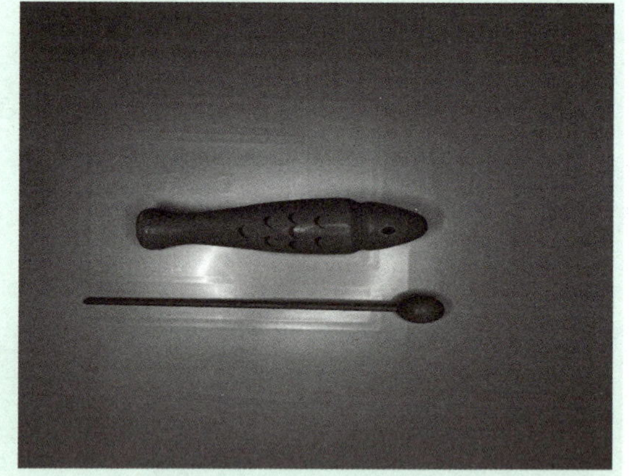
图3–7　木鱼

7. 沙球

沙球（见图3–8）由于沙子在球内互相冲击发出一种清晰的沙沙声。沙球常用来表现轻快、活泼的乐曲或歌曲，起烘托气氛的作用。类似沙球的乐器还有沙桶、水果沙球等形态。

演奏方法：双手各持一球的手柄向下摇动，常是左手往下击前半拍，右手往下击后半拍，形成×× ××（左右 左右）击拍。在$\frac{3}{4}$拍乐曲中，可按节奏“左右右”击拍。

图3-8　沙球类

8. 铃鼓

铃鼓（见图3-9）是一种单面鼓边上装有多对小铃片的打击乐器。演奏时，既有清脆的片片铃声，又有皮鼓的共鸣声。铃鼓常用于跳跃、活泼、热情、奔放的舞曲中，烘托热烈的气氛，表达欢乐的情绪。

演奏方法：右手提鼓身，中指从鼓边一圆孔中往外插入后握住铃鼓，鼓面对着左手。演奏时，常在弱拍上摇动铃鼓，发出沙沙铃声，也可在强拍上用左手敲击鼓面，同时发出鼓声和钹声（甚至铃声）。如在$\frac{3}{4}$拍乐曲中，可第一拍用左手敲鼓面，第二、第三拍用右手摇鼓身两次。铃鼓还可以发出急速而美妙的震音。

9. 钹

钹（见图3-10）为一对铜质的草帽状圆片，对扣在一起像一个梭子。钹的音响铿锵、热烈，余音回荡，可以传得很远。用于演奏时，极富气势，通常表现一种激情，常用于热烈的乐曲和舞曲，表现欢乐、热烈的气氛。

图3-9　铃鼓

图3-10　钹

演奏方法：钹身的两个部分各系有一条钹巾，演奏者需站立，用双手通过钹巾持住钹身，使钹身的两部分碰撞发音。不宜用手心握住钹身，以免声音受阻。钹有延长音，需要时奏后可将钹贴在衣服上止音。

10. 鼓

鼓（见图3-11）由鼓身、鼓皮、鼓圈、鼓卡和鼓棰等部分组成。我国的鼓种类繁多，带领幼儿接触本土的鼓，可以丰富幼儿对中国文化的理解并传承中国文化。比如，戏曲中用的板鼓，在十番锣鼓、民乐合奏中负有指挥任务的堂鼓，陕北流行的腰鼓队中的腰鼓，说唱音乐中为单弦牌子曲伴奏的、八角形的八角鼓，民间唱道情用的、用手指敲打的鱼鼓，北方说唱音乐大鼓伴奏用的书鼓，云南西部傣族用的形状略似象脚的象脚鼓，军乐队用的大军鼓和小军鼓（配有丝弦的小鼓），管弦乐队中采用的具有固定音高的定音鼓等。幼儿园中常用的是小堂鼓，小堂鼓在戏曲中常用来表现战争场面，故又称“战鼓”或“小鼓”。小堂鼓大小不一。目前轻音乐演奏中采用排列整齐、具有一定音高的堂鼓，称“排鼓”，表现力较强。在舞曲、乐曲或歌曲的演奏中，均可运用小堂鼓。在单独演奏打击乐、没有指挥的情况下，鼓能起到指挥的作用。

演奏方法：常用两鼓锤敲击。在不需要热烈的伴奏时，只需要一根鼓锤，敲击鼓面击出强拍声音；有时还可用鼓锤敲击鼓边，发出有节奏的音响。

图3-11　鼓类

自制的打击乐器比较特殊，为引导学前儿童家庭形成节约适度、绿色低碳、文明健康的生活方式和消费模式，帮助学前儿童树立社会主义生态文明观，培养学前儿童的创造性思维和动手能力，会充分利用废旧材料自制各种打击乐器。一类是直接利用能发出声音的生活物品，如锅、碗、瓢、盆、碟子、杯子、筷子、竹子、木棒等，以敲击或摇晃等方式发声。另一类是把生活中的物品进行改造加工制成“乐器”，如用奶粉罐做成大鼓，用纸板和瓶盖做成响板，在塑料瓶里装上沙子可制作成沙球，用小竹棍或筷子桥接玻璃杯、酒瓶等模仿三角铁的声音，用塑料袋摩擦模仿串铃的声音等。这些经教师、家长或亲子或师幼妙手改造制作的“乐器”，演奏起来更是别样有趣。

拓展资源

2. 基本演奏技能

（1）节奏

在打击乐的节奏训练中，最常用和最简单的方式是遵循乐曲的节拍进行练习，其优势是学前儿童较容易操作，也能有效地烘托氛围。刚开始进行打击乐时，学前儿童最好选择节奏鲜明的乐曲（如进行曲），节奏鲜明的乐曲容易敲击出效果，便于学前儿童掌握节奏特点。待学前儿童有了一定的积累后再选择一些节奏较复杂的乐曲。小班、中班学前儿童可以以$\frac{2}{4}$拍、$\frac{3}{4}$拍乐曲为主，大班学前儿童可以在此基础上选择$\frac{4}{4}$拍的乐曲。打击乐的节奏型一般表现为简单、稳定、重复，多以二分音符、四分音符、八分音符为主，十六分音符用得较少。

（2）配器

配器，字面意思是分配乐器。在打击乐演奏活动中，配器是指根据音乐的性质、情绪和风格选择与之相适应的打击乐器，选择符合音乐作品恰当的节奏型，确保能演奏出和谐、悦耳的声响。在配器之前，学前儿童需要了解打击乐器的基本音色和功能及配合的效果。只有了解了这些方面，学前儿童才能选择适宜的打击乐器为音乐作品进行伴奏，增强音乐作品的表现力。学前儿童可以根据音乐作品的旋律高低，对应选择高音乐器、中音乐器和低音乐器，演奏出相对应的音响效果；此外，还可以利用打击乐器的不同音色和演奏方法，表现音乐作品中的力度变化、风格氛围等。

（3）看指挥

在打击乐演奏活动中，要想演奏出和谐悦耳的音响效果，指挥的作用非常重要。看指挥主要看三点。第一，清楚指挥手势。学前儿童要了解最基本的指挥手势，比如预备动作、作品的开始动作、结束统一动作等。第二，眼神关注与交流。学前儿童要时刻集中注意力，关注指挥的一举一动，学会用眼神与指挥沟通交流和合作。第三，在演奏过程中，能理解指挥对音乐作品的处理，特别是一些比较明显的力度、节奏和音色上的变化。学前儿童除了会看指挥外，还要能第一时间进行反应和调整。

3. 演奏方式

学前儿童打击乐演奏活动的演奏方式主要有音色探究、音乐形象刻画、声部动作和谐协调三个方面。

在音色探究方面，主要是分为探究生活环境中的音色、探究自然界的音色及综合音色探究。在学前儿童的日常生活中存在很多声音，如钥匙声、撕纸声、敲门声等；自然界有风声、雨声、雷声、虫鸣声、树叶声、海浪声等。学前儿童可以根据声音的特点和音色选择适合的打击乐器进行替代。大班之后，就可以引导学前儿童综合探究各种各样的音色，甚至是自主发现更多有特点的音色。根据声音的音色找出能模仿出声响效果的打击乐器并进行演奏。

在音乐形象刻画方面，学前儿童在对打击乐器发出的音色有所了解之后，可以选择简单的乐曲进行演奏。学前儿童通过模仿教师的动作表演感知与体验音乐，学前儿童能用身体动作表现作品就意味着已经能捕捉音乐形象了。这时，可以为音乐选择合适的打击乐器并进行演奏。这种演奏方式就是对音乐形象的刻画。换句话说，学前儿童通过身体动作表演感受到音乐形象，然后选择与音乐形象特征相匹配的某种乐器，再把用身体动作表现音乐形象的行为迁移到用打击乐器敲打的行为上，就完成了音乐形象的刻画工作。

在声部动作和谐协调方面，学前儿童的多声部演奏是在熟悉曲目和喜欢的前提下进行逐个声部的追加，每个声部的追加都要基于学前儿童的认可和喜爱。要选择简单重复、无歌词的音乐作品。另外，歌曲类作品要适合学前儿童进行多声部演奏，伴奏的类型可以由学前儿童决定。但是，由于学前儿童对和声不是很敏感，使用率不高，歌曲类作品可以将身体作为打击乐器，进行多声部的和谐演奏。

超级链接

演奏时的座位安排

在打击乐演奏活动中，手持乐器的幼儿座位安排也很重要。一般来讲，手持金属乐器的幼儿坐在指挥的左边，手持木质乐器的幼儿坐在指挥的右边，手持散响类乐器的幼儿坐中间。手持锣、大鼓、镲的幼儿坐/站在中间的后面。演奏时，同一种乐器敲击的节奏相同，幼儿坐在一起敲击后，发出的声音比较集中，也方便幼儿和指挥之间进行互动。乐队的排列有以下几种方式：半圆形或单马蹄形（见图3–12）、双马蹄形（见图3–13）、品字形（见图3–14）、满天星形（见图3–15）等。“半圆形”这种简单排列，一般适用于小班，可用分段切割的方法安排不同的音乐小组。“满天星”队形一般适用于中大班，每相邻两列队为一个音乐小组。

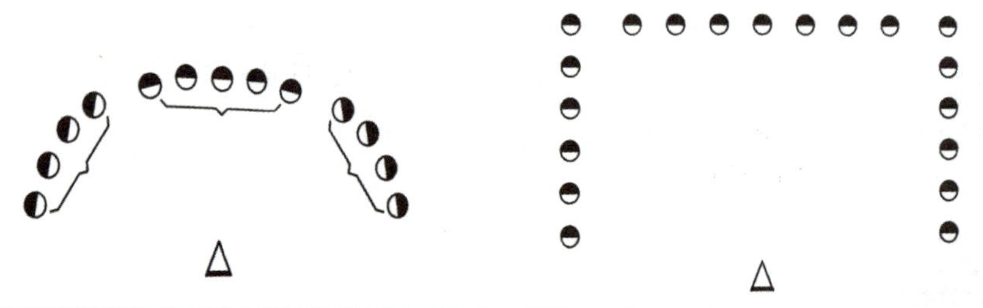

图3–12　半圆形和单马蹄形排列

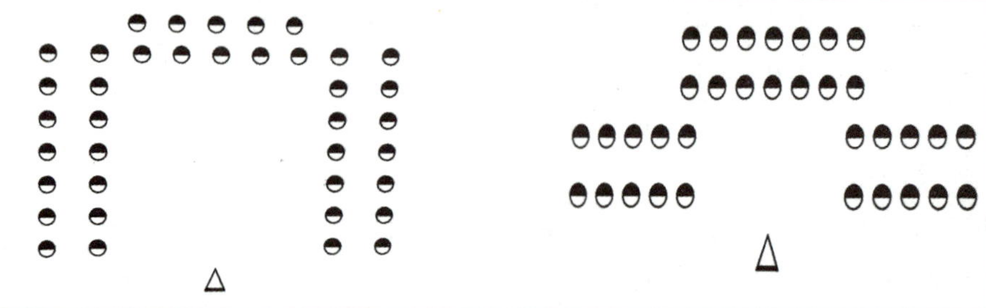

图3–13　双马蹄形排列

图3–14　品字形排列

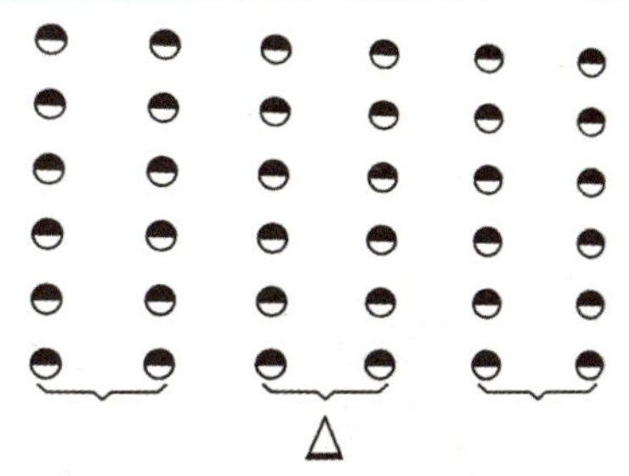

图 3-15　满天星形排列

（资料来源：许卓娅. 快快准备好笔记本！让许老师带你玩转奏乐！[EB/OL].（2022-01-29）[2023-05-30].https://mp.weixin.qq.com/s/eYv_9BsIjP5gOJvS1JF9Fw）

（二）学前儿童打击乐演奏活动的材料

拓展资源

1. 音乐作品的选择

在音乐选择方面，为学前儿童选择的歌曲或是乐曲的节奏必须清晰，旋律优美有鲜明的特征，结构要工整、对称、辨识度高。这样不但容易演奏出效果，而且便于学前儿童掌握节奏特点，激发学前儿童的演奏积极性。最主要也是最重要的一点是，必须基于学前儿童的兴趣爱好。可以选择一些进行曲、舞曲，以及有情趣、带有艺术性的儿童乐曲。小班年龄段可以选择学前儿童熟悉的歌曲，或者是结构短小、节奏简单的乐曲；中、大班学前儿童的音乐可以选择更加复杂一点的，在结构上可以选择二段体或是三段体的音乐，段落与段落之间最好带有明显的对比，学前儿童可以通过对比音乐的基本元素（音色、节奏、旋律、速度、力度等）选择适合表现音乐的打击乐器进行演奏和表现。

民族的就是世界的，在开展打击乐演奏活动时，也可以选择节奏鲜明的民族乐曲，如维吾尔族、蒙古族、藏族乐曲，节奏型都比较明显，易于学前儿童理解把握。这不仅可以让学前儿童感受不同民族的音乐风情，还可以让学前儿童知道，全国有56个民族，共同繁荣发展。

2. 乐器选择

基于学前儿童的特殊性，在乐器的选择上要关注乐器的材质、音色、大小和重量。在乐器大小、重量方面，要尽量选择适合学前儿童演奏的尺寸和重量。另外，根据不同年龄段学前儿童的动作发展情况，乐器的演奏方面也存在较大的差异。小班学前儿童可选择铃鼓、串铃、沙球、响板、碰铃等，在演奏乐器时，尽量用简单的动作，如铃鼓主要是可以敲击鼓面；响板是两只手合作，一手拿住，另一手敲击。中班学前儿童可选择木鱼、蛙鸣筒、小钹、小锣、铃鼓、响板等，在演奏时，学前儿童可以运用腕部小肌肉，如铃鼓可以用敲奏和摇奏的动作，响板可以用一只手捏奏的方法。大班学前儿童可以选择双响筒、响板、三角铁、小钹、沙球等，在演奏时，可以使用更复杂的动作，如用擦奏的方法演奏小钹，用震奏法演奏沙球。

3. 配器方案选择

在配器方案选择上，教师首先要注意了解学前儿童的能力水平及音乐作品的复杂程度，然后注意乐器的选择要有一定的艺术效果。根据不同年龄段学前儿童的动作发展水平及音乐掌握能力，选择的乐器及演奏方法一定是学前儿童能胜任的，音乐作品中的节奏、变化的频率也应该简单。可以一个段落选择1～2种乐器、以一种节奏型为主。中、大班可以在小班基础上适当递增。在对音乐作品的表现上，选择的乐器搭配应该考虑整体的音响效果，要符合和体现音乐作品的风格、旋律线条的特征、结构的艺术，最终表达呈现的效果也应该是统一的和完整的。一般来说，节奏欢快的乐曲可以选择使用串铃、铃鼓敲击；抒情的乐曲则适合使用撞钟和三角铁，撞钟适合敲击强拍，三角铁适合敲击弱拍，两者相互呼应，音响效果会比较好。对于节奏明显的十六分音符等适合用双响筒，四分音符或八分音符则适合用响板等。

四、学前儿童打击乐演奏活动的设计与组织

（一）活动材料设计

案例分析

打击乐演奏活动材料设计主要包括音乐作品的处理、音乐内容形象的幼儿化挖掘、视觉媒介的设计三个方面。

1. 音乐作品的处理

打击乐演奏活动难度较大，需要循序渐进。所以，在乐曲的处理上需要进行简单的剪裁。例如，活动之初对乐曲的速度进行调整。速度快的作品需要通过技术手段进行放慢，速度慢的作品需要通过技术手段进行加速；对于长时值的乐句进行缩短，避免消极等待。

2. 音乐内容形象的幼儿化挖掘

首先要考虑是否与学前儿童的生活经验息息相关。音乐内容越贴近学前儿童的生活，音乐形象越具体好玩，那么这个活动就会越受学前儿童的喜爱，学前儿童的兴趣就会越高，在实践中就会越有效果。幼儿化的挖掘主要是要采用情境式的方法，做到环环有故事、处处有情节。如《小象与蚊子》《赛马》等有故事情境和动物构成的乐曲内容。另外，还有一种幼儿化图形表征的方式。对于一些难以用动物或是故事情境来理解的，可以用各种图形符号来表征，如逗号、点、曲线、圆圈等；还可以用身体姿势来表达，如捻指、拍手、拍腿、跺脚等。

3. 视觉媒介的设计

在视觉媒介的设计方面，要以视频与图谱的设计为主。采用直观生动的视频形象，将学前儿童带入作品内容形象中。图谱的设计则是要用具象的图像或抽象的图形表达音乐内容和音乐的乐句与结构。

超级链接

什么是变通总谱

学前儿童的思维以具体形象化为特点，所以，在打击乐演奏活动教学中，通常会使用变通总谱。什么是变通总谱呢？就是将音乐总谱用动作总谱、图形总谱和语音总谱来表示，这样的图谱更加生动形象，并且富有趣味，可以吸引学前儿童的注意力，激发他们学习的兴趣。

动作总谱即用不同的动作分别表现不同的音乐乐句，但需要注意的是，在密集的节奏型处可以设计简单的、慢速的动作。图形总谱主要是通过用不同的图形表现音乐的乐句，比如，跟水果有关的乐曲就可以用水果的图形来标记，《玩具进行曲》可以用各种玩具进行乐句的标记。语音总谱即用语言表现乐曲的乐句，可以是有意义的词语或句子，也可以是拟声词或无意义的词。但是，语音总谱的语言一定要符合学前儿童的年龄特点，简单有趣很重要。

标准总谱

	1 2	3 4	5	3 1	i	6 4	5 5	3
碰铃	0	0	0	0	X	0	X	0
铃鼓	X	–	X	–	X	–	X	–
响板	0	0	0	0	X	0	0	X

变通总谱

	1 2	3 4	5	3 1	i	6 4	5 5	3
节奏	X	–	X	–	X	X	X	X
动作	拍手	–	拍手	–	拍头	拍肩	拍头	拍肩
图形	⊗	–	⊗	–	,	•	,	•
语音	走	–	走	–	的	笃	的	笃

（二）活动流程设计

案例分析

1. 打击乐演奏活动的一般环节

（1）熟悉和欣赏音乐

在打击乐演奏之前，让学前儿童听音乐，了解音乐的名称和主要内容，感受音乐的情绪、性质、力度、速度、风格及节奏等。

（2）空手练习节奏型

教师带领学前儿童以各种节奏动作，练习各种乐器声部的节奏型，帮助学前儿童尽快掌握，以便在较短的时间内过渡到使用乐器演奏。注意空手练习的时间不要过长，以免学前儿童失去兴趣。

（3）介绍乐器的名称及使用方法

在掌握了各声部节奏型的基础上，教师可以向学前儿童介绍打击乐器的名称，让学前儿童探索打击乐器的敲击发声法，教师再指导学前儿童正确使用打击乐器，并引导他们比较、辨别乐器的音色特点。

（4）随着音乐打击乐器

让部分节奏感较强的学前儿童先拿乐器练习，随后逐步扩大到其他学前儿童；或者让学前儿童分组进行练习，或者分声部进行练习。

（5）结束活动

在结束活动时，注意让学前儿童轻轻收回打击乐器。

2. 多元打击乐教学模式

（1）从总体布局入手的模式

案例分析

①用容易引起学前儿童兴趣的方式（如故事、游戏、前律活动等）导入主题，引起学前儿童的注意与兴趣。

②引导学前儿童完整欣赏整个音乐作品，或进行简单的节奏活动，初步感知主旋律的情绪、风格和基本拍子。

③引导学前儿童观察图形总谱、语音总谱、动作总谱等方式，初步理解掌握打击乐演奏的总体方案，并初步尝试练习。

④进行分声部的徒手练习。

⑤教师指挥，学前儿童跟随音乐手持乐器进行分组演奏练习。

⑥教师指挥，全体学前儿童随音乐伴奏进行多声部乐器合奏练习。

⑦个别学前儿童学习指挥，全体学前儿童集体练习合奏。

（2）从主要声部入手逐个累加的模式

案例分析

①用容易引起学前儿童兴趣的故事、游戏、图画或韵律活动等方式导入主题，引起学前儿童的注意与兴趣。

②引导学前儿童完整欣赏整个音乐作品，感受、体验音乐的情绪、节奏与结构等。

③采用示范—模仿的方式帮助学前儿童认识并掌握乐曲中某一典型乐段或主声部节奏的演奏方案，并指导学前儿童随乐徒手与持器练习。

④以创编的方式，引导学前儿童掌握打击乐曲的其余部分或另一声部（辅助声部）的演奏方案，并进行徒手与持器练习。

⑤放慢音乐，在教师的指挥下，学前儿童跟随音乐手持乐器进行完整演奏练习。

⑥学前儿童跟随音乐伴奏完整演奏。

案例分析

（3）体验—探究—创编模式

体验—探究—创编模式是一种学前儿童在感受、体验音乐的基础上，自主探索音乐、乐器并创编配器方案的教学模式，主要组织流程如下：

①用容易引起学前儿童兴趣的故事、游戏、图画或韵律活动等方式导入主题，引起学前儿童的注意与兴趣；

②引导学前儿童完整欣赏整个音乐作品，初步感受音乐的情绪、内容、节奏与结构等；

③鼓励学前儿童通过各种方式（体态动作、语言等）自由探索音乐，创编合适的节奏型，进一步体验音乐的节奏、情绪与结构等；

④引导学前儿童分组，探索、讨论、设计打击乐的配器方案；

⑤引导学前儿童跟随音乐尝试演奏，认真倾听各自创编演奏方案的音响效果，在分享的基础上逐步完善演奏方案；

⑥引导学前儿童确定自己的演奏方案并随乐演奏。

五、学前儿童打击乐演奏活动的策略

打击乐演奏是一项综合活动。学前儿童根据音乐敲出协调、悦耳、动听的乐曲，不是一日之功，需要长期感受、尝试、积累。教师可以从多个方面支持学前儿童开展打击乐演奏活动，促进学前儿童的自主学习。

（一）注重学前儿童的习惯养成

从某种意义上来说，学前儿童学会整理乐器材料，是一次打击乐器演奏成功的一半。每个幼儿园都会有许多添置或自制的打击乐器，可以让学前儿童在动手操作中讨论分配、布置场地、合理放置，让他们从中学会整理和爱护乐器。例如，对于小班的学前儿童可以教会他们正确的使用方法，并懂得原位摆放；对于中大班的学前儿童可以逐渐教会他们将乐器分类摆放，养成取放有序的习惯。

（二）支持学前儿童的区域活动

班级区域活动是学前儿童自我探索和发展的有效途径之一。合理规划和利用好区角游戏，是促进学前儿童全面发展的有效方法。在打击乐教学活动中，不是所有学前儿童都能完全得到满足。将集体打击乐演奏活动中的音乐、图谱、乐器等材料投放在音乐区角游戏中，学前儿童可以自主选择乐器进行演奏和巩固。在班级的主题下，可以提供与之相关的乐曲，让学前儿童自主选择适宜乐曲风格的打击乐进行演奏。还可以在音乐区角游戏中提供低结构材料、半成品材料、成品乐器等，让学前儿童自主探索变化节奏或变化图谱，鼓励同伴进行合奏或轮奏，丰富打击乐的演奏形式，这样能更好地满足学前儿童对多样化打击乐的演奏需求和表现欲望，丰富学前儿童对打击乐演奏活动不同层次的理解与经验，促使学前儿童大胆想象和表达。

（三）多渠道举办打击乐演奏活动

幼儿园可以定期举办以全园、年级组、班级为单位的打击乐演奏比赛，形式可以是集体、小组或个人。在家庭中，学前儿童可以和家人一起探索家里的打击乐，通过寻找各种材料、打击各种声音激发对打击乐的认知和喜爱，还可以和家人尝试制作喜欢的乐器。在社会层面上，可以从线上、线下查找、学习优秀的打击乐资源，欣赏各种形式的打击乐演奏音乐会等。

任务4　学前儿童音乐欣赏活动的实施

任务说明

学前儿童对音乐的感受是其音乐表现与创造的基础，音乐欣赏就是以音乐感受为主的音乐活动。事实上，歌唱活动、韵律活动、打击乐器演奏活动及音乐游戏都离不开学前儿童对音乐表现手段和音乐情绪的感受与领悟。雷默指出，儿童参与音乐活动的首要目的就是将音乐作为一种令人感动的存在来感觉和体验，而音乐教育最深刻的价值就在于通过丰富儿童的感觉体验来提升他们的生活质量。[①]开展音乐欣赏活动，可以使学前儿童接触更多的优秀音乐作品，开阔他们的音乐眼界，丰富他们的音乐经验，培养他们对音乐的喜爱之情，并使他们初步发展起感知、理解音乐的能力。

幼儿园音乐欣赏活动就是找一首音乐，组织学前儿童坐下来反复倾听、分享感受吗？答案显然是否定的。对学前儿童来说，仅通过倾听和静坐感知音乐是不够的。所以，在“学前儿童音乐欣赏活动的实施”这一任务中，你需要结合所学，完成以下工作任务。

1. 课堂巩固

根据音乐材料特点选择适宜的活动组织模式并说明原因，完成工作表单1。

工作表单1

乐曲/歌曲名称	材料特点	适宜模式及原因

① 陈迁.我国儿童音乐感觉教育的实践缺失及域外借鉴：基于穆塞尔和雷默音乐感觉教育思想的比较[J].教育科学，2020，36（5）：64-69.

2. 岗位实践

小组合作，在“大中国”主题下选择一首适合学前儿童欣赏的乐曲/歌曲进行教材分析，制定活动目标，设计活动过程，在学习共同体中试教、评价和反思，完成工作表单2。

工作表单2

岗位情境：本学期的教育实习遇见了“完整儿童”课程中的“大中国”主题。实习快结束了，为了检验同学们的实习成果，幼儿园指导教师把周计划里周五上午的音乐教学活动留给实习生执教。接到任务，同学们合作准备了起来。

选曲与教材分析	
活动名称	
活动目标	
活动准备	
活动过程	
反思与评价	
小组成员	

学习支持

一、学前儿童音乐欣赏能力的发展

了解和把握学前儿童音乐欣赏能力的一般特点与发展规律，有助于教师更好地开展音乐欣赏活动，既可以避免因过分迁就学前儿童音乐欣赏能力的自然发展而降低教育的水平，也可以排除因脱离学前儿童音乐欣赏能力发展的实际水平而过分拔高教育期望值。

（一）学前儿童音乐欣赏能力的一般特点

1. 形象性：内容为主

在具体形象思维的主导下，学前儿童音乐欣赏同样具有形象性的特点，喜欢具体生动的音乐内容。大班学前儿童对情境性和形象性音乐主题的感知较为敏感，在动作的参与下，他们能更准确地感知情境性音乐主题及具体的音乐形象。[①]让学前儿童感受与理解音乐的妙招就是带学前儿童进入音乐的内容形象，让学前儿童随着音乐联想一个人、一件事、一个物，带学前儿童走进森林、海洋、天空、草原的故事情境。音乐内容越清晰、越熟悉，就越能激发学前儿童的音乐学习兴趣。

2. 情感性：感性优先

音乐是一种善于表现和激发情感的艺术，学前儿童音乐欣赏的过程就是情感体验的过程。学前儿童往往能与音乐的情感产生共鸣，却无法给出明确的解释与说明。例如，在欣赏《二泉映月》时，学前儿童会调动感性直觉，用“听了这个音乐我有点想哭”来表达对于音乐情感的体验。而成年人则可以在分析音乐形式要素的基础上，准确、深刻和仔细地体验其情感内涵：《二泉映月》通过时而沉静、时而躁动的变奏，抒发阿炳伤感怆然和昂扬愤慨的情绪，同时表达了他内心的一种豁达及对生命的深刻体验。[②]学前儿童更喜欢欣赏情绪愉悦的音乐作品。

3. 经验性：依托经验

学前儿童在自然和生活中吸收储存的声音元素，等待音乐活动来触发激活。学前儿童对于音色的感知就与其生活经验有关。例如，在欣赏《野蜂飞舞》时，对于了解蜜蜂的学前儿童，他们能听出音乐的描写对象，而没有相关经验的学前儿童可能听到的是赛车在比赛。如果学前儿童在日常生活和音乐教学活动中广泛接触乐器，那么他们积累的有关音色的音乐感知经验相较于那些接触乐器种类较少的学前儿童来说更为丰富。他们能更好地辨别不同乐器的音色，也能更好地建立音色与其已有经验之间的联系，展开丰富的联想。自然中的音乐经验，如泉水叮咚、丛林鸟鸣、雨水滴答；生活中的音乐经验，如汽车鸣笛、沿街叫卖、锅碗瓢盆的轻击等，都是学前儿童音乐学习的重要经验。

---

① 邬梦婷.动作参与对大班学前儿童音乐感知影响的实验研究[D].上海：华东师范大学，2022.
② 耿孝鹏.二胡独奏曲《二泉映月》的内涵探析[J].科技信息，2011（6）：265.

超级链接

有一个6岁儿童在游戏时无意中听到电视中播放的二胡曲《阳关三叠》时，自言自语地说："这个是说古时候的人在受苦。"而电视画面中，女性演奏者衣着华丽，表演所在场所富丽堂皇。聆听了教师提供的男低音独唱曲《伏尔加船夫曲》后，6岁的第一个男孩画了一个肃穆的送葬场面，他解释说："这是一个伟大的人去世了！"第二个男孩画了一头狗熊被困在深坑里，并解释说："它出不来，在哼哼叫，难听极了！"第三个男孩画了一群人在为一艘船拉纤，他解释说："我知道，这是《伏尔加船夫曲》，我爸爸会唱，我也会。我喜欢这首歌。"第四个男孩画了一行黑色的五线谱（其他性质的音乐画了其他色彩的五线谱），他解释说："就是这种颜色的音乐，黑黑的！"而第五个男孩干脆画了一个男性成年人在对着话筒唱歌，并解释说："就是男的在唱歌。"这些例子说明，6岁儿童在音乐欣赏活动中，虽然仍旧是以感性直觉为主要特点，但其多元倾向日益显现出来。

（资料来源：许卓娅.学前儿童艺术教育[M].2版.上海：华东师范大学出版社，2015：8）

（二）学前儿童音乐欣赏能力的发展规律

学前儿童的音乐欣赏就是在倾听的基础上对音乐作品进行感受、理解和自主表达的审美过程。学前儿童的音乐欣赏离不开注意、感知、想象、思维等基本能力。受到音乐形象的多样性、对音乐的兴趣与爱好等因素的影响，学前儿童音乐欣赏能力存在个体差异。总体趋势上，学前儿童对音乐作品的倾听与感受、理解与想象、创造性表现能力随着年龄的增长逐渐生成、发展并健全起来，良好的音乐环境能起到促进作用。

1. 倾听与感受能力

在生命的最初几个月，即使声音和音乐作为一般的刺激物出现，婴儿也会有天生的敏感和反应。随着年龄的增长，婴儿对外界环境中各种声音和音乐的反应、听辨、分化能力会进一步发展，由"接受者"逐渐成为"参与者"。3岁左右的学前儿童，已经从周围的生活环境中获得了较多的倾听经验和习惯，开始逐步自发地注意聆听他们喜欢的音乐并分辨它们，如下大雨和下小雨的声音区别，不同的动物、交通工具发出的声音有哪些不一样等。当他们感受到不同情绪的歌曲（如欢快的《新年好》和伤感的《泥娃娃》）时，能随着音乐做出相应的情绪反应。虽然他们不容易理解音乐作品的情绪，但是已经对音乐的情绪有了初步感受。

4～5岁儿童听辨的能力有所提高，逐渐能辨别声音的细微变化，表现在倾听、欣赏音乐的听辨能力、感受能力进一步增强。他们往往能通过教师专门组织的音乐活动，分辨出明显的速度、力度、节奏、音色变化，初步感受到乐曲的结构，听出乐段、乐句之间的重复。如作曲家卡尔·海笛创作的乐曲《熊跳舞》。该乐曲分为A、B、A三段，A段音乐主要在低音区演奏，节奏较缓慢；B段音乐在高音区演奏，节奏轻快。听辨乐句的相同与不同是学前儿童学习音乐结构的开始。一般，这时期的学前儿童已经能欣赏内容较为广泛、风格多样的音乐作品，如舞曲、进行曲、摇篮曲等，能感知到《小步舞曲》的欢快、热情奔放，《进行曲》的整齐、雄壮、有力，《摇篮曲》的温柔、恬静。

5～6岁儿童听觉分辨能力更加精细，开始感知音乐作品中的细节部分，还能初步感受、辨别较为复杂的器乐曲结构、音色及在情绪、风格上的细微区别。如5岁中期的学前儿童可以感受并初步分辨出《狮王进行曲》中狮子走路、吼叫部分音乐的明显变化，但是狮子走路旋律的变奏部分与主旋律的区别比较细微，一般要到5岁末期及6岁后才能听辨出来。

2. 理解与想象能力

理解是音乐欣赏的重要基础和保证，既包括对乐曲情绪、风格的理解，也包括对乐曲表达内容、乐曲结构和表现手法的理解。3岁前儿童对音乐的理解十分有限，一般易对节奏鲜明、旋律优美、音响柔和的音乐产生积极反应。3～4岁儿童逐步学会理解熟悉歌曲的歌词内容与思想，学会理解简单的、风格鲜明的器乐曲的音乐情绪。如在倾听《小鸟与大象》时，提供相关形象的图片材料，大部分学前儿童能匹配正确。3岁末期，学前儿童的联想与想象能力逐渐发展起来，会借助联想理解性质鲜明的音乐情绪，并产生一定的共鸣。如他们能根据所听音乐的沉重、缓慢的性质，联想到大象、狗熊等巨大而笨重的动物形象；能根据所听音乐的轻快、跳跃的性质，联想到小兔、松鼠、青蛙等动作灵巧的小动物等。但这时期的学前儿童对于感受和理解乐曲基本表现手段有一定的困难，特别是对音色、节奏、旋律等的差别常常不能很好地区分。

4～5岁儿童借助歌词及生活经验、音乐经验，基本能理解形象鲜明的乐曲表达的艺术形象。这一时期的学前儿童已经能基本理解音乐表达的情绪和情感，并由此产生一定的联想。这种理解能力通常表现为对歌曲及有标题的器乐曲的理解。对于较为复杂、没有标题的纯器乐曲的理解还有一定困难。

5～6岁儿童在充分理解歌曲及有标题的器乐曲基础上，对纯器乐曲的理解能力也进一步增强。他们能在清楚辨别、理解音乐作品速度、力度、音色、节奏等表现手段变化的过程中大胆联想。如同样是进行曲的《解放军进行曲》《运动员进行曲》《拉德斯基进行曲》听起来有很多不同的感受，学前儿童对每个音乐作品都能形成自己独特的理解。

3. 创造性表现能力

学前儿童早期的音乐欣赏与创造性表现活动尚处于不分化的状态中，因此，学前儿童在进行音乐欣赏活动时总是伴随着创造性表现活动。3岁前儿童逐步学会运用动作、噪音和表情对音乐做出某种直觉的反应，创造性表现的意识尚未萌芽。3～4岁儿童常用的创造性表现手段是身体动作，即尽量用自己想出来的、与他人不同的动作表现音乐；运用语言进行创造性音乐表达时显得相对困难。

4～5岁儿童在音乐欣赏过程中的创造性表现能力在不断增强。他们基本会用比较自由、多样化的手段对音乐进行创造性的表现，并且在表现过程中努力追求独特性、创造性。如让中班学前儿童欣赏蒙古族民歌《森吉德玛》，启发他们在欣赏、感受音乐后，用简单的图画分别表达听《森吉德玛》A、B段后的感受。有些学前儿童为A段画的图是，在辽阔的草原上，有一顶小小的蒙古包，门前有一只温顺的小羊；为B段画的是一幅群马奔驰图。可见，学前儿童已经能尝试运用不同符号系统中的表现语汇创造性地表现音乐。

5～6岁儿童在音乐欣赏过程中的创造性表现，不仅体现在其创造性表现的意识更积极、主动，而且形式更丰富、多样，有身体动作、嗓音表达、语言描述、图片再现等。同时，创造性表现的成果也更细致、完美，更具艺术情趣。

二、学前儿童音乐欣赏活动的目标

引导学前儿童怀揣着满腔热情去追求周围环境和音乐中的美，开阔音乐视野、丰富美感经验、获得自我发展，是学前儿童音乐欣赏活动的主要价值追求，也是学前儿童音乐欣赏活动的主要目标。

（一）学前儿童音乐欣赏活动的总目标[①]

根据《幼儿园教育指导纲要（试行）》和《3～6岁儿童学习与发展指南》的要求，从情感态度、认知、操作技能三个方面提出音乐欣赏活动的总目标如下。

①喜欢倾听自然界与生活中好听的声音与音乐，喜欢欣赏舞蹈、曲艺、戏剧等多种艺术形式，有倾听音乐与认真观看表演的良好习惯。

②初步感受欣赏的音乐和各种艺术形式在内容、基本情绪、音乐形象、情节及不同演唱、演奏及表演形式的艺术美，并初步体验音乐主要表现手段（如速度、力度、旋律、节拍、节奏、音区、音色等）在音乐艺术表现中的作用。

③能根据自己对音乐的感受和体验展开联想，并用自己喜欢的方式进行大胆的表现与表达。

（二）学前儿童音乐欣赏活动的年龄段发展目标

教师在开展学前儿童音乐欣赏活动时，需要依据《幼儿园教育指导纲要（试行）》与《3～6岁儿童学习与发展指南》中的相关要求，根据各阶段学前儿童音乐欣赏能力的发展特点，制定相应的发展目标。

1. 3～4岁儿童音乐欣赏活动的发展目标

①容易被自然界中的鸟鸣、风声、雨声等好听的声音所吸引，喜欢听音乐或观看舞蹈、戏剧等表演。

②能在教师的提示和示范下安静地倾听音乐、观看表演。

③初步感知特点鲜明的歌曲，理解歌曲的基本内容和情绪。

④能感知表现单一形象的简单乐曲，初步听辨速度、力度、旋律和音区等音乐基本表现手段，能跟随熟悉的音乐做简单的身体动作。

① 程英.学前儿童艺术教育与活动指导[M].2版.上海：华东师范大学出版社，2021：48.

2. 4～5岁儿童音乐欣赏活动的发展目标

①喜欢倾听各种好听的声音，感知声音的高低、长短、强弱等变化。

②能安静、专心地欣赏音乐或是观看自己喜欢的文艺演出，有模仿和参与的愿望。

③能理解歌词的内容和基本情绪，感受中外不同风格的歌曲。

④能感知、表现两个音乐形象差别明显的乐曲，了解听辨、感知速度、力度、旋律、音区、音色、节拍、节奏等音乐基本表现手段的作用。

⑤欣赏音乐作品及各种演出时会产生相应的联想和情绪反应，能初步运用语言、身体动作、绘画等方式进行表达与表现。

3. 5～6岁儿童音乐欣赏活动的发展目标

①乐于模仿自然界和生活环境中有特点的声音，并产生相应的联想。

②积极参加音乐欣赏活动，有倾听音乐、观看演出的情趣和良好习惯。

③能理解欣赏歌曲的内容和基本情绪，感受不同演唱形式的艺术美。

④能感受情节较复杂的乐曲，感受音乐表现手段在推进情节、表达情感方面的作用。

⑤欣赏音乐作品及演出时常用表情、动作、语言、绘画、戏剧表演等方式表达自己的理解、感受和想象，并愿意与别人分享、交流自己喜爱的音乐作品和美感体验。

如何理解音乐在学前儿童身心发展及精神文化生活中的意义，是一个关于“树什么德、立什么人”[①]的根本性教育问题。音乐教育不是专业化训练，应该同广博的文化发展相联系。中国学生发展核心素养以培养“全面发展的人”为核心[②]，音乐教育在丰富学前儿童人文底蕴方面发挥着重要作用。音乐欣赏活动目标蕴含审美情趣发展的目标：学前儿童能主动倾听声音、欣赏音乐、观看表演，逐步养成认真倾听、大胆想象与表现等良好学习习惯；具有初步感受与发现美的耳朵、眼睛，并在美好的音乐中陶冶情操、丰富心灵；能尊重、认同各民族及各种形式、风格的音乐作品，扩大视野，具有较广泛的音乐爱好。

对点案例3-11

大班音乐欣赏活动“吃苦头的狐狸”活动目标

原目标

①引导幼儿通过故事理解音乐的内容形象。

②能用动作随音乐表现故事情节。

③喜欢参与音乐欣赏活动。

分析：这组目标遵循了系统化原则，均体现了音乐活动目标。但从行为化的原则来看，目标还不够具体、全面，主语欠统一。第一条目标以教师为主语，后两条

① 教育部关于全面深化课程改革落实立德树人根本任务的意见[EB/OL].(2014-04-08)[2023-01-13].http: //www.moe.gov.cn /srcsite /A26 /jcj_ kcjcgh /201404 /t20140408_167226.html.

② 核心素养研究课题组.中国学生发展核心素养[J].中国教育学刊，2016(10)：1-3.

目标以幼儿为主语。第一条目标适合任何一个有故事情节做辅助材料的音乐欣赏活动；第二条目标未指出启发幼儿动作创编的线索；第三条目标适用于所有的音乐欣赏活动。因此，这组目标可改为：

①通过听故事、观察图片、描述图片，理解故事的情节转换及乐曲的音乐内容形象；

②为狐狸所吃的苦头创编动作，理解动作变化及音乐段落变化的关系；

③合拍、合段落地扮演狐狸角色，体验在音乐中进行戏剧化角色扮演的乐趣。

三、学前儿童音乐欣赏活动的内容与材料

（一）学前儿童音乐欣赏活动的内容

音乐欣赏是通过倾听的方式及其他辅助手段帮助学前儿童感受、理解音乐，从而得到精神愉悦的一种审美活动。“倾听”与一般的“听”不同，它需要注意参与。通过倾听，学前儿童有意识地摄取自然界、社会生活和音乐作品中的音乐美。音乐美包括声音的听觉特性，音乐作品的内容形象、表现要素及其情感内涵。

1. 倾听并探索自然和生活中的声音

自然是美的源泉，是音乐的起点。声音使自然变得丰富美妙：山林中的泉水叮咚，丛林中的蛙鸣鸟啼，天空中的雨水滴答。这些自然界中最迷人，最独一无二、不加修饰的声音，是学前儿童乐于模仿和学习的。音乐源于生活，生活中的乐音也会给学前儿童带来美的享受。洗碗声、翻书声、风铃声、沿街叫卖声、汽车鸣笛声等都是学前儿童可以感受和体会的声音。我们可以支持学前儿童在倾听的基础上，以不同的方式去操作、探索声音的听觉特性，通过分辨声音的高低、强弱、长短及音色的变化，丰富学前儿童的音乐感性经验。例如，学前儿童会发现，大物体发出的声音低，小物体发出的声音高；金属物体发出的声音高，木质物体发出的声音低；玻璃瓶里分别装了豆子、米粒，发出的声音也不一样；不同的乐器，如打击乐器和弦乐器发出的音响同样不一样。又如，学前儿童自己身体的声音（如拍手声、捻指声、弹击声、拍腿声、跺脚声、轻快的跳动声、轻轻说话声等）也是他们倾听和探索的有趣内容。这些对声音的感性经验是学前儿童当前音乐学习的重要内容，也是学前儿童未来音乐学习的重要基础。

2. 倾听并感知音乐作品中的形象美

音乐通过塑造形象反映现实内容，表达思想情感。音乐不仅生动地表现出形象，还将形象激起的艺术家感情、态度鲜明地表现出来。因此，音乐形象包含主观与客观两个方面。主观形象（感情、态度、思想）并不是一种孤立、抽象存在的东西，而是总依附于客观形象。我们在挖掘音乐中的人物形象、动物形象、事件气氛等客观形象时，自然会把音乐中的主观形象带出来。如贝多芬的《第六交响曲》（《田园》）把鸟鸣、雷雨、溪水、乡村舞会等客观形象美展现在听众面前，同时把作者对大自然的爱恋感情这一主

观形象也传递给听众。给学前儿童欣赏的音乐，形象和情感应是学前儿童熟悉、理解且能唤起他们兴趣的。又如，《图画展览会》组曲中的《未出壳雏鸡的舞蹈》将优美和童真直接融合在一起，雏鸡在啁啾、跳跃，在啄自己的外壳，在用小小的脚尖跳着芭蕾舞。画中的雏鸡在音乐中完全鲜活起来，整个乐曲具有幽默性和舞蹈色彩，可以随时从小雏鸡身上感受到儿童天真烂漫的性格。

3. 倾听并理解音乐作品中的形式美

倾听并理解音乐作品中的形式美，就是从音乐的路径走进音乐，从音乐的通道感知音乐。音乐表现要素有力度、音高、节奏、音色、曲式等，是音乐内涵表达的基本语言。

（1）力度

音乐中音的强弱程度叫力度。力度在音乐中主要表现为音量的大小，是学前儿童对音乐的最初感受之一。音乐中，强力度常常传达一种强烈的情感，如激动、愤怒、坚定的信念、斗争的勇气等；中等力度往往表现一些亲切、温和、诚挚的情感；弱力度可以表现宁静、神秘的感觉等。在反映客观事物运动方面，音量的大小还能引发人关于距离远近的联想，渐强渐弱能表现情绪及色彩阴暗的变化等。

（2）音高

音高是声音的高低，取决于发音体震动的频率。通常来说，低音区的音给人以厚重的感觉，中音区的音相对圆润，高音区的音显得灵巧。音高的组合和变化可以产生旋律，旋律可以勾勒出事物的外观，表现事物的内涵，或俏皮可爱，或温和柔婉，或苍劲挺拔。旋律还可以通过抑扬顿挫、升降曲直与人的语气、声调相对应，反映人的情绪、情感及其变化。

（3）节奏

音乐中音的长短按一定的速度组合叫节奏。音乐节奏来源于客观自然和生命运动，可以模拟人类在各种活动中表现出来的体态动作节奏、主观心理节奏，也可以模拟自然界中风、雨、动物、植物的运动状态。节奏是音乐中最重要的元素之一，早期对音乐节奏的经验和体验，对学前儿童日后音乐感受力的发展非常关键。节奏学习主要有：感知音乐有稳定的节拍，感知节拍的快慢，通过节拍感知音符和休止，感知二拍子、三拍子，感知节拍重音等。

（4）音色

音色是声音的属性之一，是音波波形的反应，是由发音体的性质、形状及其泛音的多少和相对强度决定的。任何声音都有自己独特的泛音结构，音乐中，各种不同的音色，对人具有较直接、较强的感官刺激作用，很容易使人产生相关的联想、联觉，其中，和色彩、亮度的联觉反应尤为突出。例如，我们常常会形容小号是金色的、大提琴是蓝灰色的。音色既可以指人声（童声、女声和男声），也可以指乐器声（常见的民族乐器和西洋乐器）。感受音乐的音色是学前儿童发展得最早的感受能力和兴趣之一。

（5）曲式

曲式是乐曲中乐句、乐段的组织形式，即音乐作品的结构布局。一般，常见的音乐曲式结构形式有重复、对比、再现、变奏、回旋等。在许多学前儿童歌曲或音乐作品中，都由两个比较明显的乐段组成，教师常常用A和B标出这两个不同的乐段。在音乐活动中，学前儿童可以通过直观、形象的方式，循序渐进地感受音乐的曲式结构，从乐句到乐段，从一段体到三段体、回旋曲式、卡农曲式等。①

我们在引导学前儿童倾听并理解音乐作品中的形式美时，要注意不同音乐表现要素间的整体配合。只有通过理解音乐要素的表现作用，才能对“为何好听”有更深入的理解，才能形成学前儿童个性化、建构化的主动体验。当然，倾听并理解音乐作品中的形式美，应根据学前儿童的年龄特点，尽量选择那些容易听辨、具有明显对比的音乐要素，让学前儿童在愉悦的氛围中聆听和欣赏。

4. 倾听并体验音乐作品中的情感美

活动视频

从音乐美的本质来说，音乐的进行过程，实质上就是情绪与情感的展示与变化过程。虽然大家都会承认，柳树的姿态更接近悲伤而不是快乐，节奏轻快的音乐更接近欢乐而不是哀痛。但是，对于年龄不同、音乐经验基础不同的人来说，音乐情绪、情感的体验和感悟也有所差异。情感包含情绪，内涵比较明确、稳定、深刻，常常和一定的思想和社会事件的内容相联系，而情绪则往往和一时一事的具体情境相联系，波动较大，比较短暂、易变。对于生活经验较少，情感单纯、知识有限的学前儿童来说，更多的是能体验音乐的情绪，能对情绪做出相应的表情和体态反应。随着学前儿童社会性的不断发展，情感体验日益丰富、精细，他们在教师的引导下，能与富有情感的音乐作品产生共鸣。同时，经常倾听并体验音乐作品中的情感美可以对学前儿童产生良好的、长期的情感教育效果。

（二）学前儿童音乐欣赏活动的材料

音乐材料的选择、分析与处理是开展音乐欣赏活动的必要准备，音乐材料直接关系到学前儿童音乐欣赏的兴趣。

1. 材料的选择

（1）音乐材料

拓展资源

学前儿童音乐欣赏活动使用的音乐作品主要是歌曲和器乐曲（包括有标题的器乐曲和无标题的器乐曲）。为了扩大学前儿童的音乐视野，丰富学前儿童的音乐经验，还可适当增加舞蹈、哑剧、曲艺、武术、歌舞剧、木偶剧、戏曲及影视作品等各种类型的表演艺术形式。总体来说，为学前儿童选择的音乐欣赏作品应该形象鲜明、情感积极、形式简单，长短适宜（控制在1～3分钟，2分钟内最常见），有较强的艺术性和教育性。针对学前儿童的年龄段特征，音乐作品的选择应该有层次和递进。

在为低年龄学前儿童选择音乐作品时，应以歌曲为主，歌词简单明了，主题鲜明，如《打电话》《小燕子》等。适当选择乐曲，其形象宜鲜明单一，篇幅短小，如《拍球》

① 徐韵，等.学前儿童艺术学习与发展核心经验[M].南京：南京师范大学出版社，2021：254.

是描写拍球的节奏与快乐，《小鸟和大象》中大象与小鸟的音乐形象对比十分鲜明，低年龄的学前儿童也能很快感受、理解与表现。

为中、大年龄的学前儿童选择音乐作品时，可适当增加器乐曲的比例。一般来说，有标题的器乐曲更有助于学前儿童联想，如《龟兔赛跑》《彼得和狼》等。当然，一些旋律优美、节奏鲜明、结构单纯工整、长度适中的无标题器乐曲也是学前儿童喜爱的，如圣桑的《动物狂欢节》组曲，通过变换而富有动感的旋律乐章勾勒了一个个栩栩如生的动物形象，让学前儿童通过对作品内容、风格、情绪的把握和理解，产生情感上的共鸣，因此，《动物狂欢节》成为理想的音乐欣赏作品。

（2）辅助材料

学前儿童往往需要借助一定的辅助手段，如视觉、运动觉、语言直觉等感官的协同活动，以丰富和加强听觉感受。对辅助材料的选择一般有动作材料、语言材料、视觉材料三种。

①动作材料。动作材料一般是指与音乐的节奏、旋律、结构、内容、情感等方面相一致、简单的身体动作。与韵律活动不一样，动作材料更侧重于反映音乐的性质。动作不需要追求具体和统一，应鼓励学前儿童独立地对音乐做出反应。如欣赏一首优美的抒情音乐，只需要确定学前儿童所做动作的性质是柔软、连贯、绵长、自由的即可。

②语言材料。语言材料一般是指含有艺术形象的有声文学材料，如故事、散文、诗歌、民谣等。语言材料的选择应与音乐的情感基调相一致：不仅要求文学作品本身的结构、内容、情感和形象与音乐相一致；也要求在讲述或朗诵文学作品时，语言的音调、节奏、力度、音色、风格等因素与音乐相一致。如在欣赏《洋娃娃的葬礼》（柴可夫斯基曲）时，配的故事不仅本身内容应具有伤感的性质，而且在讲述时，应十分注意保持和渲染这种情感的性质。另外，选择的语言辅助材料必须语言优美、文学性强，能被学前儿童熟悉、理解和喜欢。在音乐欣赏活动中，应经常让学前儿童有机会自己独立地选择语言，独立地对音乐做出反应。

③视觉材料。视觉材料一般是指能形象具体反映音乐形象、内容、结构及节奏特点的可视性材料，如图片、图谱、录像，可活动的教具等。在选择视觉辅助材料时，要注意视觉材料的特征必须与音乐的性质相吻合，还要注意视觉材料要生动、形象，具有较强的艺术感染力。鼓励学前儿童独立地创作视觉艺术作品，并表达他们对音乐的感受。如在感受小提琴协奏曲《梁祝》中梁山伯与祝英台之间凄美的感情时，情境图谱可以从同名图画书中选择。

2. 材料的分析

教师选择好音乐作品后，首先要深入了解作曲家的生平、音乐蕴含的音乐知识，分析音乐作品的情绪、内容、结构及其主要表现手段；其次要从音乐表现的内容入手，挖掘音乐的形象，对音乐作品进行幼儿化表征；最后要分析该音乐作品的欣赏重难点，并思考突出重点、突破难点的方法与策略。若是由教师进行示范，教师还应对音乐作品进行充分的练习，确保演唱、演奏及其动作表演的感染力与艺术水准。

对点案例3-12

《未出壳雏鸡的舞蹈》材料分析

《未出壳雏鸡的舞蹈》是《图画展览会》组曲中的一篇，该曲子是三段体，A段第一句的音响效果两音一组、一高一低，尖锐而突兀，有小鸡啄东西的感觉；第二句是由低音到高音的连贯走向，有小鸡扭屁股的感觉。B段三句音乐在力度与紧张度上，明显具有一句比一句强烈的递进感，似乎是这样一个过程：小鸡先稍慢、轮流地动翅膀，然后同时动两边翅膀，最后用力并快速、同时动两边翅膀。A′段是A段的重复。所以，此曲的音乐形象可以这样描述：小鸡在壳里努力想出壳，先用嘴啄壳，再用屁股顶壳，然后用翅膀敲壳，再重复用嘴啄壳、用屁股顶壳，最后根据尾声的音区下行特征，表明小鸡没有出壳，还得继续努力。接下来，教师引导学前儿童音乐上欣赏的重难点就是用以动作为主的多种方式把音乐形象表达出来。

3. 材料的处理

古今中外，有许多优秀的音乐作品艺术价值很高，但由于不是专门为学前儿童创作，或音乐表现要素较为复杂，或时间过长，不符合学前儿童的欣赏能力，教师就要对其进行一定的节选或改编。

（1）节选片段

节选作品中相对独立的片段。例如，《拉德斯基进行曲》（约翰·施特劳斯曲）ABA结构中的A部分，《瑶族舞曲》（刘铁山等曲）中第一乐段的第一主题等都采用了节选的改编方法；《引子与狮王进行曲》和《水族馆》作为两首独立的欣赏乐曲，都是从圣桑的管弦乐组曲《动物狂欢节》中节选出来的。节选后的音乐片段结构相对完整，有完满的结束感，形象鲜明生动，长度也比较适中，完全可以满足学前儿童的欣赏要求。

（2）压缩结构

删减作品中的某些部分，将另一些相对独立的片段摘选出来，再重新拼接而成。如《金蛇狂舞》（聂耳曲），原作品的结构是引子—A—B—A—引子—A—B—A，将其中重复部分删去，就构成了“引子—A—B—A”的新结构，实际上就是将原曲压缩成了一个单纯的带有引子的三部曲式。

金蛇狂舞

音乐作品经过节选或压缩处理以后，篇幅变得较短小，结构变得单纯而清晰，有助于学前儿童欣赏到大量真正的艺术作品，扩大欣赏面，同时也较易为学前儿童所接受。

四、学前儿童音乐欣赏活动的设计与组织

活动视频

（一）学前儿童音乐欣赏活动的一般环节

依据艺术心理由感受到表现的一般心理过程及由生活经验走向音乐经验的经验组织原理，学前儿童音乐欣赏活动的环节可分为音乐内容感受、音乐形式感受、创造性表现

三个环节。学前儿童音乐欣赏活动的一般环节如下。

1. 音乐欣赏活动导入环节

音乐欣赏活动的导入方式多种多样，可以灵活运用情境导入、文学作品导入、直接导入、谈话导入、直观导入、游戏导入等方法进行。要注意，音乐欣赏活动导入环节只要起到导题激趣的作用即可，不宜本末倒置。

2. 感受与欣赏环节

感受与欣赏是集体性音乐欣赏活动的核心环节，学前儿童通过层次性欣赏，刻画音乐形象，感知音乐要素，体验音乐情感。教师在感受与欣赏环节，应注意以下几点。首先，要以最好的音乐和音响让学前儿童真正感受到音乐美的魅力。如果有教师示范表演的环节，教师一定要事先做充分的准备，保证示范的艺术水准。其次，要让学前儿童有足够的时间完整感受音乐、观看演出。要通过反复倾听让学前儿童对音乐形成完整印象，避免他们对音乐产生支离破碎的感觉。最后，尽量多提供形象化的辅助材料，帮助学前儿童更直观、多通道地感受与理解音乐。辅助材料应符合音乐性质，不可喧宾夺主，限制学前儿童的想象或取代学前儿童的感受。

3. 创造性随乐表现环节

学前儿童对音乐的感受与理解不同于成年人，表达自己认识和情感的方式也有别于成年人，需要借助语言、身体动作、绘画、游戏等各种方式进行表达表现。教师应该创造条件和机会，支持学前儿童自发的艺术表现和创造，参与学前儿童的创造性随乐表达活动。教师可以提供一些工具材料，如画笔、画板、彩带、呼啦圈、头饰等，引导学前儿童根据自身的兴趣与需求，选择使用不同的符号体系表达自己对音乐的感受和理解。

教师可以根据实际情况，把以上三个环节细化为更加细小的环节，将感受与欣赏、创造性随乐表现环节有机交替。

（二）学前儿童音乐欣赏活动的多种模式

学前儿童音乐欣赏活动的教学模式应该突破单一的桎梏，以适应丰富多样的音乐材料、灵活求新的学前儿童和具有个性化教学风格的教师。如果把一般模式中的三个基本环节进行不同的组合、分解，就可以形成多样化的活动模式，教师可以根据实际情况灵活选用。

拓展资源

1. 整—分—整

“整—分—整”模式适合三段体结构的音乐作品。

①教师运用容易引起学前儿童学习兴趣的方式引出主题。

②教师用语言并配合图片等直观教具向学前儿童介绍音乐的主要内容。

③教师让学前儿童完整地欣赏音乐作品。

④进行分段欣赏，让学前儿童感受和理解乐曲的各个细节部分。

⑤组织学前儿童谈论倾听的感受。

⑥让学前儿童完整欣赏音乐，并鼓励学前儿童创造性地运用语言、动作、图画形式，

大胆、充分地表达自己对音乐作品的感受。

拓展资源

2. 整体倾听，层层深入

“整体倾听，层层深入”模式适合结构比较紧密的音乐作品。

①用容易引起学前儿童学习兴趣的方式引出主题。

②在组织学前儿童初次整体倾听的过程中，采用与其他艺术手段（美术、文学、语言、韵律活动）相结合的方式，帮助学前儿童感知和理解音乐。

③提出问题和要求，组织学前儿童讨论，进行再次整体欣赏。

④运用与其他手段相结合的方法组织学前儿童反复地整体倾听。

⑤鼓励学前儿童采用不同的方式进行表现与表达。

拓展资源

3. 局部入手，逐步累加

“局部入手，逐步累加”模式适合一些含有独立而鲜明的主题形象的音乐作品。

①从作品中找出最具有特色的某个动机，如一个节奏型、一个旋律动机、一个乐句或一个乐段等，让学前儿童集中进行感知体验。

②从这个动机开始，逐步让学前儿童感知体验以该动机为核心的某个乐段的形象。

③采用不同的方式，组织学前儿童倾听其他乐段的音乐。

④让学前儿童感知、体验整个作品的形象和情趣。

⑤在完整欣赏音乐的同时，组织学前儿童进行创造性表达。

拓展资源

4. 一一匹配

“一一匹配”模式适合各段落间对比比较鲜明的音乐作品和比较强调性质辨别的音乐欣赏活动。

①让学前儿童通过其他材料感知理解将要从音乐中感知体验到的形象内容。

②让学前儿童分别倾听音乐的有关段落，并引导学前儿童集体探索、讨论，将音乐和非音乐的材料一一相互匹配。

③尝试用参与性、表演性感知体验的方法，完整地欣赏音乐作品。

5. 对比、变化

“对比、变化”模式适合对主题相同但音乐情绪风格不同的两首乐曲进行对比欣赏，或对同一首乐曲进行变奏欣赏。

①教师运用学前儿童感兴趣的各种方式引出主题，激发学前儿童欣赏的愿望。

②教师播放或弹奏原曲，引导学前儿童反复感知、体验、理解、表现音乐作品中的音乐形象与内容。

③教师对原曲音乐的速度、力度、节奏等进行变奏，引导学前儿童认真倾听、感受音乐的变化及变奏后的音乐表现的内容。

④教师将原曲与变奏曲交替播放或弹奏，引导学前儿童尝试运用各种表现手段表达对音乐的理解。

超级链接

变奏

改变一个主题、音型或经过句，结果仍能使人认出它是由原型变化而得来的，这一过程谓之“变奏”。用变奏方法创作的乐曲，叫作“变奏曲”。在一个主题上连续写一系列器乐变奏曲的做法最早出现于16世纪，所选主题大多为流行歌曲或某个器乐作品中形象鲜明的主题音调。变奏的艺术不仅仅是用一些特定写作技巧建设和扩充音乐的结构，更重要的是把音乐主题作为灵感的源泉，从中引出各种与主题保持某种联系的自由想象，创造出让听众感到既熟悉又新鲜、既陌生又亲切的特殊音乐形象，并以此为线索引导听众去展开联想，领略变奏艺术的无穷奥妙。

对点案例3-13

中班音乐活动：化装的小黑马

活动目标

①听辨出小黑马化了几次装，知道小黑马无论如何化装还是原来的小黑马。

②能用变装角色的随乐动作表示歌曲的变化。

③感受歌曲变化的新鲜感和趣味，愿意扮演小黑马变装。

故事：小黑马的化装服

活动准备

经验准备：会唱《小星星》

活动过程

一、倾听配乐故事

一位教师讲述故事；在小黑马三次化装处，另一位教师用一种变奏方式弹琴伴奏。

△第一处：1 1 1 5 5 5 | 6 6 6 5 5 5 |

△第二处：1111 1111 5555 5555 | 6666 6666 5555 5555 |

△第三处：1· 1 1· 1 5· 5 5· 5 | 6· 6 6· 6 5· 5 5· 5 |

二、请幼儿说出听到的伴奏音乐是否熟悉，叫什么名字

三、让幼儿倾听原曲，理解并说出是节奏发生了变化

四、教师指导幼儿用变装角色的随乐动作表示歌曲的变化

五、幼儿配原曲调演唱歌曲

五、学前儿童音乐欣赏活动的策略支持

音乐概念是儿童通过对环境中的事物和事件进行的心理上与身体上的活动而逐步形成、建立、澄清、发展、壮大的，是每个儿童独一无二的、整理个人经验的过程。音乐概念不是被教授的。对于学前儿童音乐欣赏教育，成年人的任务是在多场域中组织丰富的活动，引导学前儿童在多感官的参与下丰富音乐经验。同时，在音乐环境的创设上要注意家、园、社多主体的协同。

（一）多场域积累音乐欣赏经验

1. 自然场域

自然场域中的音乐活动是学前儿童探寻声音起源的生命活动。鸟儿敲击树干的笃笃声，风吹过树林的沙沙声，水流过小溪的哗哗声……自然声音演奏出迷人的大合唱，沉浸在“声音”中的学前儿童能体会到自然的美妙。

对点案例3-14

声音地图游戏

教师给每个幼儿发一张中间画了一个“×”的白纸。幼儿在户外找一个舒适的位置坐下来，教师告诉他们这是一张声音地图，“×”分别代表每个人坐着的位置。一听到声音，幼儿就可以在纸上画一个记号，记号的位置应该表明声音来源的方向，以及与自己坐的位置之间的距离。教师需要告诉幼儿，不用画出每个声音的细节图案，只要一个简单的标注符号就可以。例如，几道波浪线条代表一阵风，一个音符代表鸟儿的歌声。简单标记能使幼儿注意力集中在聆听上，而不是转移到画出标记这件事情上。

为了帮助幼儿提升聆听的能力，听到更多的声音，教师可以请他们闭上眼睛，静静聆听。教师也可以请他们做一个“狐狸”耳朵——把手掬成杯状放在耳后。这种手势能扩大捕捉声音的范围。游戏时间可以是5～10分钟，取决于幼儿的年龄、感兴趣的程度和周围环境中声音元素的丰富程度。

美国作家梭罗曾说：“大地是壮丽的乐器，而我是大地乐章的听众。”静静地坐着，聆听附近小树、飞鸟和青草等发出的抚慰人心的声音，能使人内心平静，加深我们对周围生命的感知和欣赏。“声音地图”是增进幼儿对周围环境觉察力和听觉敏锐力的很好的活动。

（资料来源：徐韵，等.学前儿童艺术学习与发展核心经验[M].南京：南京师范大学出版社，2021：268）

2. 生活场域

生活场域中的音乐活动是学前儿童发现声音趣味的游戏活动。伟大的音乐家贝多芬说过：音乐，有人将她比作花朵，因为她铺满在人生道路上，散发出不绝的芬芳，把生活装饰得更美。录下一些特有的声音，如做饭、洗衣服的声音等，放给学前儿童听，让他们进行辨别。学前儿童大都喜欢听自己的声音，因此，教师在录制声音时，可以让学前儿童参与进去，如学前儿童唱歌的声音，让学前儿童听听是谁在唱歌、唱的什么歌等；录下公路或操场上等学前儿童感兴趣的地方的各种声音，让学前儿童倾听和辨别。对于稍大一点的学前儿童，教师可以录制一些音响故事，即将各种声音连贯起来，并赋予一定的想象力，使它成为一个有情节的故事。在这种音响故事里，最好让学前儿童自己的声音成为故事的主角。

3. 教学场域

教学场域中的音乐活动是学前儿童理解声音美感的审美活动。音乐教学从音乐自身特性出发，遵循审美教育的规律，能有效地提高学前儿童的音乐审美能力。在教学场域中，教师吃透了音乐作品，真正熟悉其音乐的各种表现形式、表现要素，再根据学前儿童年龄特点和学习经验，选择适合学前儿童感受和欣赏的音乐要素，确定音乐欣赏活动的重难点内容。

（二）多通道丰富音乐欣赏形式

心理学研究证实，多通道综合感官学习符合学前儿童学习特点，有利于激发其学习兴趣，并唤起学前儿童自身生活和意境的记忆与表象，进行意象思维与想象，进入音乐意境，从而让音乐能为其理解并喜爱，甚至“沉醉”其间，为将来其音乐能力向着更丰富、更有深度方向的发展奠定基础。[①] 人在感知一个特定事物时，开放的感知觉通道越多，对特定对象的把握就越全面、越丰富、越深刻。音乐体验固然应以听觉为主，但多通道参与体验能有效增强学前儿童的音乐感受，因此，学前儿童音乐学习需要采用多感官联合参与的模式，即在听觉充分投入基础上，结合动觉、视觉、触觉、语言等。

1. 动觉通道

我们都知道音乐的旋律、节奏和人体的运动有着某种内在联系。人们听到音乐会感到愉快，不由自主地随音乐而动，这是人一种很自然的反应。学前儿童的内心情感需要外在表达，身体动作是其情感表达的基本工具。瑞士音乐家达尔克罗兹认为，任何乐思都可以转译为动作，任何动作都可以转译成与之相对应的音乐。他创立的体态律动学，实际上就是随着音乐用节奏性的身体动作感受音乐要素和表现情感。在音乐欣赏活动中，教师应当鼓励、引导学前儿童自由运用身体动作跟随音乐，尤其是节奏做出自然反应。

根据音乐要素与动作要素的关系（见表3-1），动作可使音乐更有趣。比如，用拍手

① 许卓娅.学前儿童艺术教育[M].3版.上海：华东师范大学出版社，2020：10-11.

表示跑，用拍铃鼓表示跳，用敲大鼓表示停止，用敲钹表示坐下等。游戏开始时，可以只用两种信号——跑和停止，或跳和停止；然后可以用三种信号——跑、停止、坐下，或跳、停止、坐下；最后可以将四种信号混合起来使用。当然，还可以发展更多的信号变换交替使用。

表3-1　音乐要素与动作要素的关联

音乐要素	动作要素	音乐要素	动作要素
音乐	身体运动	休止	停顿
音高	手势在空间的方向和位置	旋律	各动作的延续
力度	肌肉力度	对位	不同动作、方位的对置
音色	身体不同的部位表示	和弦	各种手势的结合
音值	动作持续	乐句	动作段落
时间	时间	和声进行	各种手势结合的连续进行
节奏	节奏	曲式	运动在空间和时间的分布状态

2. 视觉通道

音乐具有一定的抽象性，而学前儿童思维具有具体形象的特点。因此，视觉材料最为他们接受并喜欢，视觉和听觉的同时参与，有助于学前儿童体验感知音乐，喜欢所教的音乐内容。运用静止的画面表现音乐，可被反复观察，有利于学前儿童精细感知与记忆。运用动态的媒体（动画、多媒体课件等）表现音乐，能帮助学前儿童感知理解音乐的动态过程。在音乐欣赏活动中，教师应该运用视觉手段辅助音乐教学，使抽象的音乐形象化，将流动的音乐定格。如在欣赏贺绿汀的《森吉德玛》A段音乐时，提供的是一幅色彩淡雅、安逸宁静、一望无际的草原风光图；而进入B段时，展现的是一幅色彩热烈、画面富有动感而热闹的草原赛马图。

超级链接

《森吉德玛》与贺绿汀

《森吉德玛》原是一首蒙古族短调民歌，流行于内蒙古伊克昭盟鄂尔多斯部落聚居的地方。它通过一系列生动的比喻，描绘了森吉德玛的美貌，也突出了青年对姑娘坚贞不渝的爱情。1945年，贺绿汀将该歌曲改编成具有强烈民族风格的管弦乐作品《森吉德玛》，这是他管弦乐曲的代表作。

贺绿汀善于运用民族音乐进行创作，他曾说，“作为中国人，不提倡中国的民族音乐是不行的”，“摆在我们面前的严重任务是要继承我们祖先几千年遗留下来的巨大而复杂的民族音乐遗产，要加以整理发展，创造出无愧于伟大的中国人民的新的中国民族音乐文化”。他还说，“音乐要有民族风格”，“民族色彩愈浓厚的音乐，愈有生气，愈为全世界其他任何国家民族所欢迎”，“世界上自从有了民族，就存在民族文化互相交流。交流不但不会消灭民族音乐，反而会促进民族音乐的发展”。他进而呼吁，“创造出无愧于伟大的中国人民的新的中国民族音乐文化”。贺绿汀的管弦乐《森吉德马》与民间音乐素材有着格调上、气韵上的神似，但作曲家借鉴西洋音乐的形式、技法对原始素材做了革命性的加工。从这一点来说，贺绿汀堪称一位创造中国风格现代音乐的大师。

（资料来源：中国民族音乐先驱：贺绿汀[EB/OL].（2023-11-16）[2023-05-30].https://mp.weixin.qq.com/s/Xi9O34HSa4_NFOC_8L_6WA）

3. 语言通道

音乐与语言是一对密不可分的孪生姐妹。语言通道的运用是指将具有音乐表达意境的文字材料，如故事、散文、诗歌、民谣等与音乐融合，帮助学前儿童感知理解音乐的意蕴，也可以根据乐曲创编文字材料。借助文字材料描绘的具体情境可以让学前儿童直观想象，从而更好地理解音乐，激发并发展情感。教师可以和学前儿童一起根据音乐想象合理编构具体的故事发展情节，创造丰满生动的音乐形象，帮助学前儿童深入体验音乐。在音乐欣赏活动中，教师应运用语言材料辅助活动，提高学前儿童的审美兴趣，带给学前儿童更多的审美感动。

对点案例3-15

《梁山伯与祝英台》的故事情节

梁山伯与祝英台

1. 草桥结拜

很久以前，有个女子叫祝英台，她很喜欢读书，为了外出求学，她打扮成男孩的样子，途中遇见了也要前往越州念书的书生梁山伯。他们两个人一见如故，结拜为兄弟，一起前往越州学习。在越州，他们一起学习一起玩耍，结下了深厚的感情。

2. 英台抗婚

祝英台深深地爱上了梁山伯，但老实的梁山伯并不知道祝英台是女孩子。当祝英台告诉他后，两个人拥抱在了一起，开始了他们的爱情。突然有一天，祝英台的父亲传来家书，告诉祝英台要把她嫁给太守的儿子。祝英台写信叫梁山伯快来提亲。当梁山伯到祝家时，却因为身份太低微，祝英台父亲觉得他比不上祝英台，所以反对。梁山伯回去不久，因思念过度去世了。祝英台得知后悲痛万分，在出嫁时绕道祝山伯坟前祭拜。

3. 坟前化蝶

祝英台在祭拜的时候，突然狂风大作，梁山伯的坟开出了一道口子，祝英台立即冲了进去。过了一会，雨停了，天气变得晴朗，两只翩翩起舞的蝴蝶从坟头飞出。他们飞走了，从此幸福地生活在了一起。

（三）多主体创设音乐欣赏环境

对于艺术学习来说，环境和氛围尤为重要，充满美感和音乐性的环境会达到“润物细无声”的效果。家庭、幼儿园和社区是学前儿童音乐学习环境的主要支持系统。

1. 家庭音乐环境

大量研究表明，一个生活在充满音乐氛围家庭中的儿童，往往比一个生活在普通家庭中的儿童表现出的音乐能力更突出。因此，如果家长不重视关于音乐方面的教育，没有在儿童音乐感知能力发展的关键期给予其良好的音乐环境，就有可能对儿童的音乐能力发展产生不利影响。

2. 幼儿园音乐环境

幼儿园的音乐氛围创设对学前儿童的音乐美感能力发展也有很大的影响。幼儿园的一日生活中，蕴藏着学前儿童音乐感知的诸多教育契机，教师可以通过为学前儿童投放多种乐器、DIY 音乐材料等，给学前儿童提供体验、探索、创造声音的机会，使学前儿童在日积月累中萌发对音乐的喜爱。同时，还可以将音乐作为活动转换和行为调整的信号。例如，在户外活动时，播放节奏明快、愉快活泼的乐曲；在午睡前，播放旋律优美、节奏舒缓的乐曲。为学前儿童营造适合的、充满美感的音乐氛围，自然而然地建立音乐与学前儿童的联系。

3. 社区音乐环境

对于社会音乐资源，我们要因地制宜、巧妙应用。例如，相较于生活在农村的孩子，生活在大都市的学前儿童接触到西洋音乐与现代音乐的机会更多；农村的孩子则能更好地接触大自然，体会大自然中的天籁之音。虽然两者在音乐风格上可能存在差异，前者充满现代感，后者更贴近自然，但这些都是学前儿童音乐学习的宝贵资源。

超级链接

家校社协同育人

2023年1月，《教育部等十三部门关于健全学校家庭社会协同育人机制的意见》发布。该意见坚持以习近平新时代中国特色社会主义思想为指导，认真贯彻落实习近平总书记关于教育和注重家庭家教家风建设的重要论述，全面贯彻党的教育方针，落实立德树人根本任务，弘扬中华优秀传统文化，坚持科学教育观念，增强协同育人共识，积极构建学校家庭社会协同育人新格局，着力培养德智体美劳全面发展的社会主义建设者和接班人。①

学校充分发挥协同育人的主导作用，音乐课堂保质保量，可以把德艺双馨的艺

① 教育部等十三部门关于健全学校家庭社会协同育人机制的意见[EB/OL].（2023-01-13）[2023-09-20]. http://www.moe.gov.cn/srcsite/A06/s3325/202301/t20230119_1039746.html.

术家请到学校开展宣讲教育活动；家长协同学校因地制宜开展形式多样的艺术趣味活动，主动利用节假日、休息日等闲暇时间带领或支持子女开展文化艺术等实践活动；社会有效支持服务全面育人，推进社会资源开放共享，如持续推动“高雅艺术进校园”“戏曲进校园”等工作，传承弘扬中华优秀传统文化，丰富学生精神文化生活，提升学生审美鉴赏能力。

任务5　幼儿园音乐游戏的实施

任务说明

游戏是儿童与生俱来的需要和最主要的学习方式，也是学前儿童音乐学习的最大动力和主要通道。当教师根据学前儿童的身心发展特点、用符合学前儿童审美需要的游戏方式呈现音乐的时候，学前儿童更易亲近音乐，也更易用自己的方式表达、表现音乐。当音乐游戏作为一种独立的儿童音乐活动形式时，教师就要具备设计与组织音乐游戏的能力。所以，在“幼儿园音乐游戏的实施”这一任务中，你需要结合所学，完成以下工作任务。

1. 课堂巩固

结合音乐游戏的设计要点，分析案例音乐游戏的优点和不足，并进行调整，完成工作表单1。

工作表单1

案例材料	优点	不足	调整
两位教师在《虫儿飞》柔美舒缓的音乐中示范玩两人套圈的游戏。幼儿创编用身体动作表示圈圈来套同伴身体，并伴随音乐两人合作游戏，套的人在动，被套的人做一个很美的身体动作保持造型。手要随着音乐尽量伸展，动作轻柔优美舒缓；脚要跨出一条长长的线，慢慢的、轻轻的。听音乐创造造圈、套圈、解套的动作和玩法。			

2. 教资真题

对接幼儿教资面试真题，小组合作，设计并组织音乐游戏，完成工作表单2。

工作表单2

真题资料（2023年）：

（1）题目：幼儿园音乐互动《小园丁》

（2）内容：以《小园丁》音乐为主题带领幼儿开展音乐游戏。

（3）基本要求：

①模拟面对幼儿进行音乐游戏：教学的方法适合4～5岁幼儿的特点，能激发幼儿的兴趣，适合幼儿的能力水平。表情适宜，表演与歌曲主题内容相符。

②模拟师幼互动。

③请在10分钟内完成上述任务。

游戏名称	
游戏目标	
游戏准备	
游戏玩法与规则	
反思与调整	

学习支持

一、音乐游戏的内涵

音乐游戏就是用音乐来做游戏，在游戏中学习音乐，音乐是灵魂，游戏是手段，幼儿在游戏中提升音乐能力。自《幼儿园教育指导纲要（试行）》颁布以来，幼儿园课程游戏化的理念早已深入人心。广义上说，游戏化的音乐活动，就是音乐游戏。本节专门讨论的音乐游戏是狭义的，特指音乐规则游戏，其最大的特点在于，游戏的规则与音乐的性质密切相关，学前儿童需要根据音乐的内容、性质、节奏、乐曲的结构等做游戏，在此过程中发展对音乐的理解与表达能力，获得愉悦的游戏体验。同时，学前儿童的自我控制、合作交往等社会性能力也得到发展。如果音乐只在游戏中起到陪衬和背景的作用，该游戏就不能算作音乐游戏。

二、音乐游戏的类型

音乐游戏多种多样，分类方式也各不相同。根据目前幼儿园的实践，音乐游戏大致可以做以下分类。

（一）从内容和主题划分

从内容和主题划分，音乐游戏可以分为有主题的音乐游戏和无主题的音乐游戏。

1. 有主题的音乐游戏

有主题的音乐游戏一般有一定的内容或情节构思，有一定的角色设定。学前儿童根据游戏中的角色模仿一定的形象；根据一定的规则，完成一定的动作。

2. 无主题的音乐游戏

无主题的音乐游戏一般没有一定的情节构思，只是让学前儿童随音乐做动作，相当于律动或律动组合，但这种动作含有游戏的规则。如“抢椅子”游戏，学前儿童随着音乐的快慢围着椅子做各种动作，音乐一停，必须抢坐一个椅子，没有抢到椅子的儿童将被淘汰。

（二）从形式划分

从形式划分，音乐游戏可以分为嗓音游戏、动作游戏、演奏游戏、听辨反应游戏。

1. 嗓音游戏

嗓音游戏一般伴随着学前儿童的嗓音表达，即按照歌词、节奏、乐句和乐段的结构特点进行游戏。如果游戏材料是一首歌曲，那么游戏的规则通常在歌曲的结束处。如“猫捉老鼠”游戏，学前儿童在熟悉并学会演唱歌曲的基础上，根据歌词扮演猫和老鼠自由做动作，当唱完歌曲的最后一个音时，扮演猫的学前儿童才可以去抓“老鼠”。嗓音游戏的材料可能是古诗词和童谣、生活名词（如水果名称）等。

2. 动作游戏

动作游戏一般是根据音乐做动作或变化动作的游戏。有主题的动作游戏一般是指角色游戏，有一定的情节或角色，带有较强的表演性。无主题的动作游戏还包含律动游戏、声势游戏、传递游戏、欣赏游戏等。

3. 演奏游戏

演奏游戏是学前儿童借助打击乐器进行感知与表达节奏的一种游戏，可以是针对所选用音乐中局部较难掌握的节奏进行的游戏，也可以是针对音乐的节拍、速度和力度等进行整体感知与表达的游戏。游戏中使用的演奏工具可以是小打击乐器，也可以是低结构的生活材料。

4. 听辨反应游戏

听辨反应游戏侧重于对音乐和声音的分辨、判断，以培养学前儿童对音乐高低、强弱、快慢、音色、节奏等的敏感性。如“什么乐器在唱歌”是培养学前儿童对音色的敏感性，对音乐的听辨要先听辨音色差距大的，再逐渐听辨音色近似的；“大雨和小雨”是培养学前儿童对声音强弱的敏感性，可以利用身体动作或嗓音加以反应。

三、音乐游戏的设计

设计音乐游戏时，教师要秉承“音乐是灵魂、游戏是手段”的宗旨，先从选择的音乐作品入手，挖掘音乐材料中富有表现力的音乐要素，围绕音乐要素设计游戏玩法、制定游戏规则。追求音乐游戏的音乐性、趣味性和创造性。

（一）选择并分析音乐作品

在选择音乐作品时，应考虑音乐内容是否形象，是否贴近学前儿童经验，容易被学前儿童理解；音乐的节奏、旋律、结构等要素是否适宜学前儿童感知，是否适宜学前儿童进行嗓音或动作表现；音乐作品的整体或部分是否适宜进行游戏化的设计，是否需要进行剪裁、截取等处理。确定好音乐作品后，就要对音乐作品的主题背景、音乐要素等进行分析，有的音乐旋律动人、有的音乐节奏鲜明、有的音乐曲式比对明显……这些个性化和具有独特性的音乐语言就是音乐游戏背后蕴含的音乐学习要点，也是游戏玩法和规则设计的重要依据。

对点案例3-16

《钟表店》音乐分析

钟表店

德国作曲家奥尔特的《钟表店》是描绘性标题音乐中的杰作。乐曲采用造型性表现手法，一开始奏出模仿开门声的音响，随后奏出模仿钟表店里挂钟、闹钟、怀表等各式钟表有规律的嘀嗒声。时而响起的口哨声使人联想到悠闲自在的钟表匠边吹口哨边打扫着店堂，随后还响起了模仿发条松弛和钟表匠上发条的声响，钟表继续走动。接着，乐曲中出现了由八音盒奏出的苏格兰民歌旋律。最后，乐曲在各式各样的时钟同时敲响4点的一片音乐声中结束。这是一首A—B—A—C—A回旋结构的乐曲，乐句工整，A段跳跃，B段欢快，C段柔和。开门、钟表、口哨等声音符合幼儿的生活经验，音乐形象鲜明，适宜大班幼儿进行感知和游戏。

（二）结合音乐要素设计游戏

当教师充分挖掘出音乐作品中富有表现力的音乐要素后，就要通过游戏的设计，使抽象的音乐元素变得可感可玩。教师可以根据音乐要素的特点，设计游戏情境、游戏玩法、游戏规则等。

1. 设计游戏情境

当音乐材料是歌曲时，教师可以结合歌词设计游戏情境；当音乐材料是有标题的器乐曲时，教师可以围绕主题设计游戏情境。游戏情境要符合音乐的整体结构与风格。

对点案例3-17

“钟表店”游戏情境

A段：美丽的早晨，店里的小学徒打开时钟店的大门，招待进店的顾客，面带笑容地对他们说“早上好”。

B段：小学徒开始了工作，打扫起店里的卫生。这时候，店里的顾客越来越多了，钟表争先恐后地发出自己最美妙的声音，希望能得到顾客的青睐。

A段：在其他时钟唱得高兴的时候，一个时钟却怎么也唱不出来，它默默地躲在角落，一个小学徒看到了它，知道它没有上发条，所以给它拧紧了发条。它终于发出了美妙的声音。其他时钟也都高兴地唱了起来。

C段：小学徒干活累了，要休息一下，钟表都悄悄地离开货架，跳起了优美的舞蹈。

A段：黄昏的钟声响起，小学徒该下班了。小学徒快乐地跟钟表说“明天见”。

2. 设计游戏玩法

音乐游戏的玩法可以参照规则游戏的玩法（角色表演、领袖模仿、身体接触、传递、队形变换、控制、输赢竞争、猜谜、躲藏、玩材料等），同样的音乐材料可以有多种游戏玩法。

对点案例3-18

“钟表店”角色表演玩法

A段：小钟表做摆动时活泼、调皮的样子。

B段：学徒做打扫卫生时各种不同的动作，用稳定的拍子做。

A段：学徒为钟表上发条的动作。

C段：小钟表随音乐安详、悠闲地舞蹈。

A段：学徒做下班的动作，和钟表互相挥手再见。

3. 设计游戏规则

游戏规则跟音乐要素相配合，当音乐的某种要素出现或变化的时候，游戏者就做出某种行动上的变化。规则一般只占两句音乐左右，如听到乐句末的重音，四散逃跑；两人在音乐的长音处拥抱；后一个人随音乐节奏复述前一个人说出的水果名字，再增加一个新的水果名字等。游戏规则涉及不同难度的表现目标，如动作难度、空间安排难度、配合表演难度、操作乐器道具难度、合作难度等。[①]游戏规则可以根据学前儿童对音乐感知和表现的熟练程度进行适当调整，当然也需要考虑活动内容承载量和活动秩序。

对点案例3-19

“钟表店”角色表演玩法的游戏规则

该游戏玩法的规则可以体现在合作难度和动作难度上，当听到第二次出现的A段音乐时，小学徒选择为几个小钟表按照音乐的节奏上发条，被小学徒上了发条的小钟表将在C段音乐模仿小学徒的舞蹈动作。没有被小学徒上发条的小钟表可以自由舞蹈。第二轮游戏时，小学徒挑选出跳得最好的小钟表，与之交换角色，游戏继续。

（三）准备材料，试玩并调整游戏

教师在设计好游戏情境、游戏玩法和游戏规则后，还要准备好相关道具材料，在试教、试玩中进一步安排好游戏的流程，把握每个环节的时间和环节间的串联、衔接，优化可能给学前儿童造成困难的环节，保障学前儿童在音乐游戏中循序渐进达成学习目标，体验强烈的审美愉悦感。

四、音乐游戏的组织

鉴于学前儿童的游戏水平，作为规则游戏的音乐游戏需要教师的组织与指导。音乐游戏的组织既要考虑学前儿童音乐学习的循序渐进，又要考虑游戏活动的可玩性。

（一）激发兴趣，感知音乐

游戏对学前儿童有着天然的吸引力，音乐游戏组织的第一步是激发学前儿童对音乐的兴趣。教师可以结合音乐创设游戏情境，利用故事儿歌、身体动作、乐器道具、视觉

① 许卓娅.学前儿童艺术教育[M].2版.上海：华东师范大学出版社，2015：69.

图谱等帮助学前儿童整体感知音乐，使学前儿童对即将开展的游戏有一个初步预设。

对点案例3-20

“东东和丁丁”是有趣的手指游戏，手指是有角色的，食指是东东，小拇指是丁丁。所以，教师就用手指结合故事（两张画有小鸟的图片）创设游戏情境。秋天来了，森林里的树叶都落光了，只剩下光光的两根树杈。上面站着两只小鸟，一只叫东东，另一只叫丁丁。它们在树枝上飞来飞去欢快地歌唱。看，老师的食指就是东东，小拇指就是丁丁（套上两个带有小鸟的指套）。

（二）难点前置，掌握技能

对学前儿童音乐认知和表现具有挑战性的难点内容，最好在游戏正式开始前予以解决。学前儿童的兴趣已被调动，注意力较为集中，精神不过度兴奋，身体也不疲惫的时候，便是游戏技能掌握的时候。难点前置，有助于保障后续游戏过程的流畅，也有助于保障学前儿童没有负担地享受游戏的乐趣。当然，当学前儿童具备相关生活经验或动作表达经验时，难点就不需要前置，此时的难点能让正式游戏更刺激、更好玩。

对点案例3-21

“东东和丁丁”这一手指游戏的动作有一定的难度，对幼儿的手眼协调和反应力都有挑战。所以，在随乐游戏前，教师会带领幼儿先练习。动作和歌词的配合是这样的：

有两只小鸟，站在树梢上，（竖起右手食指和小拇指）

一只叫东东，（动动竖起的食指）

一只叫丁丁。（动动竖起的小拇指）

飞吧东东，（右手和左手拳头碰一下，右手食指放下，左手食指竖起，鸟儿飞到另一棵树上啦）

飞吧丁丁。（右手和左手拳头碰一下，右手小拇指放下，左手小拇指竖起，鸟儿飞到另一棵树上啦）

回来东东，（左手和右手拳头碰一下，左手食指放下，右手食指竖起，鸟儿飞回来啦）

回来丁丁。（左手和右手拳头碰一下，左手小拇指放下，右手小拇指竖起，鸟儿飞回来啦）

（三）玩法示范，规则介绍

玩法示范、规则介绍是游戏前的必要环节，也是学前儿童进一步感知理解音乐的过程。

游戏的玩法是可以变化的，但是教师需要提供一套玩法模型，这套模型帮助学前儿童掌握音乐游戏中隐藏的核心经验。游戏过程中更多的玩法，可以由教师、幼儿在已经掌握的核心能力基础上共同创生。教师对玩法模型的示范可以借助图谱，也可以邀请助教或个别学前儿童、一组学前儿童共同演示。

游戏的规则需要交代清楚，简单的规则用准确易懂的语言说清楚即可；稍复杂的规则可以先介绍大概，再在前几轮次游戏中与学前儿童一起发现问题、讨论问题，进一步澄清、补充和完善规则。

对点案例3-22

“东东和丁丁”的玩法很简单，第一层次是边唱歌曲边做动作；第二层次是随着教师弹奏的音乐旋律做动作，教师的弹奏会有快慢的变化。游戏规则可以是把幼儿分成两组，一组游戏，另一组在旁观察并找到出错的幼儿，两组轮流进行。出错较少的组别可获得“游戏大王”流动旗帜。

1=G 4/4

5 5 5 5 5 | 2 2 3 4 5 0 | 7 7 7 7 7· | 7 1 76 7 7 0 |
有 两 只 小 鸟 站 在 树 梢 上 一 只 叫 东 东 一 只 叫 丁 丁

2 2 2 2· | 1 2 3 2 2· | 5 5 5 5· | 2 2 3 4 5 5· ‖
飞 吧 东 东 飞 吧 丁 丁 回 来 吧 东 东 回 来 吧 丁 丁

（四）游戏循环，自主表现

游戏循环，自主表现是学前儿童尽情享受游戏的环节。学前儿童只有掌握玩法、遵守规则，与音乐默契配合，游戏才能顺利循环推进。学前儿童在游戏中获得自我挑战、自我超越、自我发现、自我认可的高峰体验。

（五）适时介入，调控游戏

教师在组织音乐游戏的过程中，需要根据学前儿童的游戏表现，在适当的时机调控游戏，在适当的时机退出游戏。当学前儿童过于兴奋，无法注意倾听音乐、兼顾规则，导致游戏秩序混乱时，教师可以按照“由静到动、由上到下、由坐到站、由散点到队形”的小步递进原则，控制学前儿童动作幅度，灵活运用表情语调，调控学前儿童的兴奋度。当游戏难度不适合大部分学前儿童的能力水平，或学前儿童需要“吃力”地通过“身心磨难”的方式、超负荷的努力掌握游戏难点，或学前儿童正在“百无聊赖”地应付当下的游戏时，教师就可以通过调控动作、空间安排、配合表演、操作乐器道具、合作等实现难度的降级或升级，不断逼近学前儿童的最近发展区。教师可以在个别学前儿童没机会表现或羞于表现时，用邀请性的语言感染带动他，用激励性的语言赏识赞叹他；教师还可以通过调整合作规则的方式，让全体学前儿童都有良好的游戏体验。

五、音乐游戏的教学案例

（一）嗓音游戏

1. 豆豆找饼干

游戏目标

①听辨声音的强弱变化。

②根据距离的远近控制自己声音的强弱。

③体验同伴合作游戏的快乐。

游戏准备

①经验准备：幼儿已经会唱《豆豆找饼干》。

②物质准备：卡通豆豆图片一张、卡通豆豆头饰一个、饼干十块、小鼓一个、饼干贴纸若干。

游戏玩法与规则

豆豆的饼干藏在一个小朋友的身上，小朋友要用歌声告诉豆豆饼干藏在哪里。如果豆豆离饼干远，我们就大声唱；如果豆豆离饼干近，我们就小声唱。不能直接告诉豆豆饼干藏在哪里，只能用歌声进行提示。

一名幼儿当豆豆，其他幼儿用不同强弱的歌声提醒豆豆找饼干。如果找到了，那么豆豆与饼干交换角色，游戏继续；如果没找到，豆豆就做一个逗趣动作，坐在豆豆右边的幼儿扮演豆豆，游戏继续。

附：《豆豆找饼干》(《两只老虎》曲调)

豆豆快来，豆豆快来，找饼干，找饼干。

饼干在哪里？饼干在哪里？

找一找，找一找。

2. 十个小矮人

游戏目标

①理解歌词内容，感知音乐节奏。

②能边唱歌曲边做出相应的游戏动作。

③体会歌唱游戏的快乐。

游戏准备

《十个小矮人》音乐

游戏玩法与规则

幼儿站成一个大圆圈，面向圆心，教师请一名幼儿当点人者。

游戏开始，所有人唱歌词，点人者逆时针方向按歌词间隔着点十个小矮人。点数到哪个幼儿，哪个幼儿要屈膝一下，并立即向圆心迈出一步当小矮人。点完十个小矮人后，音乐重复最后两小节，小矮人随音乐组成小圆圈，按逆时针方向站立；外圈的幼儿则按顺时针方向站立，准备当高人。

音乐重新开始，第一小节，小矮人蹲下来走路，高人双臂上举伸展，脚尖踮起来走路；第二小节，小矮人和高人都恢复正常走路姿势，边走边拍四下手；第三、五、七小节动作同第一小节；第四、六、八小节动作同第二小节。

最后教师弹奏音乐“5656543211”，十个小矮人迅速回到原来的位置上。

附：

十个小矮人

美国儿童歌曲
汪爱丽、何云改词编游戏

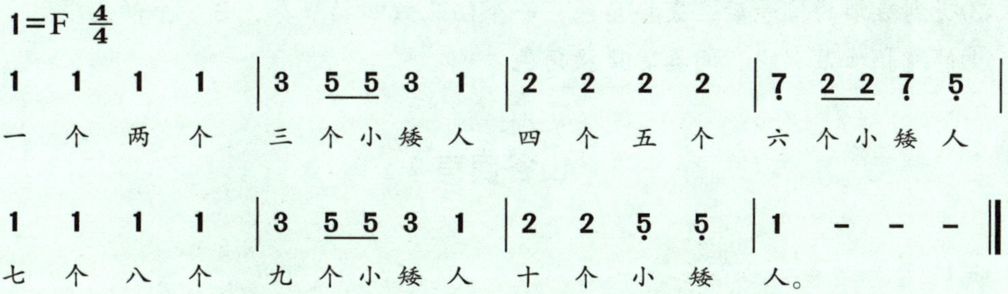

1=F $\frac{4}{4}$

1 1 1 1 | 3 5 5 3 1 | 2 2 2 2 | 7̣ 2 2 7̣ 5̣ |
一 个 两 个 三 个 小 矮 人 四 个 五 个 六 个 小 矮 人

1 1 1 1 | 3 5 5 3 1 | 2 2 5̣ 5̣ | 1 - - - ‖
七 个 八 个 九 个 小 矮 人 十 个 小 矮 人。

3.猪小弟变干净了

游戏目标

①能随音乐边唱歌，边按节拍传递沐浴球。

②传递中轮到念白的幼儿能大声念出念白，猪小弟能根据对嗓音的辨别判断谁是帮他洗澡的人。

③感受集体游戏的快乐。

游戏准备

音乐《猪小弟变干净了》、沐浴球。

游戏玩法与规则

学会歌曲，能较为熟练地演唱歌曲。

请一名幼儿蒙上眼睛，在圆圈中间当猪小弟。随音乐边唱歌，边按节拍传递沐浴球，在歌曲唱到最后一个字时，沐浴球传到谁手上，谁就大声念出念白“快去洗洗吧”，然后在音乐间奏处，去给猪小弟洗澡。音乐结束后，请猪小弟猜刚才是谁给他洗澡的。说念白的幼儿也可以故意用不同的嗓音念出念白，不让猪小弟轻易听辨出。猪小弟可以通过倾听声音的方位缩小范围，做出判断。

（二）动作游戏

1. 山谷回声

游戏目标

①感知音乐稳定的节拍（二拍、四拍）。

②能按照稳定的节拍做模仿动作，主动探索更多的动作。

③体会两人动作模仿游戏的乐趣。

游戏准备

音乐《山谷回声》。

游戏玩法与规则

①教师用声势做两拍/四拍节奏，幼儿在教师结束后模仿。

②幼儿两人一组，一个幼儿做两拍节奏，另一个幼儿跟做。

③听到教师的信号后，交换角色，一个幼儿做四拍节奏，另一个幼儿跟做。

④伴随音乐做游戏，间奏时交换角色。

附：

山谷回声

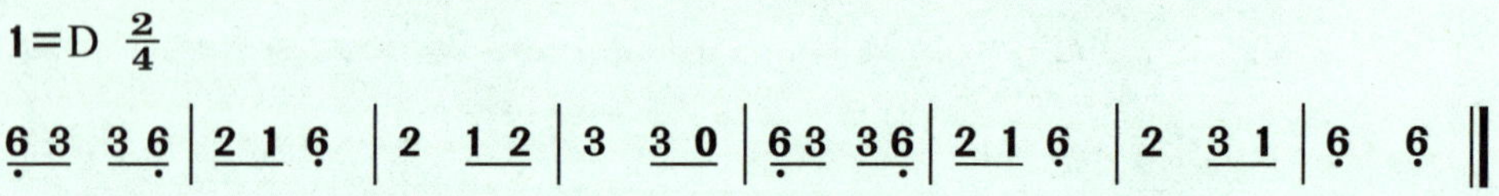

1=D 2/4

6 3 3 6 | 2 1 6 | 2 1 2 | 3 3 0 | 6 3 3 6 | 2 1 6 | 2 3 1 | 6 6 ‖

2. 球的传递

游戏目标

①感受声音的节奏和节拍。

②能在合作中遵守游戏规则，完成球的不同传递任务。

③体验协作游戏的快乐。

游戏准备

球若干。

游戏玩法与规则

玩法1：持球的游走活动

①幼儿双手持球，伴随教师唱出的节奏摇摆行走。

②当音乐进行到最后一个“邦”时，两手的球碰撞，挥过头顶，从身体两侧落下。

③幼儿捡起球，教师演唱或幼儿合唱节奏，重复游戏。

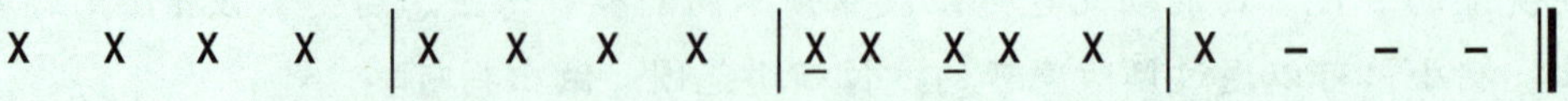

X X X X | X X X X | X X X X X | X – – – ‖

玩法2：球的游戏

教师和幼儿以"小星星坐法"，围圈坐在地板上。教师唱出音乐节奏，当唱到最后一声"噜……"时，所有幼儿跟教师一起把球抛向圆心。球在圆心滚动，每个幼儿就近取两个球，跟教师再重复以上的活动。

X X 0 | X X 0 | X X X X X X | X – | X X 0 | X X 0 | X – ‖

邦 邦　邦 邦　邦 邦 邦 邦 邦 邦　邦　邦 邦　邦 邦　噜

玩法3：探索球舞

每个幼儿找出一种球的玩法（可以借助自身、别人和室内物品），并跟随音乐的节拍展示自己设计的球舞。

超级链接

传递游戏既可以传递事物、声音，也可以传递玩具、乐器；传递的方式可以由自己传给下一个人，也可以从前一个人处拿过来，还可以隔着自己传过去。除了传递东西，还可以把自己作为传递对象，如所有人坐在椅子上唱歌，唱到某一句时，起立顺时针或逆时针，从一个椅子做到下一个椅子。传递游戏可以把做起来很不容易的节奏，通过传递让幼儿分解来做。这样不仅降低了难度，还让幼儿懂得合作共享。

3. 七级舞

游戏目标

①感知音乐的节拍和时值。

②能用稳定节拍进行动作表现，根据音的时值变换动作情节。

③喜欢与同伴一起进行音乐游戏。

游戏准备

七级舞音乐。

游戏玩法与规则

玩法1

①A部分音乐时，教师带领幼儿围圈按节拍走动、转圈。

②B部分音乐三度下行时，幼儿找到自己的朋友握手，握手时长要听下行音的下方音出现。最后一声上方音时，回到圆圈上，再走动起来。

玩法2

①A部分音乐进行时走动或做拍腿等动作。

②B部分按长音时间做动作造型。加长音结束时变成小兔子、小花猫、小狗等。

附：七级舞

这首音乐是A、B两段体的反复。A部分节奏欢快，跳跃性强；B部分在每一次反复加一次小三度的下行，而且长短不同，每次下行之后又会出现一个音程上方音，然后进入反复的A部。

1=F $\frac{2}{4}$

A: 1 2 3 4 | 5 3 5 | 4 2 4 | 3 3 2 | 1 2 3 4 | 5 3 5 | 4 3 7 2 | 1 0 |

2 2 | 2 2 3 | 2 1 7 6 | 5 6 7 1 | 2 2 | 2 2 | 2 2 3 | 2 1 7 6 | 5 - ‖

B: ‖: 5 3 | …… | 5 - :‖

4. 波罗乃兹

游戏目标

①感知音乐匀速的拍子。

②能按照规则伴随音乐的拍子走路并变换多种队形。

③体会协作游戏的快乐。

游戏准备

波罗乃兹音乐。

游戏玩法与规则

①幼儿两两一组，整齐排队。教师在队列左侧，带领幼儿按照音乐的节奏进行走动，行走的步伐要平稳，边走边听音乐。

②按照路线行走，形成"龙吐须式"路线（见图3–16），幼儿两人一组左右分开行走。

③教师带领两组幼儿分别行走，相遇时，变为四人一组，继续行走，可变成八人一组、站成若干排。按音乐节奏走"蛇形式"路线（见图3–17）。

图3–16 "龙吐须式"路线

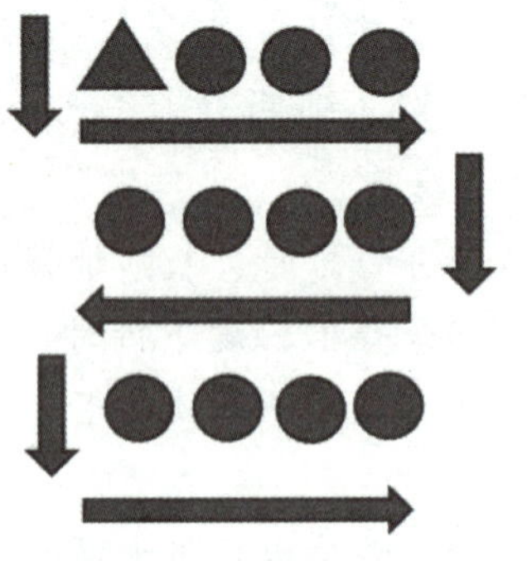

图3–17 "蛇形式"路线

④教师带领幼儿按音乐节奏走"蜗牛式"路径（见图3–18），最后围成圆圈。

图3-18 “蜗牛式”路线

注：波罗乃兹起源于16世纪波兰民间歌舞，是一种四三拍子，中等或偏慢速度的步行舞，展示了空间路线的多种方式。

5. 蛤蟆历险记

瑞典狂想曲

游戏目标

①理解音乐情节，知道游戏玩法。

②根据故事情节记忆游戏顺序，能用“我要吃掉你”“我不怕，我不怕，我的秘诀是××”对话进行游戏。

③在充满趣味的律动游戏中体验故事中不同角色的情感，享受游戏的快乐。

游戏准备

音乐《瑞典狂想曲》，幼儿了解《蛤蟆爷爷的秘诀》故事，有“丢手绢”游戏中追逃的经验。

游戏玩法与规则

玩法1

①教师随乐示范蛤蟆走等动作，引导幼儿观察、反馈和模仿。

②幼儿听 A 段音乐一起练习，并跟随音乐节奏和动作加入语言“饥饿的敌人在哪里”。

③教师扮蛇，“小蛤蟆 ”逃到灌木丛（座位上）。让幼儿了解由“蛇指定爷爷”的规则，进行角色间“我要吃掉你，我要吃掉你”“我不怕，我不怕，我的秘诀是勇敢”的对话，并进行与对话相对应的动作练习。

④听蛇出来的音效和B段音乐练习对话、动作，帮助幼儿进一步了解游戏内容及规则。

⑤完整进行第一段游戏。

玩法2

①迁移第一段游戏经验，出现鳄龟音效，引导幼儿表现鳄龟的机智和个性化的动作。

②教师悄悄指定“鳄龟”角色，幼儿完整进行第二段游戏。

玩法3

①迁移第一段 、第二段游戏的经验，引导幼儿体验情节变化所带来的游戏规则

变化。

②引导幼儿想象怪兽抓住蛤蟆爷爷后小蛤蟆的做法，并能大胆用语言和动作来表现。

③教师悄悄指定“怪兽”，幼儿完整进行第三段游戏。

6. 挑西瓜

游戏目标

①听辨音乐的强弱，随乐表现西瓜长大长圆。

②能在音乐的“咚”处做出转圈的动作。

③能与同伴共享游戏空间，体验挑西瓜游戏的快乐。

游戏准备

游戏音频、装扮老爷爷道具。

游戏玩法与规则

玩法1

幼儿与教师围圈站立，随A段音乐表现西瓜越长越大、越长越圆；B段音乐小西瓜随乐舞动，在音乐“咚”处转圈蹲下。

玩法2

教师扮演老爷爷，在圈外随乐挑西瓜，老爷爷在音乐“咚”处指出西瓜，被点到的西瓜向前一步蹲（坐）在圈内，游戏继续。

（三）演奏游戏

1. 森林舞会

游戏目标

①了解音乐内容，感知音乐节奏。

②能用动作、小打击乐器表现音乐形象。

③乐于用多种方式创造性地表现音乐。

游戏准备

音乐《我们跳舞》。

游戏玩法与规则

教师引导幼儿倾听音乐，给幼儿讲述《森林舞会》的故事：森林里的小动物要开舞会了，所有小动物都开始积极地准备。大象、小猴子、小鸟准备得最认真了。舞会这天，小动物都早早地来到现场，大象最先上台说：“我来先给大家跳舞。”于是就兴高采烈地跳了起来，然后小猴子、小鸟也加入了跳舞行列。

①教师给幼儿介绍手鼓、单响筒、三角铁，请幼儿听三种乐器的声音，让幼儿

区分哪个乐器适宜大象，哪个乐器适宜小猴子，哪个乐器适宜小鸟。

②教师把三种乐器摆在面前，演奏相应的乐器，幼儿做相对应的动作。

③幼儿分为三组，分别代表大象、小猴子、小鸟，分组跟随教师的演唱及指挥律动。

④教师给每组分发乐器，跟着音乐看教师指挥，演奏大象、小猴子、小鸟的舞步。

附：

我们跳舞

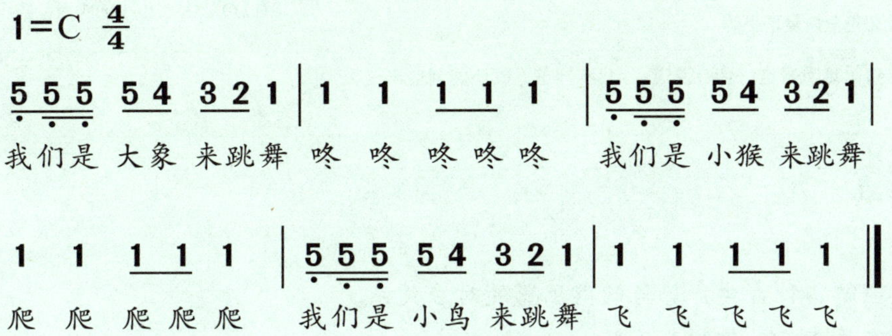

1=C $\frac{4}{4}$

5 5 5 5 4 3 2 1 | 1 1 1 1 1 | 5 5 5 5 4 3 2 1 |
我们是 大象 来跳舞 咚 咚 咚咚咚 我们是 小猴 来跳舞

1 1 1 1 1 | 5 5 5 5 4 3 2 1 | 1 1 1 1 1 ‖
爬 爬 爬爬爬 我们是 小鸟 来跳舞 飞 飞 飞飞飞

2. 一声巨响

游戏目标

①理解故事内容，知道各种小打击乐器的演奏方法和音色。

②能结合故事情节演奏乐器模仿小动物发出的声音。

③喜欢参与集体的演奏游戏，体验音乐游戏的快乐。

游戏准备

小打击乐器若干、故事音频。

游戏玩法与规则

教师把乐器摆在面前，一边讲故事，一边演奏乐器。幼儿听完故事，分析故事里有几个角色，分别用了哪个乐器。教师给幼儿发放乐器，一边讲故事，一边指挥。幼儿演奏相对应的乐器。故事情节与乐器的对应关系见表3–2。

表3–2 故事情节与乐器操作对应表

故事情节	乐器
在一个农场的牲口棚里，住着一只小老鼠。白天，当其他动物醒来的时候，它躺在老鼠洞里睡大觉。晚上，其他动物都要休息了，整个农场的喧嚣渐渐小了下来，越来越小，越来越小……最后完全安静下来	喧嚣声：大大小小交错的噪音
这时候，小老鼠爬了出来，从洞里探头朝外望。突然，它的鼻子痒了起来，“阿嚏”打了一个很响亮的喷嚏	老鼠：猛摇串铃后立即停止

续表

故事情节	乐器
已经要入睡的公鸡，着实给吓了一跳，从杆子上摔了下来。慌乱中，它大声地打鸣。打鸣把母鸡吵醒了，它们狂飞乱窜，"咯咯咯、咯咯咯"地叫起来。狗也从窝里跑了出来，跟着乱叫	公鸡：哨子吹几次 母鸡跑：摇晃沙锤 母鸡叫：响板捏击几次 狗跳：小鼓敲击几次
母牛和公牛吓得用蹄子乱踢乱蹬，咆哮不停。山羊也前腿蹬地、后脚朝天地咩咩叫，甚至连马也开始来回奔跑，大声嘶鸣，简直一片混乱，闹成一团	山羊跑：摇晃手铃 马：敲击双响筒几次 母牛和公牛：敲击大鼓和发出噪音
慢慢地，大家又从惊吓中恢复过来，喧嚣声渐渐变小，越来越小，越来越小……最后又完全恢复了平静	喧嚣声：大大小小的噪音
小老鼠目瞪口呆地看着这一切，说道："我不知道，我还能制造出这么大的动静来。"	

3. 声势与乐器

游戏目标

①理解四种古典声势与四类乐器的对应关系。

②能看声势动作演奏乐器。

③喜欢参与集体演奏游戏。

游戏准备

皮革类、散响类、木质类、金属类小打击乐器若干。

游戏玩法与规则

玩法1

①教师与幼儿围圈站好，带领幼儿做四个古典声势动作。

②教师请幼儿辨别这四个古典声势动作都可以对应哪类乐器。（踏脚——皮革类、拍腿——散响类、拍手——木质类、捻指——金属类）

③教师把幼儿分为四组，每组拿一种乐器，教师用声势动作指挥。

④让幼儿轮流指挥。

玩法2：

迁移玩法1经验，教师让幼儿转过身，背对圆心，教师在圆心做声势动作，让幼儿听声势的声音，进行演奏。

（四）听辨反应游戏

1. 鼓声联动

游戏目标

①感知鼓点的节奏、速度、音量。

②能按照鼓点特点，兼顾游戏规则与同伴协作游戏。

③体会跟随鼓点做游戏的有趣。

游戏准备

鼓、小椅子、纱巾。

游戏玩法与规则

1. 走与停

幼儿听教师的鼓声自由地走（一拍节奏）、跑（半拍节奏），要能走在节奏点上，迅速反映鼓声的变化。在此基础上，可加上音量、速度的变化，前后转向的变化。

2. 我们都是木头人

一边敲鼓、一边叫停，并在停止时下一个动作口令。这种口令包括一个规定的动作，如蹲下、趴下、一条腿抬起。

3. 照相

边听鼓边四处走动，当音乐停止时，由幼儿创造一个最好看的造型动作，教师拍照。

4. 谁落单

可边敲鼓边发出口令“几人一组”，幼儿按（数字）分组扎堆，落单的幼儿举手接受惩罚。

5. 泡泡糖

边听边随鼓点四处走动，当音乐停止时，教师给出两个身体部位名称，灵活反应部位，如鼻子、脚等，并将身体部位贴在一起；或教师给出一个身体部位名称，两个幼儿相互将身体部位贴在一起。

6. 抢椅子

七个幼儿围在摆成圆圈的六把椅子周围，边听鼓点边围圈走。鼓声停止，七个幼儿分别抢自己的椅子，没抢到椅子的幼儿罚表演节目并淘汰，拿掉一把椅子游戏继续进行。

2. 神枪手

加沃特舞曲
（枪声版片段）

游戏目标

①听辨音乐的A段落，感知节奏和“枪声”。

②能随“枪声”做出规定的游戏反应。

③感受“神枪手”游戏的刺激和快乐。

游戏准备

音乐《加沃特舞曲》。

游戏玩法与规则

玩法1

教师当神枪手，背对着幼儿，A段音乐时，幼儿跟着神枪手做原地踏步或其他符合节奏的动作。当音乐进行到“枪声”时，神枪手转身做射击状，幼儿进行躲避。

来不及躲避的人输，输的人做一个逗趣动作。游戏重复。

玩法2

神枪手（教师或幼儿）站在中间，其余人围圈站立；音乐开始后，圈上人围圈走，在听到“枪声”时暂停呈木头人状，神枪手找到还在动的人进行射击。

玩法3

提前找一名幼儿做特殊动作，“神枪手”需要在“枪声”响起时射击做特殊动作的人，没找到即为“神枪手”输。

3. 洒水车

洒水车

游戏目标

①听辨乐曲曲式及特定音效。

②遵守游戏规则，随着音乐变化变换动作进行游戏。

③愿意与同伴合作游戏，体验游戏的乐趣。

游戏准备

音乐《洒水车》。

游戏玩法与规则

玩法1

幼儿扮演路人，教师扮演洒水车，路人要穿过有洒水车的马路，到公园去玩耍。音乐前半部分两者做一样的动作，当音乐到洒水车洒水时，洒水车洒水，路人躲避洒水车穿过马路。低音时，洒水车向高高的远处洒水，路人要蹲下来变成小矮人通过；高音时，洒水车向低处洒水，路人要跳起来通过；特效音时，洒水车向周围洒水，路人要立马摆一个造型定住，没有摆好造型定住的路人要躲避洒水车一次。幼儿扮演洒水车反复游戏。

玩法2

迁移玩法1经验，不同的是，当听到高音时，幼儿做单脚跳动作；当听到低音时，幼儿更加低地下蹲走；当听到洒水声时，幼儿立即找到好朋友两人合作定造型。

项目四　学前儿童艺术活动的评价

项目情境

在学前教育中，活动评价是不可或缺的重要环节，《幼儿园教育指导纲要（试行）》详细介绍了学前儿童教育评价的目的、内容和方法，强调教育评价是幼儿园教育工作的重要组成部分，是促进每个幼儿发展，提高教育质量的必要手段。

为贯彻落实中共中央、国务院《关于学前教育深化改革规范发展的若干意见》和《深化新时代教育评价改革总体方案》精神，深化幼儿园教育改革，推动各地健全科学的幼儿园保育教育质量评估体系，2022年2月，教育部印发了《幼儿园保育教育质量评估指南》（以下简称《评估指南》）。“实施《评估指南》是为了更好地落实《幼儿园教育指导纲要（试行）》和《3～6岁儿童学习与发展指南》。在全面总结实践经验的基础上，《评估指南》提供了落实《幼儿园教育指导纲要（试行）》和《3～6岁儿童学习与发展指南》具体方式方法。”①《评估指南》对办园方向、保育与安全、教育过程、环境创设、教师队伍等五个方面提出了全方位的方向指引和具体清晰的行动要求，突出了师幼互动、活动组织等影响保育教育过程质量的关键要素。

项目描述

对教育过程进行评估是《评估指南》中的重要方面，体现了促进幼儿园坚持以游戏为基本活动、理解尊重幼儿并支持其有意义地学习等方面的要求。对于五大领域活动来说，科学地进行活动评价，有着了解和促进学前儿童发展、反思和改进教育活动的重要作用。

本项目学习从活动设计、活动过程、活动结果三个维度对学前儿童艺术领域活动的美术活动和音乐活动进行评价。

① 刘占兰.《幼儿园保育教育质量评估指南》引领学前教育踏上质量提升的新征程[EB/OL].（2022-02-15）[2023-10-20]. http://www.moe.gov.cn/jyb_xwfb/moe_2082/2022/2022_zl05/202202/t20220215_599306.html.

知识引入：学前儿童艺术活动评价的目的

教学活动评价的核心目标是了解教学活动的成效，了解教学过程中教师和学前儿童的行为，了解教学对学前儿童发展的意义。具体到学前儿童艺术活动，可以说幼儿园艺术教育评价旨在提高学前儿童艺术活动的教学质量，提高教师的教育水平，促进其专业成长，最终实现促进学前儿童富有个性的成长。

一、提高学前儿童艺术活动教学质量

拓展资源

学前儿童艺术活动评价为教师判断学前儿童艺术活动的开展状况提供了反馈。教师可以了解学前儿童艺术活动的目标是否实现，艺术活动的内容选择是否合理，教学方法的选择和使用是否得当，是否达到了预期的教育效果，有助于教师发现学前儿童艺术活动存在的问题，帮助教师及时改进艺术教育活动方案，从而使学前儿童艺术活动发挥有效作用，提高其教育质量。

二、提高教师的教育水平，促进其专业成长

学前儿童艺术活动评价是对教师是否有效完成活动目标的一个判断，有利于帮助教师认识到自己设计和组织学前儿童艺术活动的不足之处，促使教师根据评价结论对自己的教学活动设计、教学方法等做出调整。

学前儿童艺术活动评价重视教师的自评，有利于教师对活动过程进行不断反思。教师自评使其由原来的评价对象变成评价主体，在评价过程中，处于主动的、积极的参与状态，十分有利于其反思自己的教育工作，自觉进行自我调控、自我修正、自我完善，从而不断提高教师自我评价的能力和效度，进而提高教育的质量和效率。教师自评的过程会成为教师运用专业知识审视教育行为，发现、分析、研究、解决教育活动中问题的过程，也是教师自我成长的过程。

三、促进学前儿童富有个性地成长

设计、组织和实施学前儿童艺术活动的根本目的是促进学前儿童身心和谐发展与富有个性地发展，这也是幼儿园教育活动的根本宗旨和基本出发点。学前儿童艺术活动是否真正促进了学前儿童的个性发展，需要对学前儿童艺术活动进行评价。在发展性理念指导下的学前儿童艺术活动评价，注重学前儿童主动、积极、富有个性的发展，重视学前儿童创作活动的过程，关注学前儿童艺术活动是否满足了每个学前儿童的需要，是否尊重了每个学前儿童在能力上的差异，是否注意到了学前儿童情感态度、技能技巧的和谐发展等。

任务1　学前儿童美术活动的评价

任务说明

学前儿童美术活动的评价作为幼儿园美术课程的一个重要组成部分，主要是为教师调整和改进现有的美术教育活动提供客观依据，使教师将最有价值的美术教育活动呈现给学前儿童，保证学前儿童美术教育目标的实现，最大限度地促进学前儿童的发展。通过评价可以剖析学前儿童美术活动的适宜性、有效性，调整和改进工作，提高教育质量。

在“学前儿童美术活动的评价”这一任务中，你需要结合所学，完成以下工作任务。

1. 课堂巩固

根据学前儿童美术活动评价的相关内容，选择现有表格或自行设计一份美术活动评价表，完成工作表单1，并用评价表对活动设计和活动组织过程进行评价。

工作表单1

要求：

①活动评价涉及美术活动的设计和组织两个维度；

②表格形式可根据需要进行调整；

③运用设计的评价表格对活动的设计和组织过程进行评价。

<table>
<tr><th colspan="2">评价维度</th><th>评价类目</th><th>评价标准</th></tr>
<tr><td rowspan="3">活动设计</td><td></td><td rowspan="3"></td><td rowspan="3"></td></tr>
<tr><td></td></tr>
<tr><td></td></tr>
<tr><td rowspan="3">活动组织</td><td></td><td rowspan="3"></td><td rowspan="3"></td></tr>
<tr><td></td></tr>
<tr><td></td></tr>
</table>

2. 岗位实践

实习期间，选择学前儿童美术作品进行评价，完成工作表单2。

工作表单2

要求：结合学前儿童美术作品评价的相关知识和美术活动的目标，选择现有表格或自行设计一份合适的评价表格，对学前儿童美术作品进行评价。

学前儿童美术作品	作品评价

3. 教资真题

链接学前儿童教师资格证笔试真题，完成工作表单3。

工作表单3

幼儿教师资格考试（保教知识与能力）答题卡			
1. 通过分析幼儿手工成果来了解其心理的方法是（　　）。（2022年）			
A. 调查法	B. 自然观察法	C. 实验法	D. 作品分析法
2. 马老师在活动反思中写道："使用档案袋对幼儿的表现进行评价，经常需要花费些额外的时间。与其在这些花样上花时间，不如把精力多用在孩子身上。"这表明马老师（　　）。（2022年）			
A. 缺少幼儿学情分析意识	B. 缺少经验提炼的能力	C. 缺少幼儿发展评价能力	D. 缺少教学决策的意识
3. 教师根据幼儿的图画来评价幼儿发展的方法属于（　　）。（2015年）			
A. 观察法	B. 作品分析法	C. 档案袋评价法	D. 实验法

学习支持

一、学前儿童美术活动设计的评价

对于学前儿童美术活动设计的评价主要针对的是活动的方案，对于集体教学活动来说，就是教案设计的评价。从活动设计的角度来看，可以从以下几个方面进行评价。

（一）活动目标

活动目标，是指教师期望通过活动所达到的教育结果。评价美术活动的目标可以从以下几个方面着手。

①活动目标与美术教育的分类目标、年龄目标及总目标之间的联系是否紧密一致。学前儿童美术教育的目标是一个完整有序的体系，每个具体的活动目标都是从总目标、

年龄段目标、分类目标中分化而来的。每个活动目标的实现，都是向阶段目标和总目标迈进了一步。有时，活动目标被孤立起来看可能是合理的，但和上级目标及本班学前儿童实际情况联系起来看时，可能是不合理的，需要调整。所以，判断活动目标是否合理一定要结合上级目标和本班学前儿童的实际情况。[①]

②活动目标与本班学前儿童的实际情况是否相适应。虽然年龄段目标概括的是某一具体年龄学前儿童一般的发展趋势和教育要求，但是对于不同幼儿园、不同班级、不同学前儿童还是会有一定的差异。

③活动目标能否体现本次活动的重难点，层次是否分明。

④活动目标是否是具体的、明确的，具有可操作性的。[②]

（二）活动准备

①活动的工具和材料能否支持学前儿童的学习，能否满足学前儿童的艺术表现力，能否满足不同能力水平学前儿童的需求。

②是否根据美术活动的主题准备相应的工具和材料。有什么样的活动内容，就应准备相应的活动工具和材料。各种美术材料和工具都有其不同的用法和特性，活动的工具材料准备要充分，要根据美术活动的主题进行准备。[③]

③学前儿童是否具有本次活动应该有的生活经验和技能经验。

（三）活动内容

①活动内容的选择是否有助于实现美术活动制定的目标。

②活动内容的选择是否符合特定年龄班学前儿童的发展特点，是否符合学前儿童的知识和经验水平。

③活动内容的安排是否合理。各部分内容之间的比例关系是否合理，活动内容与活动形式是否相适应，活动内容的组织安排是否突出重难点，活动内容各个部分之间的过渡衔接是否流畅等。[④]

超级链接

浙江省高等学校第十六届师范生教学技能竞赛决赛 评分参考标准

一、学前组

（一）说课（单项40分）

1. 内容：参赛选手根据抽定的教学活动内容进行说课

① 林琳，朱家雄.学前儿童美术教育与活动指导［M］.4版.上海：华东师范大学出版社，2022：245.

② 王任梅.学前儿童美术教育［M］.2版.北京：北京师范大学出版社，2020：255.

③ 边霞.幼儿园美术教育与活动设计［M］.2版.北京：高等教育出版社，2016：197.

④ 同①246.

2. 评分标准见表4-1

表4-1 说课评分标准

项目	评价标准	分值
说内容	1. 能清楚地表达对活动内容的分析与理解 2. 能清晰地表达对儿童特点的分析与理解	5
说目标	1. 能清楚地说明目标的具体内容及目标制定的理由 2. 目标明确、具体、可操作，符合儿童年龄特点，体现领域特点	5
说重难点	能说明活动的重点或难点及其理由	4
说过程	1. 能清晰说明各环节及设计的理由 2. 说明活动过程完整、有逻辑、有层次	13
说方法	1. 说明主要的教学方法 2. 说明选用或设计教学方法的理由	5
语言表现	语言表述清晰、流畅，仪态大方得体，体态语运用自然灵活	5
创意	儿童特征、领域特点和讲述者个性有机结合	3

（二）基本技能展示（共40分）

1. 儿童故事讲述（单项15分）

（1）内容

参赛选手根据现场抽取的一则儿童故事进行讲述。

（2）评分标准见表4-2

表4-2 儿童故事讲述评分标准

项目	评分标准	分值
基本功	1. 故事内容熟悉，形象解读和文本加工合理，情节完整 2. 语音规范，吐字清晰，语流顺畅	6
表现力	1. 叙述语言和角色语言分明，声情并茂，富有感染力 2. 仪态大方得体，态势语运用自然灵活	5
创意	儿童特点和讲述者的个性特点结合得恰到好处	4

2. 儿童歌曲弹唱（单项15分）

（1）内容

参赛选手根据现场抽定的儿童歌曲进行边弹边唱。

（2）评分标准见表4-3

表4–3　儿童歌曲弹唱评分标准

项目	评价标准	分值
基本功	1. 钢琴伴奏熟练、完整，歌曲旋律演奏准确，指法、和弦配置规范合理 2. 歌曲演唱完整，咬字吐字清晰，歌词准确无误，演唱气息规范、流畅，声音自然	6
表现力	能准确地表达歌曲的内容及风格，歌曲情感处理恰当，表情自然，弹唱具有一定感染力	5
创意	弹唱结合，歌曲特点和弹唱者个性特点结合，自然和谐流畅	4

3. 儿童故事绘画（单项10分）

（1）内容

参赛选手根据抽定的儿童故事内容进行简笔画的表现，画幅8开，可上色，作画工具不限。

（2）评分标准见表4–4

表4–4　儿童故事绘画评分标准

项目	评分标准	分值
基本功	画面能准确表达儿童故事的情节内容，构图均衡，主次分明，造型合理，色彩明快	4
表现力	主体形象动态、表情生动夸张，组合关系得当，表现技法娴熟	4
创意	画面造型与风格富有童趣，且具有一定的艺术特色	2

（三）保教活动分析（单项20分）

（1）内容

参赛选手根据抽取视频的观看，对视频师幼互动中幼儿的心理发展，如认知、情感、意志等心理过程及个性、社会发展、学习心理等特点进行分析，并对教师的保教行为 进行评价分析、提出建议。

（2）评价标准见表4–5

表4–5　保教活动评分标准

项目	评分标准	分值
思维品质	1. 思维敏捷，逻辑清晰，观点鲜明，分析透彻，内容充实 2.用词准确，表达流畅，能正确清楚地表达自己的想法	6
教育理念	1. 具有科学儿童观，对儿童心理发展水平或特点分析正确 2. 具有科学教育观、教师观，能对教师的保教言行、职业道德做出正确的判断与分析，理由科学、充分，符合《幼儿园教育指导纲要（试行）》及《3～6岁儿童学习与发展指南》精神	7
教育建议	1. 建议正确合理，能促进保教工作的改进 2. 建议具有针对性、科学性，且切实可行	6

二、学前儿童美术活动实施的评价

（一）活动目标

目标在活动过程中的达成度如何。

（二）活动准备

①活动中是否有充足的、富有美术表现力的工具和材料供学前儿童使用；是否根据学前儿童的美术水平、年龄特点提供可供学前儿童操作的各种形式的材料。

②材料的呈现方式是否合理，是否方便学前儿童操作。

③学前儿童的经验准备是否充分。学前儿童的已有经验能否支持活动的开展。

④教师的准备是否充分。教师的活动准备主要包括能否熟悉活动的内容，了解学前儿童的知识水平与技能水平的高低，了解学前儿童一般水平和个别差异，充分考虑活动所需的材料、工具、场地等因素。[①]

（三）活动过程

1. 教师的活动

①教师在活动过程中的讲解是否适宜，主要指教师在美术教育活动中对活动内容的讲述与解释是否适宜，是否有利于学前儿童进一步学习和思考。

②教师在活动过程中对学前儿童的关注程度如何，主要指教师对学前儿童在美术教育活动中的情况的关注，包括学前儿童的兴趣、投入程度、创作过程等方面。

③教师在活动过程中使用的教学策略是否适宜，主要指教师在讲解及学前儿童创作过程中，采用的旨在激励、指导、传授、帮助、启发学前儿童的具体策略是否合适，能否发挥和调动大多数学前儿童的活动积极性、主动性。

④教师的语言是否具备专业性。在与学前儿童互动的过程中，教师是否出现知识性错误，是否能体现以学前儿童为主体的教育理念，提问是否具有开放性等。

⑤教师总结和评价是否适宜。教师在美术教育活动过程中及活动结束后，能否根据需要开展适当的评价。

⑥教师组织活动的实际完成情况如何。在活动过程中，教师能否有次序地执行教育活动的计划，能否灵活地根据学前儿童的实际情况调整活动目标与计划等。预定的内容是否全面完成，有没有完成一些计划外的活动内容，它是在什么特定情境下发生的，这样是否合理。[②]

2. 学前儿童的活动

①学前儿童在活动过程中的投入程度。学前儿童在美术教育活动中是否积极主动，

① 林琳，朱家雄.学前儿童美术教育与活动指导[M].4版.上海：华东师范大学出版社，2022：246.

② 王任梅.学前儿童美术教育[M].2版.北京：北京师范大学出版社，2020：256.

注意力是否集中，思维是否活跃，是否愿意与教师、同伴进行互动，是否表现出创造性。

②学前儿童在创作过程中的专注程度。

③学前儿童在活动过程中能否获得新的经验，能否在面临问题时有效运用已有经验努力解决问题。

④学前儿童的学习习惯。

三、学前儿童美术学习的评价

（一）学前儿童美术活动过程评价

《学前儿童发展与教育评价手册》从九个方面对学前儿童美术活动过程进行了评价，每方面分四种水平的行为表现，也可称为“四种类型”。[①]

1. 构思方面

构思方面是观察和评价学前儿童能否在创造之前预先想好创造的主题和内容的标准，学前儿童在这方面的行为表现可以分为四种水平或四种类型。

①事先构思出主题和主要内容，动手之后围绕构思进行创造。

②预想出局部内容，完成一项后再做新计划。

③动笔后构思，由动作痕迹出发，想到什么画什么。

④只有动作活动，没有形象创造，表现为在纸上随意涂抹或反复掰泥、撕纸。

学前儿童美术的构思方面与其年龄和美术创造的能力高低有关，随着年龄的增长和能力的提高，构思水平也将有所提高，这与后面的有些评价项目有所不同。

2. 主动性方面

主动性方面是观察与评价学前儿童在发起和投入美术活动时的情况标准。

①由自身兴趣、愿望支配，自动进行美术活动。

②由特定材料引发，开始进行美术活动。

③看到别人从事美术活动，自己跟着做。

④在成年人的要求下开始美术活动。

学前儿童对美术活动的主动性，受其对美术这类活动的兴趣影响，因此，它与学前儿童在兴趣方面的有些表现相似。除此之外，它还受学前儿童美术活动的独立性与创造性影响。所以，此项评价具有多重代表意义。

3. 兴趣性方面

兴趣性方面是判断学前儿童是否情愿投入美术活动；在活动中是否有热情，感到愉快和满足的标准。

①自动从事美术活动，对美术活动灌注极大热情，完全沉浸在活动中，默默无语。

②欣然从命，愉快地从事活动，在做的过程中会自言自语地流露出愉快之情。

---

① 陈帼眉.学前儿童发展与教育评价手册[M].北京：北京师范大学出版社，1994：712-716.

③对美术活动迟疑不前，活动中企图离开或张望别人做什么。

④拒绝参加美术活动。

影响美术活动兴趣的因素很多，学前儿童对美术这一类型活动是否感兴趣，学前儿童对某项活动能否胜任，活动本身是否有吸引力等，都影响着学前儿童的美术活动兴趣。因此，在观察时，应注意到这些影响因素，选择适当类型与难度的美术活动加以观察，并在多次观察后再做判断。

4. 专注性方面

专注性方面是观察评价学前儿童对美术活动注意集中与持久程度的标准。

①能较长时间持续从事已选定的活动，不受外界的影响，甚至第二天接着做。

②能在同年龄学前儿童一般可维持的时间内持续从事活动，中途偶有离开的现象发生，但还会自动回来，直到活动完成。

③需要鼓励，才能把活动进行完毕。

④不能把活动进行完，中途改变活动。

专注性方面与学前儿童对美术的兴趣有关，也与学前儿童本身的注意品质有关。在评价时，要注意到这两个方面的区别。另外，学前儿童活动时的周围环境，对他们的注意力影响极大，如学前儿童独自一人时、集体同做一项活动或大家分散活动时，同一学前儿童对活动的专注性是有所不同的。因此，在观察时，要选择好观察的环境条件。

5. 独立性方面

独立性方面是判断学前儿童能否自己决定活动任务并完成任务的标准。

①自己决定活动任务，解决问题，拒绝别人干涉，独立完成任务。

②主动请教他人，考虑别人的建议，然后自己完成任务。

③模仿他人完成自己的作品。

④接受并在他人的帮助下完成作品。

独立性方面既与学前儿童的性格有关，又与学前儿童美术能力的高低有关，因此，是观察与评价学前儿童美术能力的重要一项。

6. 创造性方面

创造性方面是判断学前儿童在美术活动中是否具有独创和表现意识与能力的标准。

①别出心裁地构思与利用材料进行造型。

②重新组织以前学过的造型式样、方法和技能进行造型。

③重复以前学过的造型式样、方法与技能进行造型。

④只按照教师当时传授的造型式样、方法与技能造型。

学前儿童创造性方面是其美术能力强弱的关键所在，因此，在评价学前儿童美术能力时，应重点观察与评价创造性方面。但是，应注意，学前儿童创造性表现如何与美术活动的组织方式密切相关，如在意愿画、命题画和实物画中，同一学前儿童的创造性表现水平会有极大不同，应注意选择适当的活动，对学前儿童的创造性表现进行观察。

7. 操作的熟练性方面

操作的熟练性方面是判断学前儿童从事美术活动时动作是否灵活、准确的标准。

①掌握工具姿势正确、轻松，操作动作迅速、准确、连贯，一次完成动作，作品质量好。

②掌握工具姿势正确，操作动作平稳，但欠准确，中途修改，作品质量较好。

③掌握工具动作正确但笨拙，操作动作迟缓、准确性差，有失误不知修改，作品显得粗糙。

④掌握工具的姿势笨拙有误，只有重复性动作，不能完成作品。

学前儿童操作的熟练性同构思的情况相似，与他们的年龄、机体的成熟、美术能力的发展和兴趣程度有关。在观察评价时，应与年龄相对照进行评价。

8. 自我感觉方面

自我感觉方面，是判断学前儿童对自己美术成果看法如何的标准。

①自己认为很成功，主动请别人看自己的作品，并讲解作品的含义，能慷慨地将作品赠人。

②对自己的作品感觉满意，但不主动展示，听到别人的称赞感到愉快，希望保留作品。

③自己认为不太成功，接受别人的看法，希望将作品交给教师。

④感到沮丧，对别人的反应无动于衷或抵触，对作品去向不关心或毁掉作品。

自我感觉是学前儿童对自己作品的评价，与作品客观上的优劣不完全等同。只要学前儿童自己感到满意即可。对学前儿童自我感觉的评价一方面要听学前儿童自己的意见；另一方面要观察学前儿童的行为和表情，间接地判断学前儿童是否对自己满意。但要注意，此项不是评价学前儿童有无自我评价能力。因此，在观察评价时，要区别学前儿童是自我感觉不良，还是缺少自我感觉。

9. 习惯方面

美术活动中的习惯是多方面的，习惯可以指个人的习惯做法、美术风格等，也可以指大家都要自觉遵守的惯例和秩序。这里讲的是后者，共提出两项，目的在于判断学前儿童在美术活动中能否有步骤、有秩序地工作。

（1）工作的顺序性

①有顺序、有步骤地完成作品。

②弄错步骤，发现后主动纠正，完成作品。

③想到什么就做什么，混乱中完成作品，作品有缺陷。

④只完成局部，作品半途而废。

此项要与构思的发展相区别，在构思方面讲的是构思与操作在时间上的关系，无论怎样，构思与实际操作是相联系的。但是，在此是操作动作与构思相脱节，不是不能构思，而是在有构思的前提下，能不能有条理地完成任务，因此属于习惯问题。

（2）保持工具材料的秩序方面

①保持工具材料的固定位置，用时取出，用后放回。

②大致保持原位置，错放后能找到。

③一片混乱，用后乱放，取时找不到。

④不会取放，拿到什么用什么。

此项与学前儿童的年龄和工具材料多寡有关，因此，在观察评价时，要考虑到这些因素，将不同年龄的学前儿童放在不同的条件下进行观察。

（二）学前儿童美术作品评价

美术作品是学前儿童美术活动的结果，它清晰地反映出学前儿童的美术能力水平和特点。在对学前儿童的美术学习结果——美术作品的评价上，不同学者使用了不同的评价工具，但是无论哪种方法和标准，都是以学前儿童的真实美术作品为依据的。罗恩菲德将学前儿童在美术作品中反映的情感、智慧、生理、知觉、社会、美感、创造性七个层面的发展情况作为评价的标准，制定了一般评价表（见表4-6），并结合不同美术发展阶段中学前儿童美术发展的特点，把七个层面的成长情况具体化（见表4-7、表4-8）。

表4-6　一般评价表

客观评价标准	是	否
学前儿童的作品在表现下列事项时是否充分：		
1. 人物		
2. 空间		
3. 色彩		
技巧是否足以表现作品？		
技巧是否是学前儿童作品的一部分？		
完成品是否呈现非常努力的程度？		
作品个别部分是否有意义？		
作品个别部分是否作为环境一部分并具有意义？		
学前儿童是否遵循某一种表现方式？		
合并或变动是否足以改变作品的意义？		
自我体验的程度	**是**	**否**
1. 一再出现定型重复		
2. 偶尔出现定型重复		
3. 只是客观地报道		
4. 在客观报道上添加特殊的特征而包括一些自我		
5. 直接或间接地包括自我		

续表

项目	成长的特征	很少	有些	非常
情感的成长	免于定型重复			
	缺乏物体的通泛化（如树都不同等）			
	经常脱离定型重复			
	包括自我的经验			
	使用自由的线条和笔触			
智慧的成长	包括许多题材的细节			
	色彩有变化			
	其他积极知识的展示			
生理的成长	视觉和动作协调（他能否顺利控制线条）			
	有意识的投射身体动作（描绘动作）			
	无意识的投射身体（身体形象）			
	娴熟地运用技巧			
感受的成长	视觉经验：光线			
	阴影			
	透视空间			
	色彩的区别			
	非视觉经验：触觉			
	材质			
	听觉			
	动感经验（身体的动作）			
社会的成长	在自己的作品中面对自己的经验			
	体会到别人的需要			
	包含和表现环境（家庭、学校、工厂、办公室）			
	参与集体制作			
	了解和欣赏其他变化			
	直接（透过作品）或间接（透过题材）地表达出喜欢合作			
美感的成长	思想、感觉和感受的整合			
	对于和谐色彩的敏感			
	对于和谐材质的敏感			

续表

项目	成长的特征	很少	有些	非常
美感的成长	对于和谐线条的敏感			
	对于和谐形状的敏感			
	偏爱装饰的图案设计			
创造力的成长	没有抄袭的独立创作			
	没有模仿其他风格的独创力			
	关于内容的创造力和发明力			
	表现的方式得以立即与他人区别出来			
	完全不同于他人			

资料来源：罗恩菲德.创造与心智成长：修订版[M].王德育，译.杭州：浙江人民美术出版社，2019：76-78.

表 4-7　评价表（涂鸦阶段）

项目			客观评价标准	是	否
智慧的成长	心智年龄/岁	2～3	是否只有未经控制的线条？ 是否只是捶击或揉捏黏土？		
		2.5～3.5	是否所有的动作都是有控制的： 纵横或圆圈走向？ 是否用黏土条盘绕？ 是否喜欢把黏土分割开？		
		3～4	这个幼儿是否为他的涂鸦命名？ 他是否给他的黏土命名？		
情感的成长			这个幼儿是否喜欢涂鸦？ 涂鸦是否有定型的重复？ 诸如： 涂鸦是否有中断的线条？ 这个幼儿的动作是否果决而有力？ 动作的强度和方向是否有变化？		
社会的成长			这个幼儿是否专注在他的动作上？ 要把幼儿的注意力分散是否困难？		
感受的成长			这个幼儿是否显示出大动作的欲望？（动感的自由） 这个幼儿在以黏土制作时是否喜欢触碰的感觉？ 这个幼儿是否用视觉控制他的动作？ 这个幼儿在命名他的涂鸦作品时，是否用不同的色彩区分不同的意义？		
生理的成长			动作是否有力？ 线条是否粗犷？ 这个幼儿是否使用他整只手臂？		
美感的成长			这个幼儿是否在整张纸上涂画？ 这个幼儿在组织密集和松散的涂鸦时，是否展露了平衡感？		

续表

项目	客观评价标准	是	否
创造力的成长	这个幼儿在涂鸦时是否独立？ 这个幼儿跟其他幼儿一起涂鸦时，是否不受影响？ 这个幼儿是否大体上反对模仿？ 这个幼儿在命名其涂鸦时，能否独自发展出一套说辞？		

注：只有作品是以蜡笔来创作时方可使用此评价表。

资料来源：罗恩菲德.创造与心智成长：修订版[M].王德育，译.杭州：浙江人民美术出版社，2019：100.

表 4–8　评价表（前样式阶段）

<table>
<tr><th colspan="3">项目</th><th>成长的特征</th><th>是</th><th>否</th></tr>
<tr><td rowspan="2">智慧成长</td><td rowspan="2">心智
年龄/岁</td><td>4～5.5</td><td>这个儿童表现的“人”是否只注重“头”和“脚”</td><td></td><td></td></tr>
<tr><td>5.5～7</td><td>这个儿童所画的“人”是否包括了头、身体、手臂和容貌，还包括了眼睛、鼻子、嘴巴等细节吗
是否用不同的表现符号代表容貌</td><td></td><td></td></tr>
<tr><td colspan="3">情感的成长</td><td>与以前的绘画相比较，是否增加细节？（主动知识）
这个儿童画的是否具体？
这幅画是否表现出细节了？
诸如：
　　这个儿童是否经常改变他对“人”“树”或“眼睛”“鼻子”等细节的观念？
　　这个儿童是否有千篇一律的重复？
　　这个儿童是否或多或少地夸张了重要部分？
是否缺乏持续的和过渡性的夸张？
在线条和色彩的运用上是否很明确，且显出这个儿童对他作品的自信？
这个儿童是否描述过对他很重要的事物？</td><td></td><td></td></tr>
<tr><td colspan="3">社会的成长</td><td>这个儿童的作品是否与明确的经验有关系？
事物的次序是否因情感关系而建立？
这个儿童是否显示了空间关系：天在上，地在下？
这个儿童是否显示出他意识到特殊环境？（家庭、学校等）</td><td></td><td></td></tr>
<tr><td colspan="3">知觉的成长</td><td>这个儿童除了几何式的线条外，还使用其他线条吗？（与整体分离也不会丧失意义的线条）
这个儿童描述动作或声音吗？
这个儿童是根据物体选用颜色的吗？
这个儿童是否是从整块黏土开始塑造的？</td><td></td><td></td></tr>
<tr><td colspan="3">生理的成长</td><td>是否连续省略同样的身体部分？
是否连续夸张同样的身体部分？
线条是否坚决而有力？
是否包括身体动作？</td><td></td><td></td></tr>
</table>

续表

项目	成长的特征	是	否
美感的成长	有意义的空间与无意义的空间是否分配得很好？ 题材的组织是否与其内容有同等的重要性？ 色彩的分配是否富于装饰性？ 这个儿童是否显示出对装饰的欲望？		
创造力的成长	这个儿童是否运用了独立的观念？ 假如这个儿童在团体中制作，他是否仍不受影响？ 当这个儿童独处时，他是否自动利用任何媒介物进行创造？ 当这个儿童独处时，他是否为了模仿而避免创造？		

资料来源：罗恩菲德.创造与心智成长：修订版[M].王德育，译.杭州：浙江人民美术出版社，2019：121-122.

任务2　学前儿童音乐活动的评价

任务说明

学前儿童音乐活动评价，是针对学前儿童音乐活动的特点和各个组成要素，通过收集和分析音乐活动各方面的信息，科学地监测和判断音乐教育的价值和效益的过程。也是对音乐活动目标、活动内容、活动过程的实施状况及学前儿童音乐能力发展等方面的判断和评价过程。

在“学前儿童音乐活动的评价”这一任务中，你需要结合所学，完成以下工作任务。

1. 课堂巩固

根据学前儿童音乐活动的评价相关内容，选择现有表格或自行设计一份音乐活动评价表，完成工作表单1，并用评价表对活动设计和活动组织过程进行评价。

工作表单1

要求：

①活动评价涉及音乐活动的设计和组织两个维度；

②表格形式可根据需要进行调整；

③运用评价表对活动的设计和组织过程进行评价。

评价维度		评价类目	评价标准
活动设计			
活动组织			

2. 岗位实践

实习期间，录制一段学前儿童音乐活动视频，并对学前儿童音乐能力进行评价，完成工作表单2。

工作表单2

要求：

①音乐活动的类型不限，可以是集体教学活动，也可以是音乐游戏，还可以是其他类型的音乐活动；

②可以直接从现有评价表中选择合适的表格进行评价，也可以根据活动需要调整评价表格；

③对活动类型、活动主题等信息进行简要介绍，如有视频链接或关键照片可附在表格中。

学前儿童音乐活动	学前儿童音乐能力评价

学习支持

一、学前儿童音乐活动设计的评价

（一）活动目标

①活动目标与学前儿童音乐活动的总目标、年龄目标、单元目标是否一致。同时，活动目标与每个向上递进关系的目标是否有直接的紧密联系。

②活动目标是否兼顾了认知，情感与态度，操作技能三个方面的要求。这里指的“兼顾”不是说每个教育目标必须涵盖所有三个方面，而是根据活动内容本身的特点及学前儿童的实际情况有侧重地制定。

③活动目标的设计与学前儿童实际情况是否相适应，由于不同生活地域、不同的家庭社会环境、不同园本文化和环境设施，以及班级学前儿童特点和实际存在个体差异，教师在活动目标设计中的全面考量是十分重要的。①

（二）活动准备

①环境和材料的选择能否支持音乐活动目标的达成。

②环境和材料的选择是否与音乐活动的内容相适应。

③环境和材料的选择是否适合学前儿童实际需要和操作能力。

④学前儿童是否具有开展本次活动的相关经验。学前儿童对要参与的音乐活动和所要学习提高的认知、技能等方面的知识准备是否充分，对教师所教的活动内容是否有一定的了解。

（三）活动过程

活动内容，是指学前儿童音乐活动中指向音乐作品的音乐材料，是实现活动目标的

① 王惠然，李雁，罗淑娟. 幼儿园音乐教育与活动指导[M]. 北京：北京师范大学出版社，2017：149.

媒介。对音乐活动内容的评价有两个方面，即活动内容的选择和设计的评价。

1. 活动内容

①活动内容的选择是否与活动目标相符，是否支持活动目标的达成，是否适合自己班级学前儿童的能力发展水平，内容本身是否具有审美和艺术价值。

②活动内容的比例设置是否合理，重难点是否突出，内容和形式是否相协调，活动的组织环节是否合理。

③活动内容是否适合本班学前儿童的性格特征和学习特点。

2. 活动结构

①音乐活动的结构安排是否紧凑、有序。

②音乐活动中每个环节和步骤之间是否具有层次性、系列性和递进性。

③是否体现音乐活动结构安排上的动静交替。

3. 活动方法

①活动方法的选择和运用是否与目标相适应，是否与内容的特质相协调，是否是达成目标的最佳选择。

②活动设计中选择的方法是否适合学前儿童的年龄特点和接受水平。

③活动的方法能否体现学前儿童的自主性和主动性。

④活动的方法是否注意到了与音乐活动环境和有关设备相联系。[①]

二、学前儿童音乐活动实施的评价

音乐活动是一个综合而复杂的过程，对活动过程的评价是动态的，涉及教师、学前儿童及其他方方面面。

（一）活动目标

在活动结束时，是否达成本次活动的预期目标。从认知目标来说，评价学前儿童在参与整个音乐活动中是否完成了“知道、了解什么”这一目标。从情感目标来说，评价学前儿童是否在音乐活动中表现出“喜欢什么、愿意做什么”。从技能目标来说，评价学前儿童是否在活动中完成了“能干什么”的目标。

（二）活动准备

①环境与材料的准备和设计是否顾及学前儿童的年龄特征及实际需要和能力可及的范围。

②活动过程中，环境和材料是否得到最大限度的开发与利用，即充分发挥了环境和材料的作用。

③环境材料的质量和数量能否保证学前儿童的活动参与需求。[②]

① 黄瑾，阮婷．学前儿童音乐教育与活动指导[M].上海：华东师范大学出版社，2014：142.

② 刘昕．学前儿童艺术教育与活动指导[M].2版．北京：教育科学出版社，2016：124-125.

（三）活动过程

1. 活动过程中的教师

（1）教师的教态及综合业务水平

①教师是否亲切自然、精神饱满。

②教师对语言的把握运用能力如何。

③教师是否具备音乐技能以外的相关知识技能。如对于活动中文字、图片、动作、视频等呈现方式的把控。

（2）教师的活动组织能力

①对活动内容本身是否熟悉熟练，程度如何。

②对活动节奏的把握是否张弛有度。

③活动环节进行是否自然流畅、合理有序。

④恰当地采用了集体活动、合作活动及个别活动等多种组合和变化开展音乐活动。

⑤组织形式既满足大多数学前儿童音乐发展水平的需要，又体现了对个体差异的尊重和照顾。

⑥是否善于创设一定的音乐活动情境、设置一定的有效提问，以引发学前儿童主动学习的兴趣和激发学前儿童的独立思考，进行创造性的音乐表现。[①]

（3）教师的音乐素养

①示范、表演等是否具有艺术表现力和感染力。

②对歌唱、韵律动作等技能能否做到正确而清晰的示范讲解。

③需要教师进行伴奏时，伴奏的熟练程度和准确性如何。

（4）教师在活动中对学前儿童的指导能力

①活动的指导是否有效，能否照顾到班级的所有学前儿童，是否具备随机应变的能力。

②是否为学前儿童提供了与音乐教育目标相一致的音乐学习经验。

③提供的音乐学习经验能否有效地促进学前儿童在音乐和其他方面和谐发展。

④是否注意到了在音乐活动过程中充分培养学前儿童的兴趣、意志、自信、独立等良好的心理品质。

⑤是否为学前儿童提供了音乐活动中人际交往的机会，特别是学前儿童之同相互学习和自由交往的机会。

⑥是否鼓励和引导学前儿童积极参与音乐活动，并在其中灵活、自主地学习音乐。

⑦是否能注意到音乐活动中与学前儿童的情感交流及为学前儿童之间的情感沟通创设机会和条件。

2. 活动过程中的学前儿童

①学前儿童参与的主动性如何，是被动参与还是主动参与；是简单模仿还是能动发挥等。

① 杨来定，石晶晶，周传英. 学前儿童音乐教育［M］. 长沙：湖南师范大学出版社，2017：189.

②学前儿童在活动中的学习态度如何，是否参与了活动全过程；参与过程中的具体表现程度如何，是否积极主动；学前儿童在活动中注意力是否集中。

③学前儿童在活动过程中情绪状态是否轻松、愉悦，精神是否饱满等。

三、学前儿童音乐能力发展的评价①

儿童音乐能力的发展与逻辑能力的发展有所不同。儿童的逻辑思维发展与生理成熟具有比较明确的对应性，而音乐发展与生理成熟虽具有一定的对应性，但不具有绝对性，一个3岁幼儿的音乐能力可以超过一个18岁的成年人。所以，儿童音乐能力评价中的低、中、高指标，无法绝对地与儿童年龄挂钩。儿童的音乐能力反映在不同班级中差异也很大，并非小班一定是低指标，大班一定是高指标，即低、中、高指标不对应小、中、大班。总而言之，儿童音乐能力的发展不绝对地与年龄发展相对应，音乐能力发展的个体差异相当大。班级差异相当大，这些都是我们在进行音乐发展评价前需要认知的信息。

（一）学前儿童音乐感知与表现能力的评价体系

针对学前儿童音乐感知能力和音乐表现能力层面的评价，我们可以制定关于学前儿童音乐能力的评价表（见表4-9、表4-10），并针对歌唱、欣赏、打击乐和集体舞活动中学前儿童能力制定对应的评价指标（见表4-11～表4-18）。

表4-9　学前儿童音乐感知能力评价表

项目	指标		
	低	中	高
1. 节奏感知能力 （1）辨别稳定拍 （2）辨别疏密节奏型 （3）辨别强拍与弱拍 （4）辨别休止符			
2. 旋律 （1）分辨声音的高与低 （2）分辨旋律的上行与下行 （3）分辨旋律的级进与跳进			
3. 音色 （1）分辨悄悄话、说话、唱、喊四种音色 （2）分辨打击乐器的音色 （3）分辨生活环境中的音色 （4）分辨自然界中的音色 （5）分辨机器的音色 （6）分辨钢琴、小提琴、吉他等乐器音色			

① 王秀萍.幼儿园音乐领域教育精要：关键经验与活动指导[M].北京：教育科学出版社，2015：389-399.

续表

项目	指标		
	低	中	高
4. 速度 （1）感知快与慢 （2）感知渐快与渐慢			
5. 织体 （1）发现声势、舞蹈中的多层次 （2）有伴奏与无伴奏比较 （3）伴奏厚与薄的比较			
6. 力度 （1）感知轻重 （2）感知渐弱、渐强			
7. 结构 （1）分辨模仿句 （2）分辨重复句 （3）分辨喊答句 （4）分辨主副歌 （5）分辨三段体、回旋体 （6）分辨引子			
8. 体裁风格 （1）辨别摇篮曲 （2）辨别进行曲 （3）辨别舞曲			

资料来源：王秀萍.幼儿园音乐领域教育精要：关键经验与活动指导[M].北京：教育科学出版社，2015：389-399.

表 4–10　学前儿童音乐表现能力评价表

项目	指标		
	低	中	高
1. 节奏表现能力 （1）稳定的节拍——身体移动动作 （2）疏密节奏型——手的动作、身体动作、歌唱 （3）强拍与弱拍——身体移动动作、歌唱 （4）休止符——身体移动动作、歌唱			
2. 旋律表现能力 （1）声音的高与低——讲故事、身体动作、歌唱 （2）旋律的上行与下行——身体动作、歌唱 （3）旋律的级进与跳进——身体动作、歌唱			
3. 音色表现能力 （1）悄悄话、说话、唱、喊四种音色——说、歌唱 （2）打击乐器的音色——说、演奏打击乐、即兴创作 （3）生活环境中的音色——说、演奏打击乐、即兴创作			

续表

项目	指标		
	低	中	高
(4)自然界的音色——说、演奏打击乐、即兴创作 (5)机器的音色——说、演奏打击乐、即兴创作 (6)钢琴、小提琴、吉他等器乐音色——说、身体动作、演奏打击乐			
4. 速度表现能力 (1)快与慢——身体动作、演奏打击乐、即兴创作 (2)渐快与渐慢——身体动作、演奏打击乐			
5. 织体表现能力 (1)声势、舞蹈中的多层次——说、身体动作 (2)有伴奏与无伴奏比较——身体动作、即兴创作 (3)伴奏厚与薄的比较——身体动作、即兴创作			
6. 力度表现能力 (1)轻重——身体动作、歌唱、演奏打击乐、即兴创作 (2)渐弱渐强——身体动作、歌唱、演奏打击乐、即兴创作			
7. 结构表现能力 (1)模仿句——歌唱、身体动作、打击乐演奏 (2)喊答句——身体动作、歌唱、打击乐演奏 (3)重复句——身体动作、歌唱、打击乐演奏 (4)主副歌——身体动作、歌唱 (5)引子——打击乐演奏、即兴创作			
8. 风格表现能力 (1)摇篮曲——身体动作、歌唱、说 (2)进行曲——身体动作、歌唱、说 (3)舞曲——身体动作、歌唱、说			

资料来源：王秀萍.幼儿园音乐领域教育精要：关键经验与活动指导[M].北京：教育科学出版社，2015：389-399.

(二)音乐活动中学前儿童发展的评价内容与标准

1. 歌唱活动中学前儿童发展的评价内容与标准

幼儿园歌唱活动中学前儿童发展的评价内容包括学前儿童的歌唱能力与在音乐活动过程中表现出来的学习品质，具体标准见表4-11、表4-12。

表4-11　学前儿童歌唱能力评价指标

演唱特征	标准（指标）	等级		
		好	中	差
声音与表情	1. 用自然的声音歌唱			
	2. 有自然的脸部表情			
	3. 有松弛的身体姿态			

续表

演唱特征	标准（指标）	等级		
		好	中	差
表现力	1. 有轻重表现力			
	2. 有快慢表现力			
	3. 有开始与结束感			
句子	1. 能自如地分句呼吸			
	2. 有意识地进行句子的起落			
节奏	1. 能解决弱起等节奏难点			
	2. 具有拍韵			
旋律	1. 旋律轮廓清晰			
	2. 具有调性感			

注：好，自始至终能做到；中，有时能做到，有时做不到；差，做不到。

资料来源：王秀萍.幼儿园音乐领域教育精要：关键经验与活动指导[M].北京：教育科学出版社，2015：389-399.

表4-12　音乐活动中学前儿童学习品质的评价指标

标准（指标）	等级
最初参与歌唱活动的行为	1. 犹豫不决或不愿意 2. 参与 3. 热情地参与
活动中的注意力、专注力	1. 非常容易被其他人、事、物分散精力 2. 有时候能集中注意力 3. 坚持、专注于活动
活动中的目标意识	1. 围绕个人目标而非教学任务活动 2. 在个人目标与教学任务之间摇摆不定 3. 能有效地完成教学任务
活动中的持续性	1. 对任务的关注非常随意，没有持续迹象 2. 断断续续 3. 始终关注

资料来源：王秀萍.幼儿园音乐领域教育精要：关键经验与活动指导[M].北京：教育科学出版社，2015：389-399.

2. 欣赏活动中学前儿童发展的评价内容与标准

幼儿园欣赏活动中学前儿童发展的评价内容包括节奏表现能力、即兴动作表演能力与活动过程中的学习品质。节奏表现能力与即兴动作表演能力的具体标准见表4-13、表4-14；学习品质的评价表与歌唱教育活动相同，这里不再赘述。

表 4–13　学前儿童节奏表现能力评价指标

音乐特征	标准（指标）	等级		
		好	中	差
拍子	1. 脚步合拍			
	2. 动作松弛			
节奏型	1. 保留教师动作中的节奏型			
	2. 能改变教师动作中的节奏型			
句子	1. 动作具有清晰的句型			
	2. 能有意识地进行句子的起落			
段落	1. 不同段落之间衔接自如			
	2. 表达出段落间的不同音乐风格			
引子尾声	1. 能在引子处等待			
	2. 能在尾声处做完最后一个音的动作			

注：好，自始至终能做到；中，有时能做到，有时做不到；差，做不到。

资料来源：王秀萍.幼儿园音乐领域教育精要：关键经验与活动指导[M].北京：教育科学出版社，2015：389-399.

表 4–14　学前儿童即兴动作表演能力评价指标

项目	特征类别	标准（指标）	等级		
			好	中	差
音乐特征	拍子	1. 脚步合拍			
		2. 动作松弛			
	节奏型	1. 有自己的动作节奏型			
		2. 能表达有特点的音乐节奏型			
	句子	1. 动作具有清晰的句型			
		2. 能有意识地进行句子的起落			
		3. 音乐句子重复时动作重复			
		4. 对比句的动作有对比性			
	段落	1. 段落转换自如			
		2. 能用不同风格动作表达不同音乐风格的段落			
	引子尾声	1. 能完成引子等待			
		2. 尾声有结束性的动作			

续表

项目	特征类别	标准（指标）	等级		
			好	中	差
动作特征	空间	1. 能利用自我空间			
		2. 能利用集体空间			
	层次	能用低、中、高三个层次			
	类型	1. 移动、非移动动作结合			
		2. 身体、四肢结合			
	意义	1. 动作具有再现性			
		2. 动作具有表现性			
动作特征	合作性	1. 具有合作性动作			
		2. 具有目光交流意识			

注：好，自始至终能做到；中，有时能做到，有时做不到；差，做不到。

资料来源：王秀萍.幼儿园音乐领域教育精要：关键经验与活动指导[M].北京：教育科学出版社，2015：389-399.

3. 打击乐演奏活动中学前儿童发展的评价内容与标准

幼儿园打击乐演奏活动中学前儿童发展的评价内容包括节奏表现能力、即兴打击乐器表演能力及活动过程中的学习品质。节奏能力与即兴打击乐器表演能力的具体标准见表4-15、表4-16。

表 4-15　学前儿童节奏表现能力评价指标

音乐特征	标准（指标）	等级		
		好	中	差
音色	1. 选择的乐器符合音乐中的音色要求			
	2. 段落之间具有音色变化			
拍子	1. 演奏合拍			
	2. 演奏动作松弛			
节奏型	1. 演奏具有清晰的节奏型			
	2. 有节奏型意识			
句子	1. 演奏具有清晰的句型			
	2. 能有意识地进行句子的起落			
段落	用不同音色表达不同音乐风格的段落			
力度	演奏具有轻重变化			

续表

音乐特征	标准（指标）	等级		
		好	中	差
织体	演奏时具有倾听别人声音的意识			

注：好，自始至终能做到；中，有时能做到，有时做不到；差，做不到。

资料来源：王秀萍.幼儿园音乐领域教育精要：关键经验与活动指导[M].北京：教育科学出版社，2015：389-399.

表 4-16　学前儿童即兴打击乐器表演能力评价指标

项目	特征类别	标准（指标）	等级		
			好	中	差
音乐特征	音色	1. 选择的乐器符合音乐中的音色要求			
		2. 段落之间具有音色变化			
音乐特征	拍子	1. 演奏合拍			
		2. 动作松弛			
	节奏型	1. 有自己的固定节奏型			
		2. 表达有特点的音乐节奏型			
	句子	1. 演奏具有清晰的句型			
		2. 能有意识地进行句子的起落			
	段落	用不同音色表达不同音乐风格的段落			
	力度	具有轻重变化			
	织体	1. 具有倾听别人声音的意识			
		2. 能演奏出与他人进行对比的节奏型			
演奏特征	音色	1. 演奏出好听的声音			
		2. 一种乐器演奏出多种音色			
	类型	各种乐器使用自如			
	意义	1. 演奏具有节奏型表现			
		2. 演奏具有轻重表现			
	合作性	1. 主动进行乐器交换			
		2. 参与小组讨论			
	专注度	演奏能专注			

注：好，自始至终能做到；中，有时能做到，有时做不到；差，做不到。

资料来源：王秀萍.幼儿园音乐领域教育精要：关键经验与活动指导[M].北京：教育科学出版社，2015：389-399.

4. 集体舞活动中学前儿童发展的评价内容与标准

幼儿园集体舞活动中学前儿童发展的评价内容包括节奏表现能力、集体舞表演能力及活动过程中的学习品质。节奏表现能力与集体舞表演能力的具体标准见表4–17、表4–18。

表4–17 学前儿童节奏表现能力评价指标

音乐特征	标准（指标）	等级		
		好	中	差
拍子	1. 脚步合拍			
	2. 动作松弛			
节奏型	1. 保留教师动作中的节奏型			
	2. 改变教师动作中的节奏型			
句子	1. 动作具有清晰的句型			
	2. 能有意识地进行句子的起落			
段落	1. 不同段落之间衔接自如			
	2. 表达出段落间的不同音乐风格			
引子尾声	1. 能做到引子处等待			
	2. 能在尾声处做完最后一个音的动作			

注：好，自始至终能做到；中，有时能做到，有时做不到；差，做不到。
资料来源：王秀萍.幼儿园音乐领域教育精要：关键经验与活动指导[M].北京：教育科学出版社，2015：389–399.

表4–18 学前儿童集体舞表演能力评价指标

项目	特征类别	标准（指标）	等级		
			好	中	差
音乐特征	拍子	1. 脚步合拍			
		2. 动作松弛			
	节奏型	1. 有自己的动作节奏型			
		2. 能表达有特点的音乐节奏型			
	句子	1. 动作具有清晰的句型			
		2. 能有意识地进行句子的起落			
		3. 音乐句子重复时动作重复			
		4. 对比句的动作有对比性			
音乐特征	段落	1. 段落转换自如			
		2. 能用不同风格动作表达不同音乐风格的段落			
	引子尾声	1. 能完成引子等待			
		2. 尾声处有结束性的动作			

续表

项目	特征类别	标准（指标）	等级		
			好	中	差
动作特征	空间	1. 能利用自我空间			
		2. 能利用集体空间			
	层次	能用低、中、高三层次			
	类型	1. 移动、非移动动作结合			
		2. 身体、四肢结合			
	意义	1. 动作具有再现性			
		2. 动作具有表现性			
	合作性	1. 具有合作性动作			
		2. 具有目光交流意识			
队形特征	转换	1. 无方向性障碍			
		2. 无动作障碍			
	调整	1. 能调整自己的站位			
		2. 能调整自己的动作			

注：好，自始至终能做到；中，有时能做到，有时做不到；差，做不到。

资料来源：王秀萍.幼儿园音乐领域教育精要：关键经验与活动指导[M].北京：教育科学出版社，2015：389-399.

集体舞和律动活动都是侧重音乐活动中学前儿童随乐的动作表现，对律动活动中学前儿童发展水平的评价具有参考价值。

项目五　学前儿童艺术教育的融合创新

项目情境

在我国，学前儿童艺术教育融合的研究始于20世纪80年代末期，南京师范大学教育科学学院学前教育专业的楼必生、屠美如、许卓娅、孔起英等一批专家，根据格式塔心理学派的“异质同构”理论假说及中国科学院哲学研究所滕守尧研究员关于审美心理与审美教育研究的系列理论，着重探讨了在幼儿园集体教学活动的设计与实施中，如何帮助学前儿童发展几种不同艺术形式知识经验之间相互“融会贯通”能力的可能性。近年来，学前儿童艺术教育的融合创新呈现出“百花齐放、百家争鸣”的局面。

项目描述

本项目主要探讨“美术+音乐”及“艺术+X”的综合方式，帮助职前幼儿教师学会提取五大领域共同的审美要素，根据学前儿童的兴趣与经验选择适宜内容设计教学活动，提升教师的艺术教育融合创新能力。在此项目中，你需要以多种方式回应与艺术教育融合创新相关的理论或实践问题。

知识引入：领域沟通的理论基础

一、“异质同构”理论

20世纪初，德国格式塔心理学派的“异质同构”理论假说，再次被美国新一代格式塔心理学家从艺术审美与艺术审美教育的角度提出。格式塔心理学代表人物阿恩海姆指出，世界物质运动与人的生理活动、心理活动本质上都是力的作用。只有认识到“那些推动我们自己情感活动的力，与那些作用整个宇宙的普遍的力，实际上是同一种力……我们才能意识到自身在整个宇宙中的地位，以及这个整体的内在统一”①。一棵垂柳之所以看上去是悲哀的，是因为柳条的形状、方向和柔软性本身传递了一种被动下垂的表现性。当让一组舞蹈学院的学生用某种动作表现“悲哀”时，所有人的动作几乎都是“看上去是缓慢的，每一种动作的幅度都很小，每一个舞蹈动作的造型也大多呈曲线形式，呈现出的张力也都比较小，动作方向看上去时时变化，很不确定，身体似乎是在自身重力的支配下活动着，而不是在一种内在的主动力量的支配下活动着”②。我们之所以把不同的“力”感知成悲哀，是因为垂柳的“力”和舞蹈动作的“力”与悲哀的“力”达到了“异质同构”。阿恩海姆还说，这种运用“力”作为媒介对事物的“表现性”进行审美知觉的能力，在儿童那里尚占有很大的优势，儿童可以把一座山岭看成是温和可亲的或狰狞可怕的；把一条搭在椅子上的毛巾看成是苦恼的、悲哀的或劳累不堪的。儿童善于运用通感理解艺术，所以，领域沟通是儿童艺术教育的必然选择。

二、整体发展观

儿童的学习与发展是一个有机的整体。“有机整体”既是强调儿童发展的主动性，又是强调儿童各方面发展相互影响的必然性。《幼儿园教育指导纲要（试行）》强调幼儿园教育的内容应该是全面的、启蒙性的，各领域的内容应该是相互渗透的，教师应该从不同角度促进幼儿情感、态度、能力、知识、技能等方面的发展。幼儿艺术教育，在具体实践中的确有着别具一格的教育目标，但它在育人方向上与整个幼儿教育完全一致——促进幼儿终身的可持续发展。所以，在学习、理解和实施《幼儿园教育指导纲要（试行）》时，应强调把幼儿的学习和发展当作一个“有机整体”来看待。在制定具体的艺术活动目标时，以发展审美能力为核心，同时与总的儿童发展和儿童教育目标联系起来。只有这样，我们才能在艺术教育中通过审美直觉、通感、情感同构与相互迁移、渗透和沟通，实现对儿童发展的整体促进。

① 阿恩海姆.艺术与视知觉：视觉艺术心理学[M].滕守尧，朱疆源，译.北京：中国社会科学出版社，1984：614.
② 同①625.

资源拓展

艺术的联觉（通感）

1. 色彩

冷色调——引起凉、冷的感觉。

暖色调——引起热、暖的感觉。

鲜明色——引起轻、薄之感。

浑浊色——引起沉重、坚实之感。

绿色——象征着大自然的勃勃生机，象征和平，给人温馨、宁静、纯真、安全之感。

红色——象征着喜庆与快乐，给人热烈、庄严、热情、活泼、勇敢、豪爽的感觉。

黑色——象征死亡、危险，使人产生恐惧、压抑等情绪，给人以凝重之感。

需要指出的是，色彩带来的情感体验，受到民族、个性、个人习惯及具体心境等因素的影响。

2. 线和形

竖直线——给人以挺拔、坚毅、呆板、凝固的感觉。

水平线——给人以平静、沉稳的感觉。

粗直线——给人以沉重、有力之感。

细直线——给人以轻快、灵活之感。

放射线——给人以开朗、伸展、高兴、生长的活力之感。

正三角形——给人以稳定之感。

倒三角形——给人以倾斜、危险之感。

斜三角形——给人以运动、方向之感。

3. 节奏

缓慢的节奏——可引起舒缓、平和、疲劳、沮丧的感觉。

快速的节奏——使人兴奋、活跃、紧张和焦急。

4. 语音

语音高扬顿挫——表示欢快或着急。

语音缓慢弱沉——表示悲哀低沉。

语音曲折旋转——表示怀疑，或有意调侃、诙谐等。

当然，声音与情感也不是一一对应的简单关系，而是与节奏、表情、动作、音色等共同发挥效应。

任务1 “美术+音乐”综合活动

任务说明

所谓“画中有乐、音中现画”，美术和音乐是具有不同审美特征的艺术，二者形式相异、情感相通。黑格尔在《美学》中说：“音乐与绘画有较密切的亲族关系，两门艺术内心生活的表现都占较大的比重。”美术与音乐在色彩、旋律、节奏等方面存在诸多内在联系，这些联系与儿童的多通道感知特点相契合。学前儿童艺术教育的融合首先是美术和音乐的融合，为了了解其融合形式，生发更多的创新点，在此任务中，你需要结合所学，完成以下工作任务。

1. 教资真题

链接幼儿教师资格笔试真题，完成工作表单1。

工作表单1

幼儿教师资格考试（保教知识与能力）答题卡
论述题：陈鹤琴说过，幼儿发展具有整体性。虽然他把幼儿发展划分为健康、社会、科技、艺术、文学等5类，但是它们是相互作用的。结合陈鹤琴的观点，分析学习和发展的整体性。（2022年）

2. 岗位实践

设计一个“美术+音乐”的综合艺术活动，去幼儿园组织活动并拍摄视频，然后分析活动优缺点并调整教学设计，完成工作表单2。

工作表单2

项目	原教案	调整处
设计意图		
活动名称		
活动目标		
活动准备		
活动过程		
活动优缺点		

学习支持

美术与音乐的综合方式是多样的，一个具体的艺术教学活动承载能力是有限的，根据教学活动的重难点，美术与音乐的沟通会有主、客之分。在美术活动中融入音乐，是将美术作为活动的主要内容，兼容音乐的内容，其目标的设定应以美术学科为主，以保证美术学科自身要素在活动中的落实；反之亦然。所以，美术与音乐的沟通形式有两种。

一、听见美术——美术为主，音乐兼容

听见美术，是指在学前儿童美术感受、表现创造、评价过程中巧用音乐，以帮助学前儿童感受美术语言，激发表现兴趣，引导创作构思，增强审美趣味。

（一）利用音乐感受美术语言

优秀的美术作品有着独特的艺术感染力和丰富的艺术语言，因为学前儿童的生活经验少，理解水平低，在理解美术语言上有一定的难度。在美术欣赏时，配以与作品所表达的情感相似的乐曲，不仅能加深学前儿童对作品的感受和理解，还能使学前儿童更加投入，更加具有想象力、创造力。如在欣赏山水画《漓江夜景》时，配合古筝名曲《春江花月夜》，便给人以身临其境的艺术享受。在欣赏系列敦煌飞天图时，学前儿童在乐曲《飞天乐舞》中模仿摆出吹笛式、反弹琵琶等动作造型，感受中华文化中的异域风情。

对点案例5-1

大班艺术综合活动：敦煌飞天

活动目标

①感受飞天软盈飘逸的身姿，迎风飘动的衣裙，飘飘翻卷的彩带呈现的动感美。

②能用语言、动作和画面创造性地表现飞天的舞姿。

③体会敦煌飞天这一中华艺术瑰宝的魅力，喜欢美术欣赏活动。

活动准备

敦煌飞天组图、《飞天乐舞》音乐、2008年春晚《飞天》舞蹈视频、飘带、电风扇、可移动单杠。

活动过程

一、观看视频，激发兴趣

师：今天，老师带来了一个舞蹈视频，让我们一起来看看，这个舞蹈有什么特别之处。

小结：小朋友们发现了很多特别的地方，比如，舞蹈演员的头饰、衣服、飘带是金黄色的，很漂亮；舞姿造型多样，但是一只脚好像定住了，一直没有移动。这是为什么呢？我们来欣赏一组图，然后舞一舞就知道了。

二、欣赏敦煌飞天组图，感知其动态美

1. 人物动态

师：这些图上的人在干什么？（在飞，在跳舞）在哪里飞舞？（在天上）

师：他们是用什么动作飞舞的？想象你也可以在空中飞舞，你想做出什么美妙的动作？请你试一试，你站得稳吗？

小结：原来他们的舞蹈动作是边飞边做的，很有自由的感觉，我们站在地面上，

学起动作来站不稳，难以保持重心。刚刚视频中，舞蹈演员为了表现出这种边飞边舞的自由感觉，把一只脚用支架固定在舞台上，身体得到支撑就可以做出美妙的动作了。他们的动作有吹笛式、反弹琵琶、天女散花等。小朋友想到的动作也很棒。

2. 服饰动态

师：他们的衣服跟我们的衣服一样吗？（不一样，有长裙和彩带）

师：你看出有风了吗？他们的衣裙和彩带是如何随风飞舞的？

师：没错，衣裙随风飘逸，彩带随风翻转，很舒展，很优美。我请几个小朋友披上彩带，我们用单杠辅助动作，用电风扇制造风，你们再来做一做飞舞的姿势，大家一起看看这次的舞姿怎么样，彩带是如何随风翻转的。

三、了解敦煌飞天

师：这些在天空中飞舞的人有一个共同的名称，你们知道吗？（飞天）

教师小结：飞天形象来自我国甘肃省敦煌市，是敦煌艺术的标志。飞天又被称为“天乐神”，他们能歌善舞，美丽动人，给人间带来幸福和吉祥。

四、随乐造型、舞动

师：你们也想做飞天在天空中飞舞吗？我们随着《飞天乐舞》的音乐试一试，动作要优美、舒展，可以借助教室里的桌子和椅子，还要换几个不一样的造型哦。

师：小飞天们，披上你们的彩带，与小伙伴共享舞动空间。老师用手机拍下你们的舞姿。音乐停止的时候，你们就回到座位上。

五、欣赏舞姿照片，随乐描绘飞天图

师：你们的舞姿真优美！看看照片，你最喜欢哪一个？为什么？

师：在敦煌，人们把飞天的形象刻画在岩壁上，形成了举世瞩目的敦煌壁画。小飞天们，你们想不想把自己优美的飞天动作记录下来？

师：运用准备好的绘画材料，在音乐声中尽情描绘吧。

六、展示作品，结束活动

师：把你们的作品放在老师准备好的“飞天群像图”里吧，说一说你最喜欢哪个作品，为什么？

（二）利用音乐激发表现兴趣

音乐伴随中的美术活动能有效激发美术创作的兴趣。例如，在手工制作活动“意大利面”中，教师在操作示范时，用莫扎特创作的《G大调弦乐小夜曲》第一章作为背景音乐。该乐曲以活泼流畅的节奏和短促华丽的八分音符颤音组成欢乐的旋律。学前儿童在欢快的音乐背景中，跟着音乐的节奏，观看或模仿教师制作意大利面的动作。从和面、擀面、制作意大利面到给客人摆餐具等一系列的情境表演，形象地让学前儿童把握了制作意大利面的过程，激发了学前儿童的表现兴趣。

（三）利用音乐引导创作构思

与创作主题相契合的音乐材料，可以使学前儿童插上想象的翅膀，并通过直观感受诱发他们创造性的想象。例如，在美术活动“各种小闹钟”中，为了引导学前儿童创造设计出各种闹钟，教师选取了由德国作曲家查理·奥尔特创作的管弦乐曲《钟表店》，活泼欢快的主题旋律描绘了在琳琅满目的钟表店里，修表工人在清脆的钟声中愉快工作的情境。学前儿童用各种身体造型表现小闹钟：有的学前儿童身体左右摆动扮演起了小鸭子钟；有的学前儿童将头向前后有节奏伸缩，嘴里发出“布谷，布谷”的声音。正因为有了在音乐中对闹钟造型的想象和表现，所以学前儿童才能设计出外形多样的闹钟。

（四）利用音乐增强审美趣味

在作品呈现、评议中运用音乐，将会有意想不到的效果出现。例如，在欣赏法国画家亨利·马蒂斯的剪纸作品（见图5-1）后，学前儿童也用各种彩色纸剪出不同的舞蹈动作。在学前儿童剪纸作品的欣赏评议环节，教师播放奥地利著名音乐家小约翰·施特劳斯的不朽名作《春之声圆舞曲》，把富有节奏感、动感的剪纸造型同节奏轻松、情绪欢快的乐曲结合起来。学前儿童随着优美的旋律不断变换各种动感造型，沉浸在艺术的审美趣味中。

春之声圆舞曲

图5-1　一个跳舞的人

资源拓展

走进宋其香的漓江夜景

著名画家宗其香是最早一批用西方绘画改造中国山水画获得成功的画家之一，与蒋兆和、李可染、李斛并称为“新中国美术改革派四大家”。他独创的中国夜景山水画，打破了传统中国画不能表现光感的限制。他用老辣的笔法、变化万千的墨韵，在光、色、空间因素的充实下，创造出一种崭新的、时代气息浓烈、生动自然、个性鲜明、传统中国画审美精神充盈的中国画山水新图式。徐悲鸿赞其夜景画："突破古人的表现方法，为中国画的一大创举，应大书特书！"

《漓江夜景》是宗其香创作的一幅脍炙人口的夜景画（见图5–2）。远山暮霭，落日余晖，桅篷渔火，摇曳树林，融成一片静默和谐的氛围。宗其香强调了月色、灯光的温柔，夜的清凉和幽静，这一切都倒映在动荡的江水中，构成梦幻般的夜色，使人产生深沉悠远的联想。此图采用疏密有致、虚实相生的对比手法，把远山雄伟磅礴的气势表现得淋漓尽致，特别是空间层次处理得极其微妙，那些重峦叠嶂的远山，透过夜色显得格外深远。宗其香利用空白和淡墨烘托云气，把画面的空间表现得"咫尺千里"，是很成功的技法。还有一个突出的技法，就是描绘船上的灯光和倒影效果，一般人画倒影，水是不流动的，如果水流动就没有了倒影，宗其香巧夺天工，他画的水既有倒影又有流动感，给人以新颖的感觉。

图5–2 《漓江夜景》

春江花月夜

宗其香在融会中西、开拓中国山水画当代发展道路的实践中，始终坚守一个根本原则——传承传统中国山水画的审美精神和语言特征。这种在文化意义上的传承和发展，使他实现了探索"新国画"发展道路的理想。

（资料来源：一天一件艺术品：宗其香《漓江夜景》[EB/OL].（2021-06-08）[2023-05-30]. https://mp.weixin.qq.com/s/tmFjnLcFD50mk-pHd7-k_Q）

二、看见音乐——音乐为主，美术兼容

看见音乐，是指引导学前儿童在充分感受音乐的基础上，借助绘画的方式创造性地表现自己对音乐的理解与想象。学前儿童可以通过画音乐形象、画音乐图谱、画音乐情绪等方式表现对音乐内容、形式、情感等的理解与想象。

（一）画音乐形象

画音乐形象即引导学前儿童运用绘画的方式表现自己对音乐反映内容形象的理解与

想象。如在欣赏音乐《狮王进行曲》之后，教师组织学前儿童运用边听音乐边绘画的方式表现音乐，学前儿童画出了形态各异、情节生动的各种画面：有的学前儿童画了狮王一家，有威风凛凛的狮王、妩媚的狮妈妈、可爱的狮宝宝；有的学前儿童画的是森林里凶猛的狮子在追一群小动物；有的学前儿童画了狮子带着一群动物在森林里巡逻的情景……

活动视频

（二）画音乐图谱

音乐在时间的流动中呈现，用静态的视觉符号记录并呈现音乐，有助于更清晰明了地帮助学前儿童观察并把握音乐的结构、乐句、旋律等形式要素。学前儿童可以用线条、形状、符号直观表现出对音乐节奏、长短、结构等的感受。以线形图谱为例，学前儿童在画《摇篮曲》时运用的线条十分平缓、柔和；而对于音乐《野蜂飞舞》，他们则运用杂乱的、螺旋形的线条等表现该音乐的紧张感。即使是同一首音乐，学前儿童也能用不同的线条表现音乐不同段落的情绪变化。在歌唱活动"红山果"中，学前儿童把听到的歌词画下来。图形图谱既减轻了歌唱时记忆歌词的压力，又帮助学前儿童进一步感受到歌词表达的情感意蕴。

（三）画音乐情绪

教师可以通过有趣的色彩涂抹、填色等游戏让学前儿童领略到音乐色彩的艺术魅力，并引导学前儿童根据自己对音乐情绪等的理解，用红色、橙色、黄色、绿色、青色、蓝色、紫色等色彩大胆描绘五彩斑斓的音乐视觉画面。

对点案例5–2

大班艺术综合活动："听见"绘画，"看见"音乐

设计意图

绘画和音乐虽是两种不同的艺术表现形式，却相互作用、相互影响。如何让幼儿感受这两种艺术形式的融合、体验、表达和创造？我们选择抽象派画家康定斯基的作品为欣赏素材，引导幼儿尝试打破视听界限，"听见"绘画，"看见"音乐，探索自由表达与创造，以此达到拓展幼儿艺术视野与想象，体验创意活动乐趣的目的。

活动目标

①喜欢不同风格的绘画，对康定斯基的创作感兴趣。

②欣赏康定斯基作品，感受音乐与绘画的融合之美。

③感受音乐和美术之间的关联，尝试表现与创造。

活动准备

康定斯基及其作品的图片、音乐和视频，音乐《水族馆》《狮王进行曲》，音像动画《骑车》，画纸、颜料、绘画和拓印工具若干。

活动过程

一、听音乐自由表达，迁移已有经验

①倾听节奏舒缓和节奏欢快的两段音乐，自由表达感受和体验。

②介绍一位艺术家，看他是怎样表达音乐的。

二、认识、欣赏康定斯基及其作品，大胆表达感受

①播放康定斯基作品视频。

师：你看到了什么，听到了什么？

②出示康定斯基的照片。

师：康定斯基爷爷出生在俄罗斯，是一个了不起的大艺术家。他创作的绘画非常独特，让我们一起来了解他的艺术创作。

三、观看视频，感受康定斯基的创作方法

①观看康定斯基作画视频。

②说一说、做一做。

师：康定斯基爷爷是怎样创作的？有什么特别的地方？

小结：康定斯基爷爷把高低、长短、强弱的音乐，用不同的点、线、面和颜色变化表现出来。

四、向大师学习，感受音乐和美术之间的关联并表达、创作

①欣赏音乐《水族馆》和《狮王进行曲》，尝试用肢体动作、表情和语言等方式表现节奏不同的音乐。

②自由选择绘画、拓印工具。

③尝试在长卷纸上，学习康定斯基爷爷听音乐绘画。

④注意倾听音乐，用自己喜欢的方式在长卷上大胆创作。

五、欣赏与评价

①欣赏作业，讲述自己的音乐和绘画故事，大胆表达观点。

小结：今天我们向康定斯基爷爷学习听音乐作画，与平时的创作不太一样。随着音乐的变化，很多大大小小的点，粗粗细细的线条，各种不同的形状，还有特别丰富的色彩，它们在一起变化、组合，变出了特别的绘画故事，非常有趣。

②欣赏音乐动画小视频《骑车》，延续幼儿的探索兴趣。

活动延伸

鼓励幼儿用看得见的方式，表达、记录生活中看不见的声音，或表达、记录听不见的绘画。

附：康定斯基作品组图

图5-3 康定斯基作品组图

分析：这是一次听觉与视觉融合的综合艺术活动。根据幼儿的年龄特点，教师设计了一节意在拓展幼儿艺术视野与想象，多通道地感受与欣赏、创造与表达，非常有意思也有意义的活动。

1. 依据幼儿年龄特点选择艺术欣赏的素材

幼儿喜欢色彩明亮鲜艳、形象鲜明夸张的作品。在康定斯基的作品中，鲜艳的色彩、流动的线条、跳动的音符、非具象的图形，充满着游戏、童话、梦想和探索的元素，非常契合幼儿自由自在、不受约束的精神世界和年龄特点。作品虽然没有真实的物体和具体的人物，但那些有趣的线条、形状和颜色组合构成的视觉冲击，更容易引起幼儿的好奇心，给他们更大的想象和发挥空间。这些抽象的作品，注重每个人不同的感受和理解，呈现出极其个性化的心理过程，满足幼儿的欣赏需要。

经典作品，是幼儿美术欣赏选择的重要内容。康定斯基对于色彩和声律独特的知觉混合能力，让他能“看见”音乐、“听见”色彩，也让幼儿可以跟随着他的画笔一起畅游，感受由声音到颜色、由颜色到音乐的过程，获得多种情绪体验，构建意想不到的审美情感。让幼儿与大师对话，是本次艺术活动选材的独特与精妙之处。

2. 依据幼儿发展状况确定欣赏活动目标

大班幼儿还处于主观的审美感知阶段，艺术欣赏重在通过多种途径激发幼儿的内在兴趣、积极情绪和包容心态，激发幼儿主动创作的愿望，形成丰富的创造经验。康定斯基的与众不同，就是把音乐的思想表达带入绘画艺术。音乐是欣赏康定斯基作品的关键，也是有别于幼儿以往的美术欣赏之处。

把“喜欢不同风格的绘画，对康定斯基的作品感兴趣；欣赏康定斯基作品，感受音乐与绘画的融合；感受音乐和美术作品之间的关联，尝试表现与创造”作为本次活动的目标，十分契合大班幼儿艺术欣赏的发展状况。

3. 依据幼儿美术欣赏的特点设计教学过程

幼儿无论欣赏具象还是抽象的艺术作品，都必须在自身生活经验的基础上，创造性地感知、想象与表达。

在教学过程中，首先，幼儿倾听节奏舒缓和强烈的两段音乐感受与自由表征，把已有的经验迁移到本次活动中，为下一步欣赏康定斯基的作品做好了铺垫。其次，幼儿欣赏康定斯基作品的动画，运用多种感官感受其独特。幼儿瞪大眼睛看，竖起耳朵听，不时地互相交流，好奇心被充分地调动起来。此时，教师介绍画家康定斯基，引出了他创作时的视频。幼儿倾听、观看大师创作的过程，受到全新的感官冲击，音乐与绘画的融合是他们从未见过的一种艺术表现形式。在惊奇与喜悦的同时，幼儿跃跃欲试，“我也想”“我也要”的创作欲望喷涌而出。再次，幼儿选择绘画工具和材料，跟随风格迥异的《水族馆》和《狮王进行曲》音乐，在长卷上进行绘画创作。幼儿或聆听音乐、击打节拍，体会音乐的节奏、风格和情绪；或挥笔作画、蘸色印染，表达内心的想法，体验创意活动的乐趣。他们沉浸在“听见”绘画、“看见”音乐的过程，创作属于自己的、独一无二的作品并欣赏评价。最后，幼儿欣赏音像动画《骑车》，活泼的音乐旋律、三个骑车小人随音乐跌宕起伏、上下翻飞的有趣画面，令幼儿兴奋不已、惊叹连连，尽情感受音像结合的妙趣横生。幼儿的探索兴趣、欣赏视野，得到了进一步的延续和提升。

打通幼儿生活与艺术的连接，拓展幼儿的艺术视野，丰富幼儿的艺术体验，增强幼儿对不同艺术表现形式的包容性，既是教师的责任，也是幼儿的需要。我们期待通过这样的艺术活动，让幼儿与大师对话，开启新的艺术欣赏和探索之旅。

（资料来源：叶青莲，王艺，吴萍，等. 大班综合艺术活动：“听见”绘画，“看见”音乐[J]. 早期教育，2022（50）：28-31）

任务2 “艺术+X”综合活动

任务说明

蔡元培强调：“美是各种相对性的调和剂。”[①]学前儿童艺术教育是综合性的教育，任何一个艺术活动的开展，任何一个艺术行为的延伸都需要不同领域的融合和渗透，将学前儿童的经验与艺术的要素建立感性连接。提取五大领域共同的审美要素，根据学前儿童的兴趣与经验选择适宜内容设计教学活动，能有效提升教师的艺术教育融合创新能力。在本节学习任务中，你需要结合所学，完成以下工作任务。

1. 岗位实践

小组合作，设计一个综合艺术主题活动，年龄段不限，阐述设计思路、画出主题网络图，列出实施计划，完成工作表单1。

工作表单1

主题名称		适宜年龄段	
设计思路			
主题网络图			
实施计划表			

① 蔡元培.蔡元培美学文选[M].北京：北京大学出版社，1983：168.

2. 教资真题

链接幼儿教师资格面试真题，完成工作表单2。

工作表单2

题目：儿歌配画《小狮子理发》（2023年）

儿歌内容：

小狮子的头发长了，它到理发馆理发。
一进门，他亮亮爪，龇龇牙：
“头发要染，胡子要刮！”
乌贼理发师，忙得汗珠直滴答。
小狮子的胡子没啦。
小狮子的头发黑啦。
漂亮的小狮子回到家，
吓跑了亲爱的妈妈……

基本要求：

①给儿歌配画。

②回答问题：

你的作品适合哪个年龄班？

根据你的作品还能开展哪些活动？就其中一种活动，展开详细说明。

③请在10分钟内完成上述任务。

学习支持

一、艺术与语言

语言作为一种符号系统，可以与美术和音乐的符号系统进行沟通、互动。各种语言形式能在艺术活动中发挥积极作用，各种艺术形式也能为语言活动锦上添花。

（一）儿童文学作品辅助艺术教学

语言可以解释一幅美术作品的画面；而美术符号的学习与使用，也有助于学前儿童更好地表情达意。在美术教育活动中，以学前儿童文学作品为载体，贯穿美术活动的始终，能使学前儿童在故事情境中不断地体验美术活动的乐趣。如大班美术活动“漂亮的小丑鱼”，就是以绘本《我想变成彩色鱼》为媒介进行的。绘本中鱼的造型丰富多变，有彩虹鱼、扇尾鱼、翻跟斗鱼、瘦巴巴的鱼、爱臭美的鱼、笑眯眯的鱼。每种鱼的眼睛、嘴巴、鳍的形状都各不相同。它们有的长着尖尖的牙齿、弯弯的嘴巴，穿着一件彩色圆点的衣裳；有的拥有长长的身体，穿着一件条纹衫；有的拥有胖嘟嘟的身体，穿着圆点和条纹间隔的花衣服。鱼儿的尾鳍也很漂亮：有的像扇子，有的像彩带，弯弯曲曲在水中摇啊摇。大班儿童在阅读该绘本时，无不被书中色彩鲜艳、造型各异的鱼儿所吸引。教师以小丑鱼贯穿整个活动，通过小丑鱼的眼睛发现造型各异的彩色鱼的美。考虑到大班儿童手工制作的水平，让学前儿童在教师提供的不同形状的鱼的身体基础上，用剪贴的方式装饰鱼鳞和鱼鳍，帮助小丑鱼完成变成漂亮彩色鱼的心愿，并从中体验帮助别人的愉快心情。

音乐与语言是一对密不可分的孪生姐妹。儿童文学作品是帮助学前儿童理解音乐的最佳手段之一。教师利用故事、散文、诗歌等语言材料创设音乐情境，可以避免学前儿童漫无目的地想象，聚焦更多的心理能量到对音乐元素的深度听赏与表现中来。同时，根据乐曲创编文字材料，创造丰满生动的音乐形象，帮助学前儿童深入体验音乐。如音乐欣赏活动“两只老虎”涉及的音乐核心经验是帮助学前儿童感知大调与小调的音乐特质差异，选用的音乐材料是大调乐曲《两只老虎》和小调乐曲《受了伤的老虎》。教师在活动开始时用故事创设音乐情境：“有两只很有活力的老虎，一只没有耳朵、一只没有尾巴，没有耳朵的老虎说：‘吼！我是世界上跑得最快的老虎呢！’没有尾巴的老虎说：‘哼，我才是世界上跑得最快的老虎呢，它们都说自己跑得最快，到底是谁跑得最快呢？于是，它们决定举行跑步比赛。好！预备……起！两只老虎开始跑呀跑！（举老虎手偶，做向前跑步状）看来这两只老虎跑得一样快！（举老虎手偶齐平地奔跑）但是，啊！这两只老虎一不小心都跌倒了，摔得东倒西歪的，变成两只受伤的老虎了！真可怜，这两只老虎只好结束比赛，回家休养身体，之后它们不再比赛谁跑得快了，最后还变成了好朋友，成了两只快乐的老虎。”活动过程中，教师结合故事情节引导学前儿童倾听感知大调歌曲明快的情绪和小调歌曲灰暗的情绪，学前儿童体会到了对比欣赏的乐趣。

超级链接

绘本中的音乐之旅

2023年6月，在南京师范大学和世界华人美术教育协会主办的“首届华人儿童艺术教育国际会议”中，来自马来西亚雪兰莪州巴生县中路镇中华国民华小的游智勇老师，分享了他运用绘本进行音乐教学的探索。他认为，音乐与绘本的结合并不是两者的简单相加，而是要充分分析音乐要素，选择适宜的故事情节或画面表现音乐。音乐和绘本往往都要经过处理和磨合，才能达到预期的效果。

绘本《母鸡萝丝去散步》是一个诙谐、令人捧腹大笑的故事。在这个作品中，母鸡萝丝悠然自得去散步，但是在它的身后发生了一系列令人啼笑皆非的事情，而萝丝却毫不知晓，依然是自得其乐。母鸡萝丝在前，狐狸在后，一个悠然地迈着方步，一个鬼鬼祟祟跟随。两个角色在形象塑造上对比鲜明，产生了一种让人忍俊不禁的诙谐效果。《在山魔王的宫殿里》节奏分明、音乐旋律循环起伏，鲜明的结束音结尾让音乐氛围多了几许诙谐之气，可以说《在山魔王的宫殿里》的音乐风格和《母鸡萝丝去散步》的故事情节十分契合，二者结合可以更好地让幼儿感受音乐的情感风格。

图5-4　绘本《母鸡萝丝去散步》

在山魔王的宫殿里

绘本《梨子提琴》讲述的是音乐带给动物美好情谊的故事，优美的音乐使狡猾的狐狸、凶猛的狮子都由恶变善，使小动物学会了彼此关爱，共同成长。法国作曲家马思涅的《沉思》，采用小提琴演奏，不仅情感细腻、旋律清新，而且极富意境，与《梨子提琴》的精神内核相契合，两者结合可以让幼儿感受音乐表达的精神追求。

沉思

图5-5　绘本《梨子提琴》

另外，绘本《不可思议的旅程》可以和*Four Sea Interludes*结合使用，重点引导幼儿感受音乐随乐段变化的音乐内容。

Four Sea Interludes

图5-6　绘本《不可思议的旅程》

我们除了可以在全世界优秀经典绘本中选择简单、有反复性、有想象空间的绘本辅助音乐教学外，还可以关注专门的音乐绘本。当前，幼儿音乐绘本主要有以下几种类型。一是介绍古典音乐作品。如“古典音乐故事绘本”，收录《天鹅湖》《动物狂欢节》等著名经典作品，帮助幼儿建立扎实的音乐基础，培养音乐鉴赏力。二是以音乐为故事背景。如“音乐绘本小仙子玛丽系列”是为故事专门创作的音乐，诠释了故事内容，丰富了角色情感，仿佛一幕温暖的儿童剧。三是用音乐诠释画面。如《黄雨伞》，图中没有一个文字，音乐诠释了图画，为读者提供了想象空间，让他们感受幻想之美。四是在故事中穿插主题曲及多首歌曲。如《眼镜公主：蛀牙王子》（音乐故事），幼儿边听故事、边唱歌曲，犹如参加了一场音乐剧表演。五是用画面诠释音乐。如《约翰·丹佛自然音乐绘本》，将约翰·丹佛的经典歌曲，改编成绘本，让幼儿感受流动于纸上的韵律，体会图画书中自然的芬芳。

（资料来源：刘珈.幼儿绘本中的音乐创编策略[J].北方音乐，2017，37（22）：6-7）

（二）多种艺术形式表现儿童文学作品

1. 自制连环画

例如，根据童话故事《小蝌蚪找妈妈》，让学前儿童发挥想象，用绘画形式反映故事情节。有的学前儿童画小蝌蚪遇到乌龟妈妈时的情节，有的学前儿童画小蝌蚪遇到白鹅妈妈时的情节，还有的学前儿童画小蝌蚪找到青蛙妈妈时的情节。最后，学前儿童把所画内容整理编成连环画，教师可以在绘画作品下配上文字，一本自制连环画就完成了。

2. 制作歌谣形象

例如，对于童谣《小老鼠上灯台》（小老鼠上灯台，偷油吃，下不来，喵喵喵，猫来了，叽里咕噜滚下来），学前儿童既可以用线描来表现，也可以用泥塑的方法制作上灯台偷油吃的小老鼠，还可以用剪纸的方式进行表现。同样耳熟能详的儿歌“一只青蛙一张嘴，两只眼睛四条腿，扑通一声跳下水。两只青蛙两张嘴，四只眼睛八条腿，扑通扑通跳下水”，也可以让学前儿童尝试用绘画、折纸、版画、剪纸、泥塑等丰富多样的形式进行表现。

二、艺术与社会

在马克思主义理论框架下，艺术是一种社会现象、社会事物，属上层建筑中的社会意识形态，它以自身独有的方式能动地认识世界。艺术教育与学前儿童的社会性发展是紧密融合的，它渗透了人类对社会和自然的亲近，渗透了人类的关爱与良知、合作与友善、同情与帮助。

（一）甄选艺术作品，丰富内心情感

艺术教育是审美的教育，就是要把真善美的种子埋进学前儿童的心田，使之生根发芽，从而陶冶情操、提升素养、塑造人格，这也是社会教育的追求。艺术作品是艺术家倾注思想意蕴，运用美学规则反映社会生活的成果，其美的内容背后蕴含更深层次的思想和情感。比如，学前儿童用各种废旧材料（如吸管、回形针、纽扣等）拼贴北京天安门，学前儿童欣赏具有独特绘画风格的《金山农民画》；学前儿童在了解了京剧人物生、旦、净、末、丑的基础上，尝试运用象征性颜色、夸张和对称的图案，来装饰京剧脸谱等。又如，歌曲《好娃娃》表达了尊敬老人的情感，歌曲《秋天多么美》歌颂了秋天丰收的喜悦之情，歌曲《我是祖国的好娃娃》表达了对祖国的热爱之情。学前儿童在感受、理解、表达这些艺术作品的过程中，丰富了内心情感，自然渗透着爱祖国、爱家人、爱自然等情感。教师需要甄选能传递真善美的艺术作品，激发学前儿童的内在情感，丰富他们的内心世界。

对点案例5-3

大班音乐活动：杜鹃圆舞曲

设计意图

忠、孝是中华民族的两大基本传统道德行为准则，《十三经》中的《孝经》把孝当作天经地义的最高准则。一个“孝”字写尽了天下儿女对父母孝养、孝敬的真挚情感，写出了对社会上所有老人的关爱与帮助。一个“爱”字道出了千万父母对儿女的真挚感情，也道尽了千万儿女对父母养育之恩的真心回报。音乐富含真情实感，把《杜鹃圆舞曲》与知恩反哺的孝道故事相结合，有助于激发幼儿对父母的孝心，引导他们向善向美。

活动目标

①结合故事理解《杜鹃圆舞曲》的音乐形象和乐曲结构。

②能用手指游戏随乐表现音乐情节，选择合适的乐器协同演奏。

③喜欢在音乐中表现，体会小杜鹃知恩反哺的孝心。

活动准备

杜鹃妈妈与小杜鹃头饰、音乐CD、纱巾。

活动过程

一、听音乐，做动作

天亮了，小鸟醒了过来。教师提问幼儿都知道什么鸟，用动作表现出来。听音乐，做动作。听到长音的时候，变换不同的小鸟的造型。

二、故事讲述，理解音乐形象

师：杜鹃妈妈有一个孩子，每天早上，她都要叫小杜鹃起床，给小杜鹃捉来虫子，喂他吃饱，然后还要教小杜鹃飞翔。随着时间的推移，小杜鹃越来越大，杜鹃妈妈也老了，行动越来越不方便，没有办法再捉虫子了。于是，小杜鹃就给妈妈捉来虫子吃，还给妈妈捶背，带着妈妈遛弯。杜鹃妈妈看着自己的孩子真的长大了，慈祥地说，你真是有孝心的好孩子。

师：什么是“孝心”？

幼儿回答。

小结：没错，“孝心”就是体恤父母的辛苦，关心、爱护、照顾父母。

三、手指游戏表现音乐

①给幼儿探索的时间，开始探索用双手做小鸟造型。

师：小朋友们可不可以用自己的双手做一只可爱的小鸟？请小朋友像老师一样用双手做出两只小鸟，然后自己确定哪个是杜鹃妈妈，哪个是小杜鹃。

②播放音乐，跟着音乐一起做活动。

第一部分：杜鹃妈妈和小杜鹃的对话（双手跟音乐节奏活动）。第二遍反复。

第二部分：杜鹃妈妈捉来虫子喂食小杜鹃。反复第二遍时，小杜鹃长大后捉虫子给杜鹃妈妈吃。

第三部分：杜鹃妈妈带小杜鹃出去飞翔。反复第二遍时，小杜鹃搀扶妈妈飞翔。（给小朋友发纱巾作为杜鹃的翅膀，飞出去时挥舞翅膀。）

四、打击乐器表现音乐

①请幼儿选择，杜鹃的叫声、喂食、飞翔，分别用什么乐器来做。（碰钟、板镲、三角铁）

②播放音乐，请幼儿跟着音乐演奏。

五、乐器演奏、手指游戏进行表演

①把孩子分为两组，一组演奏乐器，另一组表演手指游戏。

②用纱巾绑在手臂上做翅膀，播放音乐，一起合作表演。

③按正式表演的形式来展示（包括上下场、鞠躬、开始表演、谢幕等）。

资源拓展

《杜鹃圆舞曲》乐曲分析

杜鹃圆舞曲

《杜鹃圆舞曲》是挪威作曲家约翰·埃曼努埃尔·约纳森的作品。这首圆舞曲是为当时影片即兴配音创作的。《杜鹃圆舞曲》由于曲调优美，音乐形象生动鲜明，深受人们的喜爱。

在简短的弱拍开始的、节奏自由的四小节引子过后，出现下行三度模仿杜鹃鸣叫的音调，第一段以杜鹃鸣叫的下行三度构成的动机为核心，运用重复、模进、变奏等手法发展而成。它以轻快、活泼的节奏和清新、流畅的旋律，描绘了一幅生机盎然的景象，婉转的鸟鸣和轻松的三拍子节奏，形成了温和、迷人的气氛。

以“la”的长颤音开始，主旋律运用了许多颤音，间杂着杜鹃的鸣叫声，好似杜鹃鸟灵活地在林中飞来飞去，一会儿在这个枝头跳跃，一会儿又在那个枝头高唱，杜鹃鸟的鸣叫声为林中增添了浓浓春意。

旋律流畅而连贯，极富歌唱性。由于曲中出现了一系列变化半音，令旋律更加新颖。这段音乐与前两段轻快、活泼的旋律形成鲜明的对比，加之手风琴特有的音色，使音乐有一种迷人的色彩。在竖笛模仿杜鹃鸟鸣叫以后，第三段抒情的旋律又反复了一次，最后第一段音乐再现并结束在杜鹃鸟的鸣叫声上，与乐曲的开始形成呼应。

（二）丰富活动形式，增强合作交往

艺术活动的组织形式与学前儿童“乐于交往、遵守规则，合作共享”等社会性的发展紧密相关。学前儿童的美术创造活动以他们头脑中的表象为基础，以工具材料的创造性运用为载体。由于学前儿童的经验有限，教师在引导创作构思时，应鼓励学前儿童分

享想法，合作构思，使不同程度的学前儿童都能形成新的表象。之后，教师应该多针对中大班学前儿童组织合作创作形式，引导学前儿童自主分工，合作完成作品。在音乐活动的组织方面，教师需要有意识地培养学前儿童两个方面的调控：一方面是学前儿童在感受和表现音乐的过程中需要有意识地认识到自己身体活动的状况，并有意识地调控自己的行为使之与音乐相匹配；另一方面是学前儿童需要不断调控自己的身体活动状况，与同伴保持一定的和谐。教师在音乐活动组织中，有意识地运用合作性演唱、打击乐演奏、集体舞等形式为学前儿童提供各种交往的机会，让学前儿童在交往中体验与人合作、与人共享的愉悦，与人交往的需要和信心也得到不断加强。

（三）拓展活动内容，开阔文化视野

节日文化教育是社会领域的重要内容之一，在社会领域活动中，教师经常利用我国的传统节日和世界节庆日的契机，对儿童进行优秀传统文化教育和多元文化教育。艺术活动是学前儿童表达自己对优秀传统文化和世界多元化文化认识的很重要的手段。例如，端午节有吃粽子、赛龙舟、挂香袋等风俗，学前儿童会用美术创作表达自己对端午节的体验和感受，如，手工制作粽子，装饰龙舟，用绘画的形式表现赛龙舟，或是在划龙舟的桨上进行创意图案画等。又如，中秋节有吃月饼、敬月赏月等习俗，学前儿童可以在《爷爷为我打月饼》的歌唱活动中感受到艰苦的老红军爷爷对孙子的疼爱之情；也可以在《奔月》的韵律活动中体会到嫦娥仙子的美妙舞姿；更可以在《庆团圆》的打击乐演奏活动中感受到合作演奏的乐趣。通过艺术活动，学前儿童将自己对各种节日的意义和节日象征符号的感知、体验，表现在描绘的造型、制作的手工、演唱的歌曲、舞动的身体、乐器的合奏中。

超级链接

2021年中国艺术教育年度报告——学前篇

2021年6月1日儿童节，各地为庆祝建党百年，结合党史学习教育开展丰富多彩的“童心向党”主题活动。众多学校进行党史学习教育，以红歌展演、红色儿童剧展演、诗歌朗诵等多种文艺活动的形式进行“童心向党”思政教育。同日，“永远跟党走 逐梦新时代”全国少年儿童邮票创作设计作品征集活动颁奖暨《儿童画作品选》特种邮票首发式在京举行，儿童以绘画的形式庆祝建党百年。无论是地方幼儿园校内展开的丰富多彩的书画、歌舞活动，还是各类组织开展的庆祝活动，都在中国共产党成立百年之际，将学前艺术教育与思政教育、爱国主义教育相结合，体现出学前艺术教育的丰富性与兼容性。

三、艺术与科学

艺术与科学往往给人全然不同的印象，人们会认为，艺术是感性的，科学是理性的；

艺术是随性的，科学是严谨的。然而，艺术与科学也有相同之处，比如，都有秩序、规律、周期等。物理学家李政道曾说过，科学和艺术是不可分割的，就像一枚硬币的两面。艺术与科学是一种自然融合的关系。

（一）用科学的态度理解艺术

美术活动中经常会用到各种工具和材料，里面就隐含着各种科学的秘密。“油水分离画”的奇妙之处在于，油画棒是油性，而水彩颜料溶于水，因为油与水的密度不同，所以两者互不相溶，当水彩颜料遇到油画棒时，会自然脱离开，两种画材巧妙地结合在一起，就产生了奇妙的“油水分离画”。音乐是时间的抽象艺术，音乐的结构、速度、力度、旋律等要素不容易被学前儿童直接捕捉，教师可以把故事情节、视觉符号、身体动作等与音乐的要素相匹配呈现给学前儿童，通过一一对应减轻学前儿童的音乐认知负担。同样地，学前儿童把玩乐器时摸一摸、猜一猜、听一听等学习方式也与科学教育中动手操作、亲身体验的态度不谋而合。

（二）用科学的思维表现艺术

真正的艺术教育关注学习品质，跟着画、跟着唱、跟着跳不利于学前儿童创造性品质的培养。要培养学会思考、学会学习的人，就要用科学的思维方式解决艺术学习中的问题。在手工风筝制作的活动中，蕴含着一系列科学探索的问题，如风筝骨架与筝面的材料特性、风筝的制作方法、骨架中心的测量、风筝放飞时的风力等问题，学前儿童通过探索获得了风筝材料的一般经验、风筝骨架制作的基本技能，以及运用对称的手法装饰风筝的美术表现技能，通过做风筝、放风筝、装饰风筝等活动，与风筝相关的科学知识自然而然地融入美术教育活动中。由于音乐本身的特点，音乐学习必然有规律可循。比如，学唱歌曲《云》，教师可以引导学前儿童迁移原有经验，学习把握三拍子的特点；学唱歌曲《小鸟醒来了》，教师可以引导学前儿童理性分析歌曲结构，比较两段歌词的异同之处，再进行歌词记忆；在韵律学习中，教师可以引导学前儿童观察发现动作模型的规律，比如，方位如何、分别做了几次、是否对称；在集体舞的空间转换、交换舞伴中，教师可以引导学前儿童把握空间方位，运用数学运算。学前儿童的音乐学习不应该是盲目的，而是要迁移经验、比较异同、发现规律，真正做到学得心中有数。

（三）用科学的方法创造艺术

从某种意义上讲，艺术最能培养人的想象力和创造力，而科学研究最需要人的想象力和创造力。科学和艺术在山脚下分手又在山顶上会合，因为它们都离不开想象。学前儿童的想象大胆而丰富，但有时缺乏一定深刻性、系统性。在美术活动“有趣的叶子”中，学前儿童虽然有一定的绘画造型经验，却对树叶的重新组合缺乏想象。教师可以先组织学前儿童到户外认识各种树叶并加以收集，再给学前儿童欣赏多种拼贴画作品、介绍制作方法、引导创作构思，最后让学前儿童根据叶子形状的不同，通过剪、贴、拼、粘等多种手段创造性地拼贴出动物、人物等造型。在这个过程中，学前儿童既感知到树叶的多重特性，又获得了树叶造型的美感体验。在音乐教育中，教师应该引导学前儿童发现规律，寻找线索进行想象和创作，发展艺术创造力。比如，在韵律活动中，教师给予学前儿童四个八拍的留白，请学前儿童创造性地表现。有的学前儿童往往想到哪儿做到哪儿，动作缺乏一定的关联性，出现表现不肯定、不知道该做什么等情况。教师可引导学前儿童事先计划好四个乐句的动作同属于一个主题，比如，动物组合、洗漱组合、运动组合等，如此一来，动作丰富多样又具有一定关联性，方便记忆。这样的方法举一反三，学前儿童会将这种思路迁移到其他动作创编中。

对点案例5-4

中班美术活动：变色鸟

活动目标

①理解变色鸟的变色过程，发现色彩混合的奥秘。

②能运用色彩混合的方法进行拓印造型甚至添画。

③喜欢动手探索色彩混合的奥秘，乐于用色彩和线条进行创作。

活动准备

①物质准备：红色、黄色、蓝色三种颜料，海绵棒三个，白纸，背景板，课件。

②经验准备：知道几种单色混合后，变成了另一种颜色，如红+黄=橙、红+蓝=紫、黄+蓝=绿。

活动过程

一、看绘本，观察色彩变化

师：小鸟吃了什么颜色的果子，身上的颜色发生了什么变化？

小结：小鸟吃了红色、黄色、蓝色的果子，翅膀的颜色呈现出红色、黄色、蓝色、金黄色、褐色、黑色、绿色、紫色。

师：为什么还会呈现出另外的金黄色、褐色、黑色、绿色、紫色呢？

二、师生合作探索颜色混合的变化

①介绍操作材料：一张白纸，红色、黄色、蓝色三种颜料，海绵棒三个。

②教师演示，学小鸟吃果子。

先吃红色的果子（实心红色圆），再吃黄色的果子（实心黄色圆），最后吃蓝色的果子（实心蓝色圆）。三个圆相互交叉，颜色在小鸟的肚子里咕噜咕噜变色了。

师幼讨论：发现了哪些颜色，是哪些颜色混合而成的？

三、小朋友自主操作，验证自己的发现

①教师交代操作规则：人手一份材料，在白纸上压圆，圆可重合。每一个海绵棒对应一种颜色使用。

②幼儿互相谈论自己创造出的色彩变化。

四、幼儿运用色彩混合的奥秘自主拓印造型

师：原来色彩混合后会出现更多美妙的色彩，我们重新换一张白纸，用刚刚的方法画一画吧。你最想画什么？

幼儿自主创作，教师随机指导幼儿进行添画。

五、作品展示评价

教师帮助幼儿把作品粘贴在展示板上，请幼儿说一说画的是什么，有哪些颜色的变化。

 **超级链接**

艺术与科学融合的教育发展趋势

艺术与科学的融合，说到底是为了让人更好地发展。在未来的教育发展中，基于生活经验本质的融合实践，除了需要应对科学技术对教育形态改变带来的巨大挑战外，还需要着眼于人的发展，更多地考虑艺术在教育中的独特价值。艺术与科学融合的教育实践，应该充分挖掘艺术的本体价值，在与生活对话中实现艺术教育的价值优化。

1. 艺术思维是人的发展的精神内核

在勾画未来的教育图景时，我们应该将艺术思维作为人的发展的精神内核，重新审视艺术在综合教育实践中的价值定位。科学的逻辑思维能培养人的时代创新意识，而艺术思维却能帮助个体在未来的发展中保持创造的活力。艺术思维不仅是现代科学创新思维的助推器，更是未来美好生活的源泉。在提高审美素养的同时，个体需要发展基于生活情境的叙事能力与共情能力。在现代教育变革中，人的主体性地位日益受到关注。作为一个完整的、独立的人，个体既要保持对物质世界的热爱，又要不断加强对精神世界的塑造。

2. “交响力”是人的发展的驱动力

“交响力”是概念化时代的六大右脑能力之一，是一种“把独立的要素组合在一起的能力”。互联网时代的知识内容被切割成了碎片式的数字信息，学生虽然可以随时随地获取多样化的教育资源，却很难在非结构化的信息中建立起知识的内在联系。“交响力”能帮助个体在媒介信息环境中将看似没有联系的内容加以整合，形成富有创造性的观点。与基于知识经验整合的综合学习能力有所不同，“交响力”是个体在艺术素养中生成的一种远观性、全局性视角。在未来的教育发展中，“交响力”不仅是一种学习的能力，更是人生存与发展的一个重要驱动力。着眼于艺术创作与表现的“交响力”培养，能在引导个体实现艺术教育价值优化的同时，帮助个体学会在快节奏的文化环境中拥有把握全局的意识，使个体在解决真实情境问题时能跳出常态的逻辑结构和问题框架，站在整体的角度思考问题，以保持思维的活跃度与持久度。

3. 追求幸福是人的发展的终身诉求

教育中的人是应当是鲜活的、具有生命质量和生命热度的个性化存在。在未来的教育发展与实践中，教育工作者在与学习者交流互动时应该将关注点放在作为教育主体的人的经验与诉求上。融合式的教育实践活动，不仅要提升人在物质世界中需要的生存技能，更要让人不断感受到生命的魅力，在精神世界的建构中追寻人生的意义。借助技术化的手段，个体的教育与学习不再是固定的、阶段性的，而是动态化的、情境化的。既在生活中生成教育的结构，又在教育中生长对生活的思考。突破时间与空间的限制后，个体能在生活经验中吸收新的学习内容，在丰富融合式学习体验的同时，建构终身式的学习体系。人的发展的终极诉求就在于，每个人都能在生命旅途中不断学习，收获幸福的真谛。

（资料来源：徐韵，杜娇.从科艺综合活动到STEAM教育：对学校教育中艺术与科学融合的本质反思[J].现代教育技术，2017，27（11）：39-44）

四、艺术与健康

奥尔夫曾经说过，音乐来自动作，动作来自音乐。幼儿期的音乐活动常常伴随着身体动作，各种伴随着音乐进行的歌唱、韵律、打击乐、游戏活动，能锻炼学前儿童相应部分的大小肌肉、韧带、骨骼，以及提高身体的灵敏性、协调性。此外，艺术教育对提高学前儿童整体的身心发展水平，稳定情绪，培养学前儿童健康良好的性格等方面都有着独特的意义和作用。

1. 艺术活动中的肢体运动

学前儿童在美术创作前的肢体动作可以使头脑中的表象更加具体，帮助学前儿童确认更多造型细节。例如，在绘画“跑步的人”“跳绳”等之前，教师先让学前儿童跑步、跳绳，让学前儿童在运动中亲自体验跑步、跳绳时身体各部分的动作，并通过观察其他学前儿童的不同动作进行绘画，创造出了形态各异、生动有趣的动态人物，美术表现能力得到提升。艺术活动也可以与体育游戏结合，如在“动物宝宝大聚会”的游戏中，教师将学前儿童分成年人数相等的四组，设置相同的游戏障碍，每组学前儿童按照先后次序出场，经过障碍来到画板面前，然后在纸上画出自己过障碍时模仿的动物，同组中的动物不能重复，在规定时间内画出的动物最多的一组胜出。活动最后，教师和学前儿童一起将各组所画合成动物大聚会的作品。又如，将传统的“切西瓜”“丢手绢”“开锁”“领头人”游戏与适合的音乐进行整合，形成学前儿童喜闻乐见的音乐游戏。学前儿童在圆圈上行进，特定伙伴向相反方向快速奔跑，看谁抢先回到原来的位置，这其中就包含了快速反应、奔跑等运动技能，从中获得愉悦、自信、成功的游戏体验。

对点案例 5-5

大班音乐活动：中国功夫

活动目标

①感受音乐雄壮有力的曲风，理解歌词内容指向的动作造型。

②学习武术动作，创造性地运用武术动作表现音乐。

③了解、喜欢中国功夫，感受随音乐练武功的乐趣。

活动准备

①物质准备：教学课件、音乐《中国功夫》、中国功夫视频、红绸带若干。

②经验准备：幼儿已了解了一些有关中国功夫的知识。

活动过程

一、律动入场，谈论中国功夫

1. 听音乐《我们跟着音乐走》做律动

在律动结束时，用“最后我们一起亮个相”引出主题——中国功夫。

2. 欣赏交流中国功夫

师：今天我带来了好多中国功夫的图片，小朋友一起看看，图片上有哪些中国功夫的动作，去学一学、做一做。（幼儿模仿交流各自看到的动作，激励幼儿大胆学做）

二、初步欣赏歌曲、体验乐曲的风格

师：刚才我们都练习了好多中国功夫的动作，现在让我们休息一下，听一首很好听的歌曲。（第一遍欣赏）

师：你听了这首歌，心里有什么感觉？（引导幼儿说出歌曲雄壮有力的曲风）你们知道这首歌曲的名字吗？（请几名幼儿回答后，教师告诉幼儿歌名《中国功夫》）

三、进一步欣赏歌曲，结合图谱理解歌词

师：歌曲《中国功夫》真好听，你们听到歌里唱了些什么？我们再听一遍。（让幼儿尝试学唱最基本的几句歌词，说说对歌词的理解）

教师结合图谱帮助幼儿理解歌词，幼儿学一学歌词内容描述的功夫动作造型。

师：你们喜欢中国功夫吗？为什么？

小结：练中国功夫能强身健体，练中国功夫还能保家卫国。

四、观看中国功夫视频，学功夫动作

师：中国功夫这么厉害，你们想不想学？我们跟着视频学一学。

播放视频，教师和幼儿一起跟学中国功夫的动作。（鼓励幼儿动作有力，表现中国功夫的特点）

五、创编功夫动作，随音乐表演

1. 创编功夫招式

师：我们已经学了不少功夫动作，你还会哪些招式？想一想，把你想到的动作连起来练一练。

2. 随音乐表演

师：小朋友们的功夫真厉害，真是神气的功夫宝宝！现在我们在头上绑上红绸带，做一个了不起的中国人！（引导幼儿根据乐句变换动作）

活动延伸

将幼儿创编、表演时的录像回放，欣赏自己与同伴的表演，体验成功的快乐，感受中国功夫的无穷魅力。

分析：中国功夫又称“中国武术”，是中华民族智慧的结晶与宝贵的文化遗产，也是幼儿十分熟悉喜爱的文化内容。此韵律活动中的功夫动作不是固定的，而是幼儿在丰富动作表象的支持下自主创编的结果，教师要做的是帮助幼儿掌握随乐动作的精髓（动作有力，随乐句变换）即可。艺术活动与健康活动的结合不会仅仅局限于集体教学活动中，幼儿园可以为不同年龄段的幼儿创编不同的武术操。武术操音乐节奏鲜明、招式多样，能引发幼儿强烈的学习兴趣，并能通过刚柔并济、动静结合的方式，较好地发展幼儿的身体协调和随乐能力，促进幼儿综合素质的均衡发展。

小班武术模仿操的目的在于培养幼儿对武术和做操的兴趣，操节中主要选用弓步、冲拳等简单的武术动作；中班武术器械操主要培养幼儿动作的灵活性，利用棍棒作为器械，把铣、勾、金鸡独立等武术动作融入棍棒操中；大班幼儿空间感知能力和动作发展水平进一步提高，选用弓步冲拳、推掌、跳等武术动作，把拳法融入操节中。

少年强则中国强，武术操在发展幼儿基本动作，增强体质的同时，也能锻炼幼儿骨骼的弹性和韧性，锤炼幼儿自强不息的意志，为中华民族伟大复兴打下坚实的健康基础。武术操与音乐密不可分，各种常见的武术操动作呈现的力，如果能与伴随音乐的力在力度、节奏、速度等方面完美融合，就可以迅速激起幼儿的审美共振，也让幼儿对中华武术的美感体验油然而生。

（二）艺术活动中的健康知识

学前儿童健康认知的建立和健康行为的养成无法通过灌输的方式达成。将健康知识渗透在艺术活动中，可以让学前儿童在愉快、生动、有趣的艺术活动中自然而然地形成健康认知，进而养成健康行为习惯。例如，在美术活动“我喜欢吃的水果”中，教师在引导学前儿童观察各种水果的形状、色彩及水果剖面的基础上，通过看看、摸摸、尝尝这些水果，运用各种美术工具和材料进行多样化的表现。多吃蔬菜、水果营养均衡等健康知识，自然被学前儿童领悟。又如，《五只猴子》的歌词大意是小猴子不听妈妈的劝告，在床上乱蹦乱跳，结果从床上摔下来，受伤住进了医院。学前儿童学唱后，自我安全教育的效果就达到了。在律动活动“健康操”中，学前儿童在随乐的身体锻炼中，获得天天运动有益身体健康的信息。

（三）艺术活动中的心理调适

优秀的艺术教育必然会让学前儿童从中宣泄不良情绪、调适至良好的情绪状态。比如，不善言辞的学前儿童可以通过绘画表征的方式诉说内心的想法，把负面情绪宣泄在杂乱的线条和浓重的色彩中。又如，不善交往的学前儿童在需要合作的音乐活动中满足被接纳的需求；羞于表现的学前儿童在想象、创造成分较多的音乐活动中满足自我价值实现的需求。

超级链接

综合艺术——戏剧

在所有艺术形式中，戏剧最具有综合性，综合了音乐、文学、美术、舞蹈、建筑等多种艺术门类及科学、社会等领域，这种天然的综合性给艺术教育开辟了一条崭新的道路。

最初，人们将儿童戏剧教育理解为一种以培养和展示儿童表演技巧为目的的表演活动。随着教育理念的不断更新及研究的不断深入，戏剧教育已经开始走向儿童日常的游戏与生活。儿童戏剧教育不再是一种表演技能的培养与展示，而是一种体验活动，包括对角色的体验、对优秀文学作品的体验、对生活的体验、对音乐的体验等。对于学前儿童来说，戏剧教育更是一种想象与探索活动，它是开放的，学前儿童能超越文本进行大胆的想象与探索，并创造性地运用动作、语言、表情充分展现自己对表演内容的理解。美国学者艾林纳·蔡斯·约克对创造性戏剧带给儿童的发展意义进行了总结，具体包括创造性、敏感性、流畅性、灵活性、想象力、情绪稳定性、社会合作能力、道德态度、身体平衡协调能力及交流能力。2022年4月，教育部印发《义务教育课程方案和课程标准（2022年版）》，正式将戏剧纳入艺术课程，赋予艺术教育更大的空间和更多的可能性。

（资料来源：王毅.学校教育戏剧研究：从“英美经验”到“中国实践”[D].上海：华东师范大学，2019）

参考文献

［1］黄瑾，林琳.幼儿艺术教育与活动指导［M］.2版.上海：华东师范大学出版社，2020.

［2］吕耀坚，魏婷.学前儿童美术教育与活动指导［M］.2版.长沙：湖南大学出版社，2020.

［3］边霞.幼儿园美术教育与活动设计［M］.2版.北京：高等教育出版社，2016.

［4］王任梅.学前儿童美术教育［M］.2版.北京：北京师范大学出版社，2020.

［5］王秀萍.幼儿园音乐领域教育精要：关键经验与活动指导［M］.教育科学出版社，2015.

［6］陈淑琴.幼儿游戏化音乐教育［M］.上海：上海社会科学院出版社，2011.

［7］浙江省《幼儿园课程指导》编写委员会.教师资料手册：音乐［M］.北京：新时代出版社，2003.

［8］黄瑾.学前儿童音乐教育：修订版［M］.上海：华东师范大学出版社，2006.

［9］唐燕.幼儿园教育活动设计与实施［M］.上海：华东师范大学出版社，2013.

［10］陈静奋，周洁.学前儿童音乐教育活动设计与指导［M］.上海：上海交通大学出版社，2018.

［11］许卓娅.歌唱活动［M］.2版.南京：南京师范大学出版社，2015.

［12］徐韵，等.学前儿童艺术学习与发展核心经验［M］.南京：南京师范大学出版社，2021.